사실은
어디에 있는가

사실은
어디에 있는가

언론·미디어의 정보 왜곡을 파헤치자

사와 야스오미 지음
이홍천 옮김

동국대학교출판부

"JIJITSUHADOKONIARUNOKA MINSHUSHUGI WO UNEISURUTAMENO NEWS NO MIKATA" by Yasuomi Sawa
Copyright © Yasuomi Sawa, 2023
All rights reserved.
First published in Japan by GENTOSHA INC.

This Korean edition is published by arrangement with GENTOSHA INC., Tokyo in care of Tuttle-Mori Agency, Inc., Tokyo, through BESTUN KOREA AGENCY, Seoul.

Korean translation copyrights © 2025 by Dongguk Unversity Press

이 책의 한국어판 저작권은 일본의 터틀모리 에이전시와 베스툰코리아 에이전시를 통해 일본 저작권자와 독점 계약한 동국대학교출판부에 있습니다.
저작권법에 의해 한국 내에서 보호를 받는 저작물이므로 무단전재나 복제, 광전자 매체 수록 등을 금합니다.

프롤로그

 한국 언론은 사실을 제대로 전달하고 있는가? 2024년 12월 3일 윤석열 대통령의 비상계엄 선포부터 헌법재판소의 대통령직 파면 선고까지, 한국 언론의 보도를 보면 이 질문에 '그렇다'고 답하기 어렵다.

 물론 모든 언론을 싸잡아 매도하려는 것은 아니지만, 진실을 전달하는 언론의 역할이 제대로 수행되었다고 보기 어렵다. 저널리즘의 제1원칙은 진실을 전달하는 것이다. 여기서 진실은 사실에 근거해야 하는데, 언론이 다루는 사실(정보)의 대부분은 권력과 자본에 관한 것이다. 언론의 역할을 감시견(Watch dog)에 비유하기도 하는데, 이는 언론이 주로 권력을 가진 자들의 정보를 다루기 때문이다.

 따라서 언론은 정부나 정치가들이 제공하는 정보를 그대로 받아쓰기만 해서는 안 된다. 만약 권력과 자본이 제공하는 정보를 그대로 전달한다면 언론은 그들의 나팔수에 불과하기 때문이다. 나팔수가 아닌 '언론'이라면 그들이 제공하는 정보가 제대로 된 것인지 검증하는 작업을 반드시 거쳐야 한다. 저널리즘의 기본 원칙에 '사실 확인을 엄격하게 해야 한다'라고 명시한 것도 이런 이유에서다. 마치 SF영화를 보는 듯했던 12.3 계엄 사태를 보도할 경우, 그렇기에 사실 확인이 더욱 중요하다. 그러나 한국 언론의 계엄 보도는 '받아쓰기 보도'라는 비판을 받고 있다. 이런 보도를 일본에서는 '발표 저널리즘'이라고 하는데, 권력과 자본이 제공한 보도자료에 의문을 품거나 확인하지 않고 그대로 기사화하는 것을 말한다. 결과적으로 권력과 자본의 이해관계를 대변할 뿐이다.

저널리즘의 기본 원칙은 언론을 '민주주의를 유지하는 조직'으로 언론 활동의 원칙과 행동을 규정하고 있다. 언론 활동의 기본은 시민이 올바른 판단을 내릴 수 있도록 매일 근거를 제공하는 것이다. 이런 활동은 요리 과정과도 비슷하다. 시민을 요리사에 비유한다면, 이들에게 신선하고 좋은 재료를 공급하는 것이 언론의 역할이다. 만약 상한 재료나 요리에 적합하지 않은 재료를 제공한다면 제대로 된 요리가 나올 수 있겠는가. 잘못된 재료로 만든 요리는 시민의 건강과 생명을 위협할 수 있다.

위와 같은 입장에서 한국 언론의 계엄 보도를 바라보면 어떻게 보일까? 예를 들어, 탄핵이 인용된 다음날 「조선일보」 사설의 제목은 "헌재도 비판한 민주당의 전횡과 횡포"였고, 「동아일보」의 사설은 "野, 일방적 권한 행사 문제 있다. 헌재 지적 새겨야"였다. 헌법재판소의 탄핵 심판은 윤석열 대통령이 선포한 비상계엄의 위헌 여부와 대통령의 향후 헌법 수호 가능성을 판단한 것이다. 야당의 행위는 판단 대상이 아니었다. 그럼에도 윤 대통령의 잘못보다 야당을 지적하는 사설은 국민에게 헌법재판소의 결정에 대한 그릇된 판단을 심어줄 수 있다.

NBS의 전국 지표조사(137호)에 따르면 국회에서 탄핵소추안을 가결한 것이 '잘된 결정'이라고 응답한 비율이 78%에 달했다. 같은 조사에서 헌법재판소의 탄핵 인용에 대한 찬성 응답은 1월 둘째 주 62%에서 4월 첫째 주까지 줄곧 60%를 넘지 못했다.

첫 조사에 비해서 '인용해야 한다'는 응답이 줄어든 이유는 무엇일까. 재판 과정에서 내란의 전모가 세세히 드러나고 비상계엄의 위헌성이 더욱 명확해졌음에도 말이다. 이는 언론이 시민의 입장에서 사실을 제대로 전달하지 않았기 때문은 아닐까.

이 책의 저자 사와 교수는 위의 물음에 대해 명확한 답을 제시하고 있다. 언론은 권력이 아닌 시민에게 충성해야 한다고 말한다. 시민에게 충성하는 언론이라면 자신을 대통령으로 선출해준 민주주의 제도를 부정하는 비상계엄을 옹호하거나, 야당의 책임을 거론하지는 않을 것이다. 계엄의 위헌성을 생중계로 지켜본 언론이라면 편향성(진영 논리)에 빠져 계엄의 정당성을 옹호하는 쪽의 입장을 '받아쓰기'하지는 않을 것이다. 이런 행위야말로 민주주의라는 우물에 독을 푸는 것과 같은 짓이 아닐까? 설령 한 번 뿌린 독이 적은 양이라고 해도, 이런 행동이 반복된다면 우물을 이용하는 모든 사람의 건강과 생명이 위험해지지리라는 것은 쉽게 예측할 수 있다.

이 책은 지금 우리 정치 현실에 비추어 볼 때 언론의 존재 이유를 다시 생각하도록 한다. '보도되지 않으면 존재하지 않는 것'이라는 저자의 주장에는 권력으로부터 독립된 언론이 전제되어 있다. 지금 한국 언론은 시민이 올바른 판단을 내리도록 필요한 정보를 제공하고 있는가? 깊이 생각해 볼 문제다. 일본의 사례를 소개한 이 책은 우리 언론에게 중요한 화두를 던진다. 민주주의 사회의 언론이라면 지켜야 할 '알 권리'와 '보도 책임' 그리고 '정보가 통제되는 사회는 결국 통제된 시민을 낳는다'는 말이 결코 진부한 말이 아님을 강조한다.

   우리는 지금, 언론의 본질과 역할을 다시 생각해야 할 때이다. 미국의 대법관 루이스 브랜다이스는 "햇볕은 최고의 소독약"이라고 말했다. 진실을 밝히는 일이 때로 고통스럽지만, 그 과정이야말로 사회를 정화하고 발전시키는 원동력이 될 것이다. 언론이 권력의 시녀가 아닌 시민의 동반자로 거듭날 때, 비로소 민주주의는 그 건강성을 회복하고 사회는 올바른 방향으로 나아갈 수 있다. 사실 전달과 언론의 존재 이유를 지키려는 일본 언론의 노력을 담은 이 책이 한국 언론에도 자극이 되기를 바란다.

2025년 6월
이홍천

차례

프롤로그   5

Part 1   **보도되지 않으면 '존재하지 않는 것'이다**   15

Chapter 1. _____ 명문 의대의 부정 입시   16

Unit 1. 여성 차별 부정 입시는 어떻게 밝혀졌나   17
Unit 2. 햇볕은 최고의 소독약   22
Unit 3. 취재는 거절의 순간부터 시작된다   25
Unit 4. 정보원은 철저히 비밀로   28
Unit 5. 무엇을 위한 특종인가?   33

Chapter 2. _____ 대기업이 받은 사이버 공격   36

Unit 1. 사이버 공격으로 유출된 기밀정보   37
Unit 2. 왜 회사 기밀을 기자에게 알리는가   40
Unit 3. 기사 잘 써줬다! 사원들의 반응   43

Chapter 3. _____ 거물급 시의원의 공금 유용   46

Unit 1. 취재수첩 빼앗고 취재 방해한 시의원   47

Unit 2. '허위'로 청구된 의정활동비 4,300만 원	52
Unit 3. 단정적으로 말하는 것이 보도의 역할은 아니다	58
Unit 4. 부정이 보도되자 실종된 시의원	61
Unit 5. 취재 전쟁이 불러온 사퇴 도미노	65

Chapter 4. 기자와 스파이의 차이   69

Unit 1. 고향에 지상 이지스(요격 미사일)가 설치된다면	70
Unit 2. 산 정상의 각도가 잘못 계산됐다	73
Unit 3. '오늘은 대답할 수 없다'는 말의 숨은 뜻	77
Unit 4. 권력을 감시하는 눈, 그래야 진실이 보인다	79
Unit 5. 호기심이 아니라 사명이다	81

Part 2   그것은 사실인가 진실인가?   87

Chapter 1. 두 종류의 특종   88

Unit 1. 속보성 특종	89
Unit 2. 탐사 저널리즘	92
Unit 3. 김정일과 아베 신조, 두 지도자 사망 보도의 차이점	94

Chapter 2. 뉴스는 편식 없이 골고루   100

Unit 1. 매일 지켜봐야 한다. 그래야 이상한 점이 보인다	101
Unit 2. 지역 신문 소멸로 美 지방도시는 뉴스 사막지대로	104

Unit 3. 지방지에 실린 한 여성의 이야기   107
Unit 4. 자치와 참여 민주주의의 위기   112

Chapter 3. 사실과 진실의 차이   114

Unit 1. 미드웨이 해전의 참패를 숨긴 대본영 발표   115
Unit 2. '6년 만의 장어 풍어'가 정말 좋은 소식일까   117
Unit 3. 정확한 보도였던 미드웨이 해전 뉴스   121
Unit 4. '사실'이지만 '진실'과는 반대다   123

Part 3   SNS만 있으면 충분한가?   127

Chapter 1. SNS와 보도 미디어의 차이   128

Unit 1. 세계 인구의 60%가 SNS로 뉴스를 본다   129
Unit 2. 확산되고 있는 가짜뉴스, '잘못된 정보'   131
Unit 3. '부차(Bucha)의 살아 있는 시체'를 둘러싼 정보전쟁   133
Unit 4. 가짜뉴스와 싸우는 100개의 감시자들   136
Unit 5. 트위터 글 하나도 팩트 체크 위해 발로 뛴 기자   139
Unit 6. 가짜뉴스는 왜 '사실'보다 더 빨리 확산되나   144
Unit 7. 판단의 기준은 '시민에게 중요한가'   148

Chapter 2. SNS의 흡인력은 분노와 불쾌감   152

  Unit 1. 독자의 선호도에 맞춘 세계   153
  Unit 2. 스마트폰 앱은 슬롯머신과 같다   156

Chapter 3. SNS가 기자들을 빼앗아간다   160

  Unit 1. 노벨상을 수상한 기자들은 왜 비난받았을까   161
  Unit 2. 여성기자 70% 이상은 인터넷 폭력을 경험했다   164
  Unit 3. 일본 SNS가 유난히 익명 이용률이 높은 이유는   168

Part 4 민주주의를 운영하기 위해 필요한 정보   171

Chapter 1. 역사의 주인공은 시민   172

  Unit 1. 공무원에게서 비밀정보를 얻는 행위는 범죄일까   173
  Unit 2. 초등학생의 호소가 국적법을 바꿨다   178
  Unit 3. 미란다가 싸워서 얻어낸 권리 '미란다 원칙'   182
  Unit 4. 법원이 만들어 준 일본의 규칙   184

Chapter 2. 사건·사고 보도에 사람 이름은 필요 없다?   187

  Unit 1. 뉴스는 역사의 초고   188
  Unit 2. 아버지의 죽음은 '사망자 한 명'이 아니다   193
  Unit 3. 실명 기사의 파급력   196
  Unit 4. 익명 보도, '튀지 말라'는 침묵의 메시지   200

Chapter 3. 논의와 검증이 필요한 공공정보 및 개인정보　204

Unit 1. 실명 보도는 언론의 책무　205
Unit 2. 누구를 위한, 무엇을 위한 '보도윤리'인가　211
Unit 3. 공직자의 익명 보도가 위험한 이유　217
Unit 4. 영국 BBC가 '잊혀질 권리'와 싸우는 이유　225
Unit 5. 용의자 실명 보도는 '사회적 제재'인가　228
Unit 6. 시민이 알게 되는 것과 알지 못하는 것, 무엇이 위험한가　233

Part 5 중립이 아닌 독립　237

Chapter 1. 도와줄 것인가 보도할 것인가　238

Unit 1. '독수리와 소녀' 사진이 바꿔 놓은 인생　239
Unit 2. 세상에 알려진 가장 잔혹한 사진　241
Unit 3. 중립은 무책임, 중요한 것은 독립성　244
Unit 4. 의사이기도 한 기자의 딜레마　249
Unit 5. 기자가 피해자일 때 어떻게 취재했는가　253

Chapter 2. 미디어 스크램블(media scramble)을 없애자　257

Unit 1. 피해자와 가해자, 그리고 다수의 기자들　258
Unit 2. 피해자 유족들이 느끼는 취재 불쾌감　261
Unit 3. 꼭 언론에 이야기해야 해?　264

Chapter 3. 누구의 이익을 위한 보도인가   271

Unit 1. 고교 신문에 실어서는 안 되는 기사   272
Unit 2. 공공방송이란 시민에 의한 시민의 방송   275
Unit 3. 취재원이라도 보도 전 원고는 볼 수 없다   277
Unit 4. 당사자 이익을 둘러싼 변호사와 미디어의 대립   284

Part 6 뉴스에 비용을 지불하는 것의 의미   287

Chapter 1. 무료가 아니면 뉴스를 읽지 않는다?   288

Unit 1. 뉴스 제작에도 비용과 인력이 필요하다   289
Unit 2. 취재비용 삭감으로 잃어버리는 것   294
Unit 3. 언론은 인터넷 광고로는 이익을 낼 수 없다   301
Unit 4. 각국 미디어는 디지털 유료 구독으로 전환 중   305
Unit 5. 내 갈 길 간다! '생존시청률' 전략   310

Chapter 2. '운영자' 시민을 위한 정보활용술   317

Unit 1. 잘못된 정보로부터 자신을 보호하는 7가지 방법   318
Unit 2. 시민을 속이는 '주변 관계자'는 대체 누구?   323
Unit 3. 종이 신문 넘기듯 제목만 볼 수 있다면   328

에필로그   334
참고문헌   340

Part 1

보도되지 않으면
'존재하지 않는 것'이다

Chapter 1

명문 의대의
부정 입시

Unit 1.

여성 차별 부정 입시는 어떻게 밝혀졌나

 중·고등학생들이 땀 흘리면서 입시 준비에 열중하고 있다. '관심 있는 공부를 하고 싶다', '동경하는 대학의 학생이 되고 싶다' 등 저마다의 꿈과 미래가 있고, 고민하며 열심히 공부하고 있다. 임하고 있다. 수험생이 열심히 노력하는 것은 입시라는 제도를 신뢰할 수 있기 때문이다. 시험 답안은 공정하게 채점되며, 점수가 높은 순으로 합격자가 결정되는 규칙이 지켜진다. 부정행위를 할 수 없고, 원하는 대학에 합격하려면 실력을 키우는 수밖에 없다. 그래서 정직하게 노력하는 것이다. 만약 입시에 비밀스러운 '부정'이 있어서 누구는 점수가 높은데도 불합격되고 어떤 학생은 점수가 낮아도 합격할 수 있다면 이런 시험은 믿을 수 없을 뿐더러 응시할 마음도 생기지 않을 것이다.

 그런 일이 실제로 벌어졌다. 전통을 자랑하는 명문 의과대학인 도쿄의과대학이 입시에서 여학생에게만 낮은 점수를 주도록 극비리에 점수를 조작한 사실이 2018년 드러났다. 남자 수험생은 유리한 반면 여자 수험생은 불리하게 취급한 노골적인 성차별이었다. 상식적으로 용납할 수 없는 일이었다.

 이 문제에 일본 정부는 어떻게 대처했을까. 하야시 요시마사(林芳正) 문부과학상은 기자들의 질문에 "일반적으로 여성을 부당하게 차별한 입시가 치러졌다는 것을 절대 인정할 수 없다. 우선 (도쿄의과대학으로부터) 보고를 기다린 뒤에 대응을 검토하겠다."라고 답변했다. 문부대신의 이런 발언은 큰 파장을 일으켰다. '부정 입시 규칙'은 도쿄의과대학에서 극비사항이었고, 드러날 리 없었는데 도대체 어떻게 들통이 났을까?

전국 대학을 대상으로 한 정부 조사로 밝혀졌을까? 대학 내부 관계자가 SNS(소셜 네트워킹 서비스)에 올린 폭로 때문일까? 아니면 수험생들이 합격자 발표에 이상한 점을 발견했을까?

이 질문에 대한 답은 이 뉴스를 특종으로 보도한「요미우리신문」기사에 비교적 상세히 기술되어 있다. '특종'[1]이란 세상에 알려지지 않은 정보를 한 언론사가 단독으로 보도하는 것을 말한다. 다른 신문이나 TV가 보도하지 않은 뉴스를 특정 매체만 포착해 기사화하는 것이다. '특보(特報)'라고도 한다. 2018년 8월 2일자「요미우리신문」조간에 실린 기사는 다음과 같다.

---

1 일본에서는 특종이라는 한자어와 함께 영어의 Scoop라는 단어가 함께 사용되고 있다.

> **여성 응시자 일률 감점…**
> **도쿄의과대학 임의 조작, 입시요강에 설명 없어**
>
> 도쿄의과대학이 올해 2월에 실시한 의학부 의학과 일반 입시에서 여자 수험생의 점수를 일률적으로 감점해 합격자 수를 줄인 사실이 관계자를 통해 드러났다. 여학생에게만 불리하게 진행된 성적 조작은 수험생에게는 아무런 설명도 없이 2011년부터 계속되어 왔다.

이 기사에는 부정입학이 이뤄진 사실이 '관계자를 통해 확인됐다'고 적혀 있다. 언론사가 독자적인 취재를 통해 기사를 작성할 경우 자주 사용하는 표현이다. 정부 조사 결과를 전달하는 것이 아니고, 대학 내부자의 SNS 게시물이나 수험생의 발견도 아니었다. 「요미우리신문」 기자가 독자적으로 취재해 밝혀냈고, 이를 기사화함으로써 비로소 세상에 알려진 것이다. 기사는 이렇게 덧붙인다.

> 관계자에 따르면, 대학 측은 1차 시험 결과가 나온 단계에서 여학생의 점수에 일정 계수를 곱해 감점하는 등의 조치를 취했다고 한다. (중략) 대학 관계자는 여성 수험생에 대한 일률적인 감점을 인정하면서 "여학생은 대학 졸업 후 결혼과 출산으로 의사를 그만두는 경우가 많아 남성 의사가 대학병원의 의료를 지탱한다는 의식이 대학 내에 강하게 남아 있다."고 설명했다.

「요미우리신문」은 도쿄의과대학이 여자 수험생의 점수를 낮춘 구체적인 수법까지 기사화했다. 기사에는 부정행위를 인정하고 그 이유를 설명하는 '대학 관계자'의 발언을 함께 소개하고 있다. 도쿄의과대학 고위층이 이 기사를 읽는다면, 극비 사항이어야 할 기밀을 기자에게 알려준 사람이 대학 내에 있다고 생각할 것이다. 기사 전체에서 정보원은 '관계자'와 '대학(도쿄의과대학) 관계자'라는 두 가지 표현뿐이다. 후자는 대학 교직원이나 전직 교직원일 것이다. 전자는 누구인지 알 수 없다. 대학 관계자가 아니라고 단정할 수도 없다. 폭넓게 취재한 결과이기 때문이다. 이런 취재들은 모두 비공식적으로 이뤄진다. 겉으로는 '없는 것으로 되어 있는' 이야기이기 때문에 누구도 드러내 놓고 언급하는 사람은 없다. 실제로 기사는 이렇게 끝맺고 있다.

> 여자 수험생에 대한 의도적인 감점에 대해 도쿄의과대학 홍보·사회연계 추진과는 취재에 대해서 "그런 사실은 전혀 파악하지 못했다."고 밝혔다.

즉, 도쿄의과대학 홍보 담당자는 「요미우리신문」 기사와 관련해 "그런 사실을 전혀 모른다."고 부인하고 있다. 대학 측의 부인에도 「요미우리신문」은 '도쿄의과대학이 여자 수험생을 불리하게 취급하는 입시를 하고 있었다'고 단정하는 기사를 대대적으로 내보냈다.

언론의 역할은 시민에게 중요한 진실을 알리는 것이다. '시민에게 소중한 진실이냐 아니냐'와 '당사자가 알리기를 허락하느냐'는 무관하다. '중요한 진실이지만 당사자는 알리고 싶지 않다'는 경우도 있다. '거짓말인데도 당사자가 필사적으로 알리려고 힘쓰는 경우'도 있다. 언론은 진실인지 아닌지를 따져보고 국민에게 알리는 것이 임무다. 반면 '당사자가 전달하고 싶은지 아닌지'를 중요하게 여기는 것은 홍보와 선전의 영역이다. 홍보나 선전도 사회에 필요한 중요한 일이지만, 보도나 저널리즘과는 별개다.

 사실 도쿄의과대학 홍보담당 부서의 코멘트에는 조금 석연치 않은 부분이 있다. "확인했지만 그런 사실은 전혀 없다."라고 말하지 않은 것이다. "그런 사실은 전혀 파악하지 못했다."라고 답하고 있다. 즉 "홍보담당 부서는 보고를 받지 못했습니다."라고 말하는 것으로 해석 가능하다. 물론 홍보담당 부서의 '파악하지 못했다'는 발언도 '사실이라면 사실'일 수 있다. 하지만 '진실'일까. 그리고 시민이 알아야 할 것은 어느 쪽일까?

 아니, 그런 문제는 문부과학상이나 정부 고위 인사, 수사기관이 알아서 처리하면 될 일이지, 대학을 곤란하게 만들면서까지 시민이 일일이 알아야 할 문제는 아닐지도 모른다. 하지만 시민은 행정과 정치의 '고객'이 아니라 '운영자'이다. 왜냐하면 일본은 민주주의 국가이기 때문이다. 시민이 의견을 말하고, 행동하고, 여론을 형성하고, 선거에서 자신의 생각을 가지고 의원과 정부를 뽑는다. 선거운동에 참여하는 시민도 있고, 시위나 행사로 의견을 호소하는 시민도 있다. 그런 시민이 정확한 정보를 제대로 갖지 못한다면 좋은 의견도 가질 수 없다. 이런 상황에서 정치나 행정이 제대로 기능할 리 만무하다. 비유하자면 시민은 자동차 운전자와 같다. 정확한 지도를 가지고 있어야 하고, 도로의 위험 정보도 알아야 한다. 단순한 승객이 아니기 때문이다.

시민은 세상에서 무슨 일이 일어나고 있는지 충분히 알지 못하면 길을 잘못 가거나 위험한 방향으로 나아갈 수 있다. 올바른 정보를 알면 목소리를 내고 여론을 형성해 잘못된 길에서 올바른 길로 방향을 바꿀 수 있다. 그래서 우리는 진실을 알아야 한다. 기자들은 진실을 알리기 위해 일하는 직종이며, 시민에게 최우선적으로 봉사하고 진실을 전하고자 노력할 의무가 있는 것이다.

Unit 2.

햇볕은 최고의 소독약

도쿄의과대학 부정 입시가 보도된 직후인 8월 7일, 도쿄의과대학은 도쿄 시내에서 기자회견을 열고 여성 차별 입시가 있었음을 인정했다. 이 대학 유키오카 테츠오(行岡哲男) 상임이사와 미야자와 케이스케(宮澤啓介) 총장 직무대행이 참석한 회견에서 미야자와는 "남녀의 (성적)격차를 확대시켜서 정말 죄송하다."고 사과했다.

「요미우리신문」은 5일 후, 이번에는 자체 조사에 응답한 76개 대학 중 80%에 가까운 59개 대학에서 2018학년도 의과대학 남자 수험생의 합격률이 여자보다 높았다고 전했다. 남학생이든 여학생이든 모두 의대 합격이 가능한 마지노선(점수)이 있으므로 합격률은 본질적으로 변할 수 없다. 그런데도 남자들만 합격률이 높다. 우연일까? 남자 수험생의 합격률이 지난 5년 연속으로 여자 수험생보다 높은 대학도 다수 있다고 한다. 그런 우연이 가능한가?

문제가 속속 드러나자 정부도 조사에 착수했다. 그 결과 전국 10개 대학에서 여성 차별 등 부적절한 입시를 시행했거나 부정 입시의 의혹이 있다는 보고서를 발표했다. 일반적으로 대학 관련 단체들은 입시에서의 남녀차별을 엄격히 금지하고 있다. 문부과학성도 대학 입시 기본 규칙인 '대학 입학생 선발 실시요강'을 개정해 성별, 연령, 현역/N수생(재수·삼수생을 의미) 여부, 출신 지역 등의 이유로 차별하는 것을 금지하는 규정을 만들었다. 이를 통해 여성, 장애인 차별 등은 대학 입시에서 절대 허용되지 않는 규칙으로 확립되었다.

도쿄의과대학에 불합격한 경험이 있는 다수의 여성들이 도쿄의과대학 등에 손해배상을 요구하며 소송을 제기해 승소했다. 소송 제기자 중 다른 의대에 진학해 의사가 된 하세가와 마야(長谷川麻矢)는 판결 후 기자회견에서 "입시에 국한되지 않고 여성이 부당하게 차별받는 것을 용납하지 말아 달라."고 호소했다. 이를 계기로 사회 전체의 논의가 깊어졌다.

한편, 여성 차별 입시를 용인하는 입장의 목소리도 전해졌다. 예를 들어 대학 관계자는 "여성 의사는 그만두는 비율이 높기 때문에 (입학자 수를) 너무 많이 늘리면 의료 현장에 지장이 생긴다."고 주장했다. 왜 여성 의사가 그만두는지 조사하고 개선하는 것이 우선일 텐데, "그래서 여자 의사를 만들면 안된다."는 대처법이 통용됨으로써 대학마다 여성 차별 규칙을 은밀히 만들어 온 사실이 이 사건을 계기로 밝혀진 것이다.

1930년대 미국 연방대법관으로 활약한 루이스 브랜다이스(Louis Brandeis)는 정보공개와 표현의 자유, 출판의 자유를 강력히 요구한 것으로 유명하며, 사실이 공표되고 자세한 정보가 공개되는 것, 공개적으로 토론을 하는 것과 관련해 '햇볕은 최고의 소독약'이라는 명언을 남겼다. 정보를 햇볕이 잘 드는 곳에 두어라, 말하자면 공개해서 어둠, 즉 비밀로 하지 말라는 뜻이다. 특히 사회의 부조리나 사회 문제에 대한 사실을 세세하게 공개해 모든 사람의 눈에 띄게 하는 것이 문제를 해결하는 데 필수라는 것을 햇빛의 살균력에 비유한 것이다. 도쿄의과대학 여성 차별 입시도 문제점이 밝혀지자 전문가를 비롯한 시민이 정면으로 토론하면서 뒷말은 사라지고, 이를 옹호하는 목소리도 사라졌다. 그렇게 사회는 발전하는 것이다.

Unit 3.
취재는 거절의 순간부터 시작된다

이런 변화를 가져온 보도는 어떻게 취재했을까. 당시 「요미우리신문」 사회부 데스크로서 보도를 담당했던 와타나베 신(渡辺晋, 現 LA 지국장)에게 이야기를 들어봤다. 차별 입시라는 사실을 알게 된 계기는 당시 이미 모든 언론이 취재하고 있던 도쿄의과대학과 문부과학성의 뇌물 사건이었다.

당시 문부과학성의 사립 대학 지원사업에 선정되기를 원했던 도쿄의과대학 이사장 우스이 마사히코(臼井正彦)와 총장 스즈키 마모루(鈴木衛)는 문부과학성 국장 사노 후토시(佐野太)에게 뇌물로 그의 아들을 (부정) 입학시켜 주겠다고 청탁한 혐의로 도쿄지검 특검팀의 수사를 받고 있었다. 부정한 뇌물 수수도 큰 사건이지만, 사건 발각 당시 사노가 문부과학성 국장이라는 주요 직책에 있었기 때문에 모든 언론사들은 그 내막을 보도하려고 열띤 취재 중이었다. 「요미우리신문」도 당연히 그 취재를 하고 있었다. 와타나베는 말했다.

"도쿄의과대학 관계자, 문부과학성 국장 주변 인물, 국장과 도쿄의과대학을 연결해 준 중개자까지 철저하게 파헤치고 있었어요.[2] 또 다른 '뒷문 입학'은 없었는지도 찾고, 정치인이 연루되었다는 설도 있기 때문에 있다면 당사자는 누구인지 확인이 필요했거든요."

여기서 '돌아다닌다'는 표현을 기자들이 자주 쓰는데 구체적인 의미는 무엇일까?

"대학 관계자의 이야기를 듣고 싶다고 해서 직장에 찾아간다고 해도 뻔한 이야기밖에 들을 수 없어요. (진솔한 이야기를 듣기 위해서는) 기자를 만난다는 사실이 주변에 알려지지 않는 방법이 필요하죠. 전화를 걸어 '장소를 정해서 만나자'고 해도 만나줄 사람은 거의 없으니까요."

그건 그렇다. 자신의 근무처가 뇌물 스캔들에 휘말려 크게 흔들리고 있는 중이다. 아무리 진상을 알고 있더라도 기자에게 기꺼이 이야기를 하겠다는 사람은 많지 않을 것이다.

"그럼 어떻게 해야 할까요. 집 주변에서 기다리거나 가까운 역에서 기다려야죠. 그런 장소가 아니면 진짜 이야기를 들을 수 없으니 말이죠."

상사나 동료가 있는 곳에서 자신이 속한 조직의 문제점을 이야기할 수 있을 리 만무하다. 기자와 접촉했다는 것 자체가 알

---

[2] 일본어로는 回る로 표기하는데, 직역하면 '주변을 돌다, 순환하다'는 의미다. 의역해서 '주변을 파헤친다'고 표현했다.

려지면 안 되기 때문이다. 기자 입장에서는 취재원과 은밀히 접촉하지 않으면 상대를 보호할 수 없다는 뜻이다. 하지만 설령 그렇게 한다고 해도 갑자기 찾아온 기자에게 진실을 말하지는 않을 것이다.

"말하지 않는 것이 보통이죠."

와타나베는 분명하게 말했다. 그럴 만도 하다. 누구나 기자가 갑자기 접근하면 경계심이 앞서기 마련이다.

"매우 소란스러워진 사건이라 (대학 관계자들에게) 여러 언론사들이 찾아와요. 기자들이 있는 곳에서 이야기할 리가 없고, 더군다나 모르는 사람에게 중요한 이야기를 할 리가 없죠."

그럼 어떻게 할 것인가.

"몇 번이라도 찾아가는 거죠. 주말엔 다른 언론사가 취재하지 않을지도 모르니까요. 시간을 쪼개서 몇 번이라도 다니다 보면 중요한 이야기를 들을 수 있는 경우가 있어요. 물론 못 들을 수도 있지만… 어디까지 할 수 있는지는 기자의 의욕에 따라 다르죠."

그렇게 여러 번 접촉하다 보면 이야기해 줄 사람이 나오기 마련이다.

"모든 취재가 그렇죠. 갑자기 말을 꺼내는 사람도 있고, 서서히 이야기하는 사람도 있습니다. 케이스 바이 케이스예요."

케이스 바이 케이스… 확실히 그렇다. 내 경험으로도 취재를 하다 보면 '어~'하면서 대화의 톱니바퀴가 돌아가기 시작하는 순간이 있다. 그런 순간은 어떻게 나타나는 걸까.

"역시 상대방에게 공감해주지 않으면 말을 하지 않아요. 서로 공감을 주고받는 것이 중요하죠."

공감. 기자도 진지하게 열심히 하고 있다는 것을 이해시켜야 한다는 말인가?

"그것도 한 가지 방법이지만, 그 다음은 신문이 사회에 꼭 필요한, 중요한 일을 하고 있다는 사실을 알리거나, 이 매체가 보도해준다면 틀림없다거나, '이 기자라면 믿을 수 있으니 여기까지는 이야기해도 되겠지?'라는 생각이 들도록 하는 거예요. 결국 이 모든 것이 취재라고 할 수 있어요."

Unit 4.
정보원은 철저히 비밀로

와타나베는 문부과학성, 대학, 중개자 등 관계자들을 하나하나 취재했다고 한다.

"정말 철저하게 조사했어요. '뒷문 입학'의 실태를 알아보려고."

그런데 취재 와중에 '뒷문 입학'과는 관련 없는 정보 하나가 입수됐다.

"어느 날 무심코 '사실 대학에 (뒷문 입학보다) 더 중요한 이야기가 있어요'라는 말을 들은 것이 시작이었어요."

어떤 사람이 그런 말을 했나요? 묻지 않을 수 없었다.

"그건 말할 수 없는 '관계자(정보원)'입니다."

시민에게 중요한 진실일지라도 '업무상 비밀'이라는 것도 있다. 그런 정보를 기자에게 발설하면 규칙 위반으로 처벌이나 징계를 받는다. 따라서 시민에게 진실을 알리려고 위험을 감수하고 기자에게 정보를 제공한 사람을 기자는 보호해야 할 의무가 있다. '취재원 보호'의 의무이다. 여기서 뉴스 취재원과 출처에 대한 설명이 조금 필요하다.

본래 뉴스 기사는 출처를 명시하는 것이 대원칙이다. 「……법무부 야마다 유리카 형사과장이 말했다」「서도쿄전력의 고바야시 산쥬로 상무는 ……라고 밝혔다」「사고를 목격한 가와사키시의 회사원 스즈키 아사카(35)는 ……라고 증언했다」라는 식으로 출처를 명확히 한다. 그럼으로써 신뢰할 수 있는 정보를 시민에게 당당하게 전달할 수 있는 것이다.

하지만 위험을 무릅쓰고 정보를 제공한 사람의 경우는 특별히 예외로 해야 한다. 시민에게 진실을 알리기 위해 비밀리에 정보를 제공했다가 들통나서 큰 곤욕을 치르게 된다면, 언론에게 정보를 제공하는 사람은 더 이상 나오지 않을 것이다. 그것은 다시 시민에게 흘러가는 정보가 줄어드는 요인이 된다. 기자들은 이런 상황이 되지 않도록 할 책무가 있다. 그래서 원칙적으로는 출처를 명시해야 하지만 예외적으로 내부고발자는 반드시 보호해야 한다. 그리고 내부고발자를 보호할 때는 철저하게 해야 한다.

물론 경우에 따라 기자가 취재원에 대해 입을 다물고 있는 것이 법에 저촉될 수도 있다. 예를 들어 재판 증인으로 법정에 불려가 취재원에 대해 추궁당하는 경우이다. 법률적으로 재판의 증인은 사실을 숨김없이 말해야 한다. 그런데 법률을 지키자니 취재원을 숨기고 보호해야 하는 기자의 윤리에는 반하는 것이다.

2005년, 이런 모순에 맞닥뜨린 사람은 NHK 기자 구마다 야스노부(熊田安伸)였다. 구마다 기자는 8년 전, 한 미국계 식품회사가 일본에서 세무 당국으로부터 소득 은폐를 지적받았다고 NHK 뉴스를 통해 보도한 바 있다. 이후 이 식품회사의 미국 내 계열사가 미국 정부를 상대로 미국에서 소송을 제기했고, 그때 구마다는 '뉴스의 정보원이 누구인지'에 대해 증언하라는 요구를 받았다. 그러나 증인 심문은 구마다를 미국 법원으로 부르는 것이 아니라 일본 법원(당시 구마다가 근무하던 니가타(新潟)의 지방법원)에서 진행됐다.

증인은 알고 있는 것을 숨겨서는 안 되지만, 예외적으로 '직업의 비밀'에 한해서는 숨기는 것이 인정된다. 과연 뉴스 취재원은 기자라는 직업의 비밀로 인정받을 수 있을까? 만약 구마다가 취재원에 대한 증언 거부를 고수하고 법원이 '이런 것은 직업상 비밀이라고 할 수 없다'고 판단한다면 정당한 이유 없는 증언 거부로 간주되어 구마다는 법률 위반 혐의로 수감될 가능성도 있었다.

구마다는 증언을 거부했다. 법원은 증언 거부가 인정되는지 여부를 심리했고, 이듬해 일본 대법원은 "취재원에 대한 정보는 직업상 비밀에 해당한다."는 대법원 최초의 판결을 내렸다. 이로써 기자는 원칙적으로 취재원에 대해 증언을 거부할 수 있는 권리를 얻게 됐다. 이런 싸움을 벌여야 할 만큼 내부고발자에 대한 보호는 중요한 문제다.

구마다 기자에게 이 과정에 대해 물었다.

"사실 이때 회사 변호사나 법무 담당자와 많은 이야기를 나눴어요. 어떤 일이 벌어져도 상관없다, 재판에 협조한다는 의미에서 이름은 말하지 않더라도 소속과 직함 정도는 말해도 되지 않겠느냐는 의견도 있었죠. 하지만 생각해 보세요. 그것은 이름을 말하는 것과 (취재원을 보호하지 않는다는 의미에서는) 마찬가지인 거죠."

어떤 조직에 소속된 사람의 '조직'이 재판에서 밝혀지면 그 조직에서는 누구인지 추측과 조사가 시작되고, 결국은 신원이 폭로될 가능성도 충분히 있다. 작은 구멍을 통해 댐이 터지듯 내부고발자의 신원이 드러날 위험성이 있는 것이다.

"취재원의 소속이나 직함을 밝히는 순간 취재원과의 신뢰는 무너진 것이나 다름없어요. 신뢰 관계라는 최고의 윤리 기준에서 판단한다면, 내가 수감되더라도 말할 수 없었죠."

내부고발자를 확실히 보호하는 것의 중요성은 어떤 취재이든 관계없이, 예를 들면 도쿄의과대학 부정 입시 취재에서도 마찬가지다. 그래서 이 건을 보도한 「요미우리신문」의 와타나베 기자도 내부고발자에 대한 이야기는 절대 하지 않는다.

"말할 수 없는 '관계자'입니다."

전혀 흔들리지 않는다. 어쩌면 그 '관계자'는 그래서 취재에 협조했는지도 모른다. 그렇다면 누구인지도 모르는 그 사람은 왜 '대학에 더 중요한 이야기가 있다'는 것과 같은 말을 흘리듯 했을까.

"그 사람 스스로가 문제의식을 가지고 있어서 무엇이라도 해야겠다고 생각한 것인지, 아니면 내 열정에 공감해 준 것인지, 우연히 그런 심정이 되었을 때 내가 그 자리에 있었던 것인지 그건 모르겠지만 … 하지만 그런 타이밍도 자주 돌아다니지 않으면 잡을 수 없어요. 얼마나 많은 사람을 만나는지, 얼마나 많이 돌아다니는지가 굉장히 중요해요."

처음엔 그다지 대접받지 못했다. 그런데도 두 번, 세 번, 네 번을 찾아갔다. 정말 강인함이 요구되는 상황이었다.

"그건 우리에게는 당연한 일이고, 한 번 거절당해도 이 사람에게 뭔가 정보가 있을 것 같다는 생각이 들면 몇 번이고 찾아갑니다. 반대로 너무 엉뚱한 곳을 계속 찾아다니는 경우도 있는데 그건 어쩔 수 없죠."

그러다 보면 어느 순간 '더 심각한 이야기'를 문득 말하고 싶은 순간이 온다는 것이다.

"그게 뭐냐고 물었더니 입시에서의 여성 차별 문제를 흘렸어요. 더 자세히 물어보려고 했더니 그 부분은 쉽게 말해주지 않더군요."

그렇다. 그 사람은 오히려 '기자에게 말을 흘려버렸다'며 후회했을지도 모른다.

"그래서 거기서부터 다시 취재하는 동시에 다른 곳도 취재하기 시작했죠."

그렇게 쉬운 일은 아닌 것 같았다. 하지만 확실히 조사하지 않고, 또 확인하지 않고서는 보도할 수 없다.

"꽤 힘들었어요."

Unit 5.

무엇을 위한 특종인가?

기자는 취재원의 증언에만 의존하지 않고 사실을 입증하는 데이터를 확인하려고 노력했다. 예를 들어 의대 입시에서 남녀 합격률에 차이가 있는 것을 보여주는 데이터다. 남녀별 합격자 수를 공개하는 대학이 많다. 우선 그 데이터를 조사했다.

"지난 10년치 데이터를 입수해서 살펴보니 분명히 남녀 합격률에 차이가 있더라고요."

여자 수험생의 합격률이 확연히 낮았다. 일반적이지 않은 경우였다. 다른 사정이 있을 수 있겠지만, 검토해야 할 자료 중 하나였다.

"여자를 차별하고 있다는 이야기인데, 여자 합격률이 높았다면 증언의 신빙성이 떨어지게 되죠. 그래도 한 사람만으로는 충분하지 않고, 여러 명으로부터 비슷한 내용을 들을 필요가 있다고 판단했어요."

한 사람의 증언도 힘든데 여러 사람의 증언을 듣는다는 것은 더 힘들 것이다.

"힘들죠. 처음에는 거짓말도 하더군요. '그런 건 없다', '모른다'고 거짓말을 하죠. 하지만 한 번 거절당해도 다시 또 가는 일은 취재를 하다 보면 일상적인 일입니다. 당연한 일이고요."

TV에서 보는 기자회견 같은 공식적인 취재와는 별도로 공식 취재에서는 밝힐 수 없는 사실을 파헤치는 비공식적인 취재도 있다. 여러 가지 방법으로 취재를 해야만 실체를 파악할 수 있다. 하지만 힘든 일임에는 틀림없다. 특히 정신적으로 힘들 것이다.

"특종을 했다고 해서 보너스를 받는 것도 아니죠. 하지만 기자가 되었으니 특종을 해서 세상을 바꾸고 싶다는 것은 기자라면 누구나 가지는 욕심입니다."

실제로 여성 차별 입시를 폐지하고 없애야 한다는 사회적 합의가 이루어졌다. 하지만 이 문제가 명확한 법적 위반이라고 단정할 수 없는데 왜 보도해야 하는 것일까?

"겉으로는 '입시는 공정하게, 순수하게 점수로만 한다'고 말하면서 뒤에서 조작하는 것은 수험생에 대한 배신, 사회에 대한 배신이라고 생각해요. 여학생들이 일률적으로 감점되는 걸 알았더라도 이 대학에 지원했겠느냐고 물으면 지원하지 않았을 거라는 사람이 많았을 테니까요."

이런 일을 오히려 명백한 불법이 아니라고 한다면, '이렇게 느슨한 룰(rule)로 괜찮은가'를 함께 논의하지 않으면 안 된다. 필요하다면 법과 규칙을 바꿔야 하고, 바꿀 수 있는 힘은 사회의 '운영자'인 우리 시민, 즉 여론에 있다. 그래서 사회적 논의의 재료가 되는 정보를 언론이 제공해야 한다. 하지만 신문에서 다루지 않더라도 SNS에 올리는 사람도 있을 것이다. 트위터(Twitter)나 틱톡(TikTok)에는 여러 가지 폭로성 글이 종종 올라온다. 그렇다면 이런 내용들은 신문 기자가 쓰는 기사와는 다른가.

"과대평가일지도 모르겠지만 당연히 정확도에서 차이가 납니다. 신문은 소문으로 기사를 쓰는 것이 아니라 근거를 가지고 기사를 쓰기 때문이죠. 오보를 냈을 때 혼나는 건 어쩔 수 없는 일이지만 그렇게 되지 않기 위해 열심히 사실을 확인합니다. 그런 노력은 역시 신문 같은 종이 매체가 가장 잘한다고 생각해요."

Chapter 2

대기업이 받은 사이버 공격

Unit 1.

사이버 공격으로 유출된 기밀정보

 미쓰비시 전기는 일본을 대표하는 종합 가전업체 중 하나로 '기리가미네(霧ヶ峰)' 브랜드의 에어컨, 냉장고, 세탁기, 엘리베이터 등을 생산하는 기업으로 알려져 있다. 그 미쓰비시 전기가 2019년 대규모 사이버 공격을 받아 사내 컴퓨터가 무단으로 해킹을 당했다. 즉, 사내 기밀정보가 유출될 가능성이 생긴 것이다.

 문제는 미쓰비시 전기가 '기리가미네'나 세탁기만 만드는 회사가 아니라는 점이다. 높은 기술력을 바탕으로 철도 시스템, 산업용 로봇, 원자력 발전, 인공위성, 국방용 미사일까지 만들고 있다. 이와 관련된 정보도 미쓰비시 전기는 가지고 있다. 그리고 그 공격은 중국계 사이버 공격 집단 '틱(Tick)'이 관여했을 가능성이 있었다. 심각한 상황이었지만 한동안 외부에 공개하지 않고 비밀로 해오던 중 「아사히신문」이 2020년 1월 20일자에 다음 내용을 보도했다.

> **미쓰비시 전기에 사이버 공격 국방-전기-철도,**
> **정보 유출, 중국계 조직 연루 가능성**
>
> 대형 종합 전기 메이커인 미쓰비시 전기가 대규모 사이버 공격을 받아 기밀성 높은 방위 관련 정보와 전력, 철도 등 중요 사회 인프라 및 민관 거래처에 대한 정보가 광범위하게 유출될 우려가 있는 것으로 밝혀졌다. 미쓰비시 본사 및 주요 거점의 PC와 서버가 다수의 해킹 공격을 받은 것으로 내부 조사 결과 밝혀졌다. 회사는 해킹 방법 등으로 미뤄볼 때 국방 관련 기밀 정보를 주로 노리는 중국계 사이버 공격 집단 '틱(Tick)'이 관여했을 가능성이 있는 것으로 보고 있다.
>
> 복수의 관계자와 내부 조사에 따르면, 최소 국내외 120여 대 이상의 PC와 40대 이상의 서버에서 무단으로 침입한 흔적이 발견됐다.

이 보도가 나온 날, 미쓰비시 전기도 드디어 다음과 같은 내용으로 공식 발표했다.

> **부정 접속으로 인한 개인정보 및 기업 기밀 유출**
> **가능성에 대하여**
>
> (중략) 작년 6월 28일 단말기의 수상한 동작을 인지한 후 신속하게 외부 접근을 제한하는 등의 조치를 취했으며, 관계 기관에 보고했습니다. 내부 조사 결과, 국방, 전기, 철도 등 사회 기반 시설과 관련된 민감한 정보, 기밀성이 높은 기술 정보 및 거래처와 관련된 중요 정보는 유출되지 않았음을 확인했습니다. (중략)

미쓰비시 전기의 공식 발표는 「아사히신문」 보도와 미묘하게 다른 부분이 있다. 미쓰비시 전기는 국방이나 전력 관련 중요 정보는 유출되지 않았다고 밝혔다. 「아사히신문」은 유출 우려가 있다고 보도했지만, 조금 '과한' 보도가 아니었나 싶었다. 그런데 3주 후 미쓰비시 전기는 새로운 발표문을 냈다.

> 기밀 정보, 기밀성이 높은 기술 정보 및 거래처와 관련된 중요 정보는 유출되지 않았음을 확인했다고 발표했으나, 방위성에 상세 보고를 준비하던 중 유출 가능성이 있는 정보에 방위성의 '주의정보'가 있는 것을 2월 7일 발견하여 같은 날 방위성에 보고했음을 알려드립니다.

'주의정보'라는 용어는 생소한데, 이 용어는 방위성에서 '누설해서는 안 된다'고 지정한 중요 정보의 일종을 가리키는 말이다. 방위성은 같은 날 '미쓰비시 전기(주)에 의한 기밀 정보 유출 가능성에 대하여'라는 내용을 발표했다. 미쓰비시 전기가 처음에 유출되지 않았다고 말했던 '민감한 정보'가 유출됐을 가능성이 있었던 것이다.

Unit 2.
왜 회사 기밀을 기자에게 알리는가

「아사히신문」은 이후에도 유출된 정보가 일본 최신예 무기인 '고속 활공 미사일' 정보일 가능성이 있다는 점, 미쓰비시 전기 사내팀이 침입자를 격퇴하기 위해 극비리에 사투를 벌였다는 점 등을 독자적으로 후속 보도했다. 시민에게 진실을 알리기 위한 중요한 보도이지만, 미쓰비시 전기나 국가가 공식적으로 발표한 정보가 아니다. 이런 내용을 어떻게 입수해 기사화할 수 있었을까. 일련의 보도를 담당한 「아사히신문」 편집위원 스도 류야(須藤龍也)에게 물어보았다.

"경위는 밝힐 수 없지만, 한마디로 말하면 내부자 제보였습니다. 이런 이야기는 내부에서만 나올 수 있는 거죠. 여러 가지 일상적인 루트라고 보면 됩니다."

'일상적인 루트'. 이건 스도 류야가 매일 노력하며 넓혀온 인맥(취재원)을 말한다. 미쓰비시 전기 보도의 경우, 다른 「아사히신문」 동료 기자와의 공동 작업을 통해 각각 가지고 있는 인맥을 활용하고 서로의 정보를 보완하며 만들어졌다고 한다. 하지만 아무리 허물없는 인맥이라고 해도 보도가 될 경우 자기 회사에 손해를 끼칠 수 있는 이야기를 기자에게 말하는 사람이 있을까?

"일반인이 보기에는 회사에 대한 배신으로 보일 수도 있어요. 하지만 사회를 위해, 공익을 위해 이것은 반드시 밝혀야 한다고 생각하는 사람들도 정말 있어요. 회사로부터 비밀로 하라는 명령을 받고, 그저 순순히 따르는 것이 과연 옳은 일인지 스스로에게 묻는 사람들이 있는 거죠."

미쓰비시 전기는 2019년 6월에 문제를 파악했으나 보도가 있던 이듬해 1월까지 이 문제를 비밀에 부쳤다.

"조직으로서의 생각, 조직을 지키기 위한 판단이라고 생각해요. 다만, 한편으로는 이를 세상에 밝혀야 한다는 생각도 있어요. 한 내부 관계자는 '우리 조직이 이만큼 당했다는 것은 다른 조직도 당하고 있다는 뜻입니다'라고 말하더군요. 미쓰비시 전기가 당한 것은 어쩔 수 없는 일이고, 그것을 공개함으로써 다른 조직들도 당하고 있을 가능성이 있으니 조사해 달라는 것입니다. 또 다른 피해를 막기 위한 교훈으로 널리 알려 달라고 말해준 분도 있고요."

숨기면 회사의 명성은 지킬 수 있다. 하지만 알려지지 않은 채 조용히 피해가 계속 확산될 수도 있다. 그래서 기자를 믿고 정보를 맡기고, 시민에게 알려달라고 부탁하는 사람이 있는 것이다. 시민 사이에 논의가 일어나면 대책도 마련될 것이라고 생각에서입니다. 하지만 대책을 위해서라면 보도로 대대적으로 알리기보다는 정부나 관계 당국에 은밀히 제보하는 것이 더 낫다고 생각하는 사람도 있다.

"그렇게 생각하는 사람은 많죠. 사이버 보안이나 안보 분야 사람들은 국방이나 공안 관련 사람들이 많기 때문에 기본적으로 정보를 퍼뜨리지 않으려는 생각을 가지고 있어요. 제가 하는 일을 굉장히 불편하게 여기는 사람들도 많아요. 내각 사이버안보센터(NISC) 같은 곳에서는 눈엣가시처럼 여기기도 하고요. 뭐, 그것도 내부 정보로 들리는데요. … 하지만 그런 입장이니 어쩔 수 없다고 생각해요."

시민이 정보를 광범위하게 논의하고 대책을 고민하는 민주주의의 원칙과 정보 확산의 위험을 고려해 소수의 일부 사람들이 적절히 대처하자는 질서 유지의 발상이 충돌하는 것일지도 모른다.

"일본에서는 사이버 보안에 대한 논의는 공개하지 않는 것을 전제로 진행되고 있습니다. 미국도 기본적으로 비슷하지만, 적어도 공문서로 만들어 수십 년 후에 공개하는 원칙은 철저하게 지켜지고 있어요. 일본에서는 공문서 관리나 보관이 허술하고, 기록을 만들거나 문서를 쌓아두지 않고 끝나는 경우가 많습니다. 그러면 계승이 불가능하고, 교훈도 노하우도 쌓이지 않습니다."

Unit 3.
기사 잘 써줬다! 사원들의 반응

미쓰비시 전기 내부에서도 한때 해킹 사실 공개를 검토한 적이 있다고 스도 류야는 말한다. 비밀 정보원으로부터 전해들은 이야기다.

"발표하려고 했대요. 기사가 나간 것은 2020년 1월 20일, 그 직전 금요일 오후 3시 이후에 발표한다는 이야기가 있었다고 합니다."

금요일 오후 3시는 대기업이 나쁜 소식을 발표할 때 주로 사용하는 단골 시간대. 금요일 오후 3시면 주식시장이 마감한다. 이후 주식시장이 주말 휴장을 앞두고 있기 때문에 급격한 주가 영향이나 시장 혼란을 막기 위해 이 시간대를 이용한다.

"그런데 그게 어떤 이유 때문인지 무산됐어요. 발표하지 않기로 결론을 내렸다는 내부적인 얘기도 입수했습니다. 이렇게 되면 이 문제는 영원히 수면 위로 드러나지 않게 되죠. 그래서 (아사히신문) 내부 논의를 거쳐 월요일 조간으로 보도하게 되었습니다."

다만, 아무리 나쁜 소식이라고 해도 미쓰비시 전기를 지나치게 비난하는 방향으로 흘러가서는 안 된다는 것이 스도 류야의 생각이다.

"사이버 보안 문제가 발생하면 흔히 기업의 불미스러운 일로 치부되기 쉽죠. 하지만 그들은 해커의 피해자입니다. 정보 유출에 대한 책임은 있을 수 있지만, 먼저 비난받아야 할 대상은 해커죠. 그 관점을 잊어서는 안 된다고 (아사히신문) 사내에서도 호소했어요. 미쓰비시 전기도 제대로 대응하고 있었지만, 그 이상의 공격력을 가진 놈들에게 당하면 속수무책이기 때문이거든요. 이것은 미쓰비시 전기에 국한된 이야기가 아니라 일본 전체의 문제라는 취지로 해설 기사를 냈습니다."

스도 류야는 '고도의 (해킹)기술, 방어는 어렵다'라는 제목의 해설 기사에서 피해 규모, 사태의 심각성뿐만 아니라 해커의 공격력을 언급하며 미쓰비시 전기를 공격하기 위한 '특수(맞춤형) 바이러스'가 사용되었다고 표현했다. 특수품이기 때문에 기존의 바이러스 백신은 통하지 않는다는 것이다. 미쓰비시 전기가 숨기려 했던 사이버 피해를 밝힌 보도는 반향을 일으켰다.

"일반인보다 사실 미쓰비시 전기 내부에서 더 큰 반향을 불러일으켰어요. 저도 처음 경험하는 일이지만 '미쓰비시 전기 직원입니다. 이번 기사를 잘 써주셔서 정말 감사합니다'라는 식의 반응이 엄청났어요. 왜냐하면 15만 명의 직원이 있는 거대한 회사인데, 직원들은 아무것도 몰랐던 거죠. 어느 날 비밀번호를 바꾸라는 연락이 왔을 뿐이다, 우리도 알고 싶다, 그러니 「아사히신문」이 계속 써 달라고 하더라고요. 뿐만 아니라 사이버 공격 사정을 잘 아는 사람들로부터도 '제대로 써줘서 고맙다'는 연락을 받았죠. 기자로서 이런 보도의 반향은 정말 기뻐요. 그게 후속 보도로 이어지기도 했어요. 「아사히신문」
에 말하면 제대로 써준다는 인식이 생겼기 때문이죠."

그중에는 스도 류야를 몰래 만나 이번 해킹 공격에 미쓰비시
전기의 내부 보안특명팀이 얼마나 필사적으로 대응했는지 보
도해 달라고 호소하는 직원도 있었다고 한다. 이를 계기로 쓴
기사가 첫 보도 후 3개월 반 만에 나온 '중국 해커에게 빼앗긴
사내 PC, 특공대 암투의 전말'이다. 다큐멘터리 식으로 해커의
공격과 미쓰비시 전기의 방어 노력을 소개했다.

"다만 담당자에게 구체적인 내용을 물어보면 '입장 때문에
말할 수 없다'고 하더군요."

기사화해 달라고 부탁했다면 정보도 같이 제공해도 될 것 같
지만, 저마다 사정이 있는 법이다.

"코로나 사태 중인데도 한두 달 동안 어쩔 수 없이 여기저기
관계자를 찾아다녔어요. 그동안 신뢰관계가 있는 사람에게 소
개를 부탁하기도 하고요."

스도 류야는 원래 기자는 아니었고 사이버 보안 관련 디지털
기술 전문가다. 「아사히신문」에 컴퓨터 엔지니어로 입사해 신
문 제작 등 사내 시스템 관리 운영을 5년 정도 담당하다가 회
사 요청으로 기자로 전향했다. 이렇게 디지털 기술자였던 기자
도 취재의 기본은 '만나는 것'이라고 강조한다. 신뢰 관계를 소
중히 여기며 인맥을 쌓아가는 것이라고 한다.

Chapter 3

거물급 시의원의 공금 유용

Unit 1.

취재수첩 빼앗고 취재 방해한 시의원

도야마(富山) 시의회 의원 중 3분의 1이 넘는 14명의 의원이 반 년 남짓한 기간 동안 사퇴하는 비정상적인 사태가 2016~2017년 사이에 일어났다. 시의원들이 연달아 그만둔 이유는 모두 '의정활동비'의 부정 사용이 발각되었기 때문이다.

의정활동비란 의원이 정치활동을 하는 데 필요한 경비를 말한다. 예를 들어 유권자를 대상으로 시정 보고회를 열면 자료 인쇄비, 참석자들에게 제공하는 차나 간단한 간식비가 들어가는데, 이때 사용하는 비용이다. 모두의 정치를 위한 비용이기 때문에 일정 한도 내에서는 시의 공금으로 충당된다. 그런데 의원들이 자료 인쇄비가 들었다고 청구하고 돈은 받으면서 실제로 지불된 인쇄비는 없었다. 지불하지 않은 경비를 공금으로 받으면 온전히 자기 수입이 되는 것이다. 인쇄비를 지불한 것처럼 보이기 위해 영수증을 위조까지 했다. 문제는 도야마 시의회 외에도 도야마 현(縣) 의회, 다카오카 시의회도 해당됐으며, 의원들이 부당하게 받은 금액은 총 7,000만 엔(약 6억 5천만 원)이 넘었다. 모두 국민이 낸 세금에서 나온 돈이다. 이런 사실이 발각된 것도 기자의 독자적인 취재와 보도 덕분이었다. 그런데 이 사건의 앞부분에 별도의 사건이 한 가지 더 있었다.

"의장의 허락도 받지 않고 취재하고 있는 주제에 뭐라고?"

도야마의 지역 신문인 「기타니혼신문(北日本新聞)」의 여성 기자가 도야마 시의회의 자민당 회파[3] 대기실에서 취재하고 있을 때 누군가 크게 고함을 질렀다. 취재원인 무라야마 에이이치(村山栄一) 시의원이 기자들 질문에 답하고 있었는데, 대기실로 돌아온 자민당 회파의 회장인 나카가와 유우(中川勇) 시의원이 기자들의 취재 모습을 보고 갑자기 "뭐하는 짓이냐!"고 큰 소리로 외친 것이다. 나카가와는 그 자리에서 취재하던 다른 「기타니혼신문」 기자들과 취재에 응하던 시의원들에게도 "대답하지 마라", "나가라"며 화를 냈다. 게다가 여성 기자는 펜을 들고 있던 오른손 손목을 나카가와에게 붙잡혀 밀리는 자세로 쓰러졌다. 나카가와에게 취재수첩을 빼앗긴 여성 기자는 수차례에 걸쳐 돌려줄 것을 요구했지만 나카가와는 돌려주지 않았다. 기자에게 취재수첩은 중요한 재산이다. 취재원이 털어놓은 소중한 내용, 또는 프라이버시와 관련된 내용이 적혀 있는 경우도 있기 때문이다.

기자들이 취재하고 있었던 것은 시의회 의원들의 급여(의원 보수)를 월 10만 엔(약 100만 원) 인상하는 안건에 대한 것이었다. 당시 「기타니혼신문」 사회부 소속이었던 가타기리 히데오

---

[3] 한국의 계파와 비슷한 개념. 일본에서는 회파에 속한 의원 수의 비율에 따라서 상임 및 특별위원의 할당이 달라진다.

(片桐秀夫) 논설위원은 이렇게 회고했다.

"10만 엔 인상은 시민 정서와 상당히 동떨어져 있는데 인상하려고 하는 것이 이상하지 않나요? 그런데 각 회파의 의견을 들어보면 어느 곳이나 똑같은 내용만 이야기했습니다."

시의회에서는 정당이나 그룹별로 '회파'를 만들어 회파별로 찬반이나 의견을 결정하는 경우가 많다. 그래서 급여 인상에 대한 찬성 여부를 회파에 물어보면 취재는 일단락된다. 하지만 그러면 공식적인 이야기밖에 들을 수 없다. 시민이 정치에 대해 고민하고 참여하고 있을 때 '회파'의 견해만으로는 충분한 정보가 되지 못한다.

"(선거에서) 유권자들은 한 명이 한 사람에게 투표하는데, 지역구라고 해서 공산당을 찍는 사람도 있고, 공명당과 관계도 없으면서 공명당에 투표하는 사람도 있습니다."

공산당은 좌파 정당이라 보수적인 사람들은 잘 접근하지 않는다. 하지만 자기 동네 사람이 우연히 공산당에서 출마했다고 하면, 잘 알고 있고 믿을 수 있는 사람이라서 투표하는 경우도 있다. 공명당은 창가학회라는 종교 단체가 강력하게 지지하고 있지만, 관계없는 시민 중에도 공명당 정치인 개인에 대한 신뢰로 투표하는 사람도 있을 것이다. 그렇다면 시민 입장에서는 어느 당의 의원이라고 해서 모두 같은 당이라고 할 수 없다.

"그래서 시의원 한 명 한 명에게 생각을 제대로 물어보려고

했지요. 시간도 많이 걸리고 귀찮은 일인데도 불구하고…"

그래서 기자들이 의원 한 명 한 명을 만나서 급여 인상에 찬성하는지 반대하는지, 왜 그런지 등을 자세히 물어본 것이다. 가타기리 히데오는 말을 이어갔다.

"그런 일을 할 수 있는 곳이 지방지라고 생각합니다. 인력도 그렇고, 신문 지면적으로도."

지방의회 취재에 몇 명의 인력을 투입할 수 있는 것도, 40여 명의 목소리를 담도록 지면을 할애할 수 있는 것도 지역 취재와 보도를 전문으로 하는 지방신문만이 할 수 있는 일이라는 것이다. 그런데 그런 취재 도중에 여성 기자가 야만적인 방식으로 공격을 당한 것이다. 나카가와가 여성 기자를 밀쳐서 넘어뜨리고 취재수첩을 빼앗은 것은 노골적인 취재 방해일 뿐만 아니라 시민에 대한 정보 방해다. 하지만 상대는 시의회 주요 당파의 의장이고 중요한 취재 대상이기도 했다. 어떻게 해야 할까. 인간관계를 중시하여 원만하게 마무리할 것인가, 아니면 사실대로 보도할 것인가.

「기타니혼신문」은 '화해'가 아닌 '투쟁'을 선택했다. 신문사가 투쟁을 한다는 의미는 '사실'을 보도하는 것이다. 사건의 진실을 사회의 '운영자'인 시민에게 전하는 것이다. 그래서 「기타니혼신문」은 다음날 1면 톱기사로 이 사건을 보도했다(이 책 48쪽, 여성 기자가 밀려 쓰러진 경위에 대한 설명은 이 보도를 바탕으로 한 것이다)."

> **보수 문제로 취재 방해… 도야마 시의회 자민당 회파**
> **나카가와 나카가와회장, 본지 기자로부터 수첩 빼앗아**
>
> 도야마 시의회 의원 보수 인상 조례 개정안을 둘러싸고 시의회 최대 계파인 자민당 나카가와 유우 회장(68)이 9일 시청 내 회파 대기실에서 시의원들을 취재하던 기타니혼신문 여성 기자를 밀쳐 넘어뜨리고 취재수첩을 강제로 빼앗는 등 취재 활동을 방해했다. 또 다른 기자들의 취재에 응하고 있던 시의원에게도 큰 소리로 취재에 응하지 말 것을 지시했다. 나카가와 회장은 "허가 없이 취재하고 있었기 때문에 (수첩을) 회수했다. 기자가 쓰러진 것은 인정하지만 쓰러뜨리지는 않았다."고 주장하고 있다. 기타니혼신문사는 같은 날 폭행과 절도 혐의로 도야마 중앙서에 피해 신고를 했고, 접수됐다."고 밝혔다.

'허가받지 않은 취재'라고 하는데, 의원과 대화하고 의견을 듣는 것이 허가를 받을 일인가? 의원이란 무엇인가. 지방의회와 지방자치는 무엇인가. 이날 기사를 읽은 시민으로부터 기자에 대한 격려와 시의회에 대한 분노의 반응이 엄청났다고 한다. 원래 의원들의 월급 인상 문제 보도 자체가 반향이 컸다. 당시 「기타니혼신문」은 아직 SNS를 개설하지 않았기에 시민의 반응은 편지, 엽서, 팩스, 이메일 등으로 답지했다.

"「기타니혼신문」이 (임금 인상 문제를) 크게 다루기 시작하면서부터 반응이 오기 시작했고, 여성 기자에 대한 취재 방해 사건이 벌어지면서 '(더 보도) 해달라'는 요청이 많이 들어왔죠. 최종

적으로 약 300~400건 정도의 의견이 접수되었던 걸로 기억합니다. 지방지로서는 상상할 수 없는 숫자이고, SNS와는 다르죠. 손글씨로 쓴 편지나 팩스를 보내는 것은… 한 통 한 통이 정말 무게감이 다릅니다."

Unit 2.

'허위'로 청구된 의정활동비 4,300만 원

「기타니혼신문」 기자들은 의원들의 활동을 좀 더 자세히 조사하기 시작했다. 그중 하나가 의정활동비의 실제 사용처를 확인하는 것이었다. 가타기리의 이야기와 「기타니혼신문」의 책 『민의와 함께 걷는 의회 재생』에 따르면, 이번 취재는 우선 의정활동비를 사용한 영수증 등의 문서가 관공서에 보존, 공개되어 있기 때문에 이를 열람하고 면밀히 살피는 것부터 시작됐다.

취재 과정에서 현(縣) 의회 부의장인 야고 하지메(矢後肇) 의원의 의정활동비 가운데 이상한 지출을 발견했다. 『현대 오징어 백과사전』, 『발효 핸드북』 등 정치활동과 관련이 없어 보이는데도 책을 구입한 것이다. 4년 반 동안 460만 엔(약 4,300만 원)이나 책값으로 지출했다. 즉, "460만 엔을 책값으로 썼는데,

모두 정치활동에 쓸 책이니 책값을 공금에서 처리해 달라."고 청구한 뒤 460만 엔을 받아갔다는 것이다.

이를 발견한 「기타니혼신문」 기자들은 출판사와 서점에 일일이 확인한 결과, 야고가 실제로는 이 책들을 구매하지 않았다는 의혹이 커졌다. 만약 현 의회 의원이 사지도 않은 고가의 책을 가짜 영수증을 만들어 제출하고, 돈을 지급받았다면 그 돈은 의원 호주머니로 들어갔을 것이다. 바로 공금횡령이라는 범죄행위다.

「기타니혼신문」의 직격탄 취재에 대해 야고는 부정행위를 일부 인정했다. '사지도 않은 책의 가짜 영수증을 발행하는' 배임행위를 한 것은 아니지만 자격증 교재 등을 샀고, 〈현대어학사전〉 등을 산 것처럼 꾸며 공금으로 받았다는 것이다. 구입한 것으로 되어 있는 460만 엔어치의 책 중 실제로 구입한 책도 있지만 책을 버렸기 때문에 현물은 남아 있지 않다고 했다. 아무래도 의심스러웠다. 하지만 이를 입증할 증거도 없었다. 적어도 부정행위의 일부는 인정한 셈이기에 「기타니혼신문」은 즉시 보도하였다.

> **야고 현 의회 의정활동비 부정인가...**
> **도서 구입 4년 반 동안 460만 엔**
>
> 현 의회 부의장인 야고 하지메(矢後肇, 56) 자민당 다카오카시 다이고(高岡市醍醐) 선거구 의원이 의정활동비로 책을 구매했다고 보고하면서 실제로 그중 일부는 구매하지 않았다는 의혹이 12일 기타니혼신문의 취재를 통해서 밝혀졌다.

  야고 의원은 이 기사가 보도된 날 밤 기자회견을 열고, 사실상 460만 엔의 책값은 모두 거짓말이었다고 인정했다. 역시 가짜 영수증으로 뒷돈을 취한 것이다. 「기타니혼신문」의 취재에 대한 설명도 거짓말이었다는 것이다. 야고는 얼마 지나지 않아 의원직을 사퇴했다.

  취재를 시작한 기자들은 「기타니혼신문」 외에도 있었다. 현지 TBS 계열 방송국 튤립TV의 취재반이다. 담당 기자 사나자와 도모사(砂沢智史)도 의심을 가지고 도야마 시의회 전 의원 40명의 의정활동비 1년 치 자료를 정보공개제도를 통해 청구한 것이다. 정보공개란 정부나 현청, 시청 등 공공기관이 보관하고 있는 문서를 시민의 요구에 따라 공개하는 절차를 말한다. 이를 통해서 관공서가 제대로 일을 하고 있는지, 부정은 없는지 확인할 수 있다. 정부나 관공서가 가지고 있는 자료의 최종 주인은 사회의 '운영자'인 시민이다. 정부는 어디까지나 시민의 지시를 받고, 세부적으로는 시민이 뽑은 국회나 지방의회의 결정에 따라 행정을 펼치기 때문이다.

정보공개제도에서는 문서를 볼 수 있을 뿐만 아니라 복사도 가능하다. 사나자와의 정보공개 청구는 양이 많아서 복사비만 15만 엔(약 140만 원)에 쌓인 서류가 산더미였다. 사나자와는 취재진에게 이렇게 말했다.

"「기타니혼신문」이 현 의회 의원(야고)의 의정활동비 비리를 특종 보도했습니다. 이런 일도 있구나, 나도 시의원의 의정활동비 공개를 청구했는데, 이 중에 현 의원의 부정 같은 것도 있을 수 있다고 생각했습니다."

야고의 비리를 폭로한「기타니혼신문」의 보도가 다른 언론사 기자들에게도 힘을 실어준 것이다.

"저와 선배 둘이서 밤마다 조금씩 자료를 살펴봤습니다. (회사) 경비를 사용한 책임도 있었으니까요."

15만 엔이나 되는 회사 경비를 들여 입수한 자료를 낭비할 수 없다는 생각이 드는 것도 당연하다. 그래서인지 일상적인 취재가 한풀 꺾인 밤에도 한 장 한 장 넘겼다고 한다. 하지만 목적 없이 자료를 계속 넘기던 상태는 목적지가 있는 상태로 바뀌었다.

"결과적으로 운이 좋았던 것 같아요. 의정활동비 정보 공개 청구가 전례가 없던 일이라서 좀 경계심을 가졌는지 …… 정보 공개 청구한 것을 의회사무처가 의원에게 유출한 거예요."

큰 문제였다. 공개에 대한 방해 압력을 불러일으킬 수 있었다.

"그것을 청구한 사실이 알려지면서 결과적으로 정보 제공자가 나타나는 계기가 됐어요."

정보공개 청구를 통해 기자가 의정활동비 서류를 대량으로 입수해 조사하고 있다는 소문이 돌게 된 것도 규칙에 어긋나는 정보 유출일 뿐만 아니라, 비밀리에 진행해야 할 취재 내용이 들통나 버리자 소문을 듣고 반대로 협력하겠다는 사람이 나타난 것이다. 어떤 정보 제공일까.

"나카가와 회장이 인쇄비로 부정을 저지르고 있는 것 같다는 이야기가 들렸어요."

나카가와는 회파 대기실에서 기자들에게 "뭐하는 짓이냐!"고 큰소리를 치며 취재를 중단시킨 그 거물, 시의회 자민당 회파 회장 바로 그 사람이다.

"자세한 내용은 말할 수 없지만, 어느 날 회사에 전화가 걸려와 함께 조사하던 선배가 전화를 받았죠. '나카가와 씨가 인쇄비 부정을 저지르고 있는 것 같다'는 내용이었어요."

아니 땐 굴뚝에 연기가 날까. 서류 더미에서 나카가와와 관련 있음직한 것을 찾아내야 했다. 사나자와 일행은 영수증에 적힌 금액, 내용, 업체명, 용도를 정리했다. 인쇄물을 '시정 보고회에서 배부했다'고 적혀 있으면 그 장소 시설을 취재해 정말 회의가 열렸는지도 확인했다. 물론 인쇄업체에도 사실 확인을 했다.

취재란 참 신기한 것, 아니 소통이란 것은 항상 신기하다. 실제로 찾아가 만나서 이야기를 나누다 보면 상대방의 표정이 미묘하게 움직이거나 말투가 의도적으로 바뀌는 것을 발견할 때가 있다. 무언가를 숨기려는 것이 아닌가 하는 느낌이 들기도 한다. 기자는 그런 취재를 반복한다.

사나자와의 이야기와 튤립TV 취재반의 책 『도야마 시의원은 왜 14명이나 사퇴했는가, 의정활동비의 비밀을 추적하다』[4]에 따르면, 한 공민관에서는 350부의 자료를 배부한 것으로 되어 있는데, 그 장소는 그 정도의 인원이 도저히 들어갈 수 없는 시설이었다고 한다. 회의에 참석했을 것 같은 주민으로부터 "보고회는 열리지 않았다. 술 마시려고 모였을 뿐"이라는 증언도 나왔다. 적어도 보고회가 세 번 열렸다는 도야마시 동부지구 센터에는 나카가와가 시정 보고회를 개최했다는 기록이 없었다. 시설 관리자에 따르면, 이곳은 애초부터 정치활동 목적으로는 사용할 수 없는 시설이라는 것이다.

나카가와 시의원은 튤립TV의 사나자와 등의 직격 취재에 세 번 모두 "사정이 있어 장소를 변경해 음식점 등 다른 장소에서 열었다."고 얼버무렸지만, 그중 한 음식점을 기자가 확인해 보니 그곳에서도 보고회는 열리지 않았다. 즉, 열리지도 않은 시

---

[4] 관련 정보는 다음 링크를 참조.
https://www.iwanami.co.jp/book/b287034.html

정 보고회에서 자료를 배포한 셈이고, 자료 인쇄비로 공금이 지급된 것이었다.

이런 취재 끝에 보도의 물꼬를 트면서 사나자와 튤립TV 2016년 8월 19일 저녁 톱뉴스에 다음과 같은 뉴스가 보도됐다.

> **사실과 다른 정당활동비 보고**
>
> 의원 보수 인상을 둘러싸고 비판받은 도야마 시의회에 의혹이 제기됐다. 최대 계파인 자민당 소속 시의원들이 실제와 다른 내용을 보고하고 의정활동비를 교부받은 것으로 밝혀졌다.

Unit 3.

단정적으로 말하는 것이 보도의 역할은 아니다

이 보도는 인쇄비를 착복했다고 구체적으로 보도하지 않았다. 주저한 것일까. 이유는 해당 인쇄업자가 사나자와 일행의 취재에 "나카가와 시의원에게 영수증 대로 인쇄비를 지급받았다."고 증언했기 때문이다. 그렇다면 확실하게 뒷받침되는 사실은 다음과 같다.

(1) 나카가와 유우 시의회 의원은 '시정 보고회를 지구센터에

서 열었다'고 시의회 사무국에 보고하고 의정활동비를 받았다.

(2) 그러나 적어도 3차례 열린 것으로 되어 있는 시정 보고회 중 동부지구센터에서는 그런 모임이 열리지 않았다.

(3) 나카가와는 '일정을 변경해 다른 장소에서 열었다'고 말하고 있지만, 그 '다른 장소' 중 적어도 한 곳에서는 시정 보고회가 열리지 않았다고 증언하고 있다.

(4) '다른 장소'의 또 다른 장소에서의 모임은 참가자가 "일반적인 신년회였고, 시정 보고는 없었다."고 증언하고 있다. 여기에서도 시정 보고회는 열리지 않았다.

(5) 시정 보고회 개최 장소를 사정에 따라 변경한 것이 사실이라면 시의회 사무국에 제출한 서류에 변경 후 개최 장소를 적으면 되는데, 무슨 일인지 세 차례 모두 지구센터에서 개최했다고 보고했다.

(6) 애초부터 지구센터는 시정 보고회를 열 수 없도록 규정되어 있다.

(7) 문제의 의정활동비 중 '인쇄비'에 대해 인쇄업체는 실제로 지급을 받았다고 이야기하고 있다.

나카가와 의원의 설명에는 무리가 있고, 실제로 '시정보고회' 자체가 지어낸 것이라는 의심이 들 수밖에 없다. 상당히 의심스럽지만 취재에서는 정확한 사실을 확인할 수 없었다. 지불했다는 인쇄비에 대해 사나자와 역시 '인쇄업체가 거짓말을 하고 있는 것이 아닌가' 하는 생각이 들었지만, "인쇄업체가 그렇게 말하는 한 확인할 방법이 없다."고 말했다.

보도의 역할은 시민에게 사실을 알리는 것이다. 사실이라면 확실한 근거가 있어야 한다. 그렇지 않고 독자(시청자)의 귀를 자극하는 말만 한다면 그것은 보도의 역할이 아니라 쾌감을 노리는 것, 즉 오락의 영역이다. 취재 보도로서 이 단계에서 할 수 있는 최대치는 개최 장소가 사실과 다른, 즉 '정치활동비 지출과 다른 보고' 정도일 것이다.

적어도 '실상은 더 썩었음에 틀림없다', '이것은 심각한 부정이며 분노해야 한다'고 주장하고 싶지만 이것들 역시 '사실'(팩트)이라기보다는 '논쟁'(오피니언)에 해당되는 부분인 것이다. 결국 그런 부분은 기자가 아닌 시청자나 독자, 즉 시민에게 맡겨야 할 몫이다. 언론 매체는 '논평'을 다루기도 하지만, '해설'이나 '논설' 같은 글들은 현장 취재 없이도 작성할 수 있는 의견 기사로 분류된다. 반면 사실 보도(팩트 기사)는 반드시 취재와 사실 확인 과정을 거쳐야 하므로 이렇게 구분하는 것이다.

그렇다면 사실 보도는 의견과 전혀 무관한 것일까? 그렇지 않다. '정치자금, 사실과 다른 보고'라는 보도 자체가 '이것은 중요한 문제다'라는 의견이 전제되어 있기 때문이다. 만약 어떤 언론이 '의정활동비 사용처를 문제 삼으면 안 된다. 국회의원은 국회 내 발언의 좋고 나쁨으로만 평가하면 된다.'라는 의견이라면, 그 언론은 의정활동비 문제를 보도하지 않는 선택을 할 것이다. 기자는 의견이 아니라 '사실'을 전하지만, 그 사실을

'전하자'라는 판단에는 반드시 의견이 있다. 단순하지 않은 문제다. 그리고 이것은 '보도에 '중립'이 있는가'라는 문제로 이어진다. 그 점에 대해서는 나중에 다시 언급하기로 하자.

Unit 4.
부정이 보도되자 실종된 시의원

다음날 아침, 같은 내용의 취재를 하고 있던 가타기리 등의 「기타니혼신문」도 조간 사회면 톱기사로 이 문제를 보도했다.

> **나카가와 도야마 시의원, 보고 오류**
> **동부지구센터, 기재된 회의 열지 않아**
> **의정활동비로 자료비 105만 7100엔 수령**
>
> 도야마시 의회 의원인 나카가와 유(中川勇, 68)의 도야마시 시미즈모토마치 선거구 2013년 및 2014년 의정활동비 보고에 오류가 있는 것으로 기타니혼신문 취재 결과 밝혀졌다. 시 동부지구센터에서 7회에 걸쳐 시정 보고회를 개최했다면서 그 자료의 복사비로 총 105만 7100엔(약 972만 원)을 시로부터 수령했지만, 동 센터에서 보고회를 개최된 사실은 없었다.

이 신문의 기사는 나카가와가 2013~2014년도에 개최한 수많은 '시정보고회' 중 일곱 번은 동부지구센터가 장소였지만, 실제로 동부지구센터에서는 그런 회의가 열리지 않았다고 지적했다. 시정보고회 때마다 나카가와는 인쇄비 217,000~46,000엔을 수령했고, 인쇄비를 받았다는 인쇄업자의 설명도 전하고 있다.

그런 가운데 중요한 사건이 벌어진다. 튤립TV와 「기타니혼신문」의 보도 중심에 있던 나카가와가 실종된 것이다. 자택에 유언장 같은 쪽지와 휴대폰이 남겨져 있었다. 이 소식을 들은 사나자와는 얼굴이 창백해졌다.

"솔직히 기자를 그만둘까 하는 생각도 들더군요. 그때가 기자가 된 지 2년째였어요. 언론 보도의 피해자가 생길 수 있다는 걸 당연히 알고는 있었지만, 설마 내가 쓴 기사로 인해 그렇게 될 줄은 몰랐어요."

나카가와가 자살하는 최악의 상황을 생각했다.

"만약의 사태가 발생한다면… 정신적으로 견딜 수 있을까 하는 생각이 들었어요."

정치인의 부정행위에 대한 중요한 정보 가운데 사실로 확인된 것만 골라 과장하지 않고 보도했다. 보도하지 않는다면 오히려 언론사로서 자격미달이다. 하지만 그렇게 꼭 필요한 뉴스라도 당사자에게는 보도 자체만으로 큰 충격이 된다. 그것을 명확히 알 수 있는 사건이었다.

나카가와는 실종 당일 밤, 시청 주차장에 세워둔 차 안에서 쇠약해진 모습으로 발견됐다. 입원 치료를 마치고 약 일주일 후 열린 기자회견에서 나카가와는 부정을 모두 인정했다. 시정 보고회를 열지 않은 것뿐만 아니라 의혹의 핵심인 100만 엔이 넘는 '자료 인쇄비'도 허구였다고 시인했다. 인쇄업체에 돈을 지불한 것처럼 위조 영수증을 만들어 의정활동비를 청구했고, 그 돈은 주로 술을 마시는 데 사용했다고 밝혔다.

결국 나카가와는 의원직을 사퇴했다. 그동안 취재진에게 "나카가와 시의원으로부터 정말 인쇄비를 받았다."고 설명해 온 인쇄업체도 기자들의 취재를 눈치챈 나카가와가 인쇄업체를 상대로 입을 맞추도록 공작한 결과였던 것이다. 나카가와가 모든 것을 인정한 후 인쇄업체도 "자료를 인쇄한 적이 없다."고 사실을 인정하고 사과했다.

부정을 폭로하는 취재 과정에는 이런 일이 종종 발생한다. 무엇을 취재하고 있는지 상대방에게 들키면 증거 인멸이나 뒷거래, 취재 거부 등이 일어나는 것이다. 이때 사나자와도 고민에 빠졌다.

"인쇄소 사장에게 '왜 거짓말을 했느냐'고 질문했더니 '나에게도 가족이 있다'라고 이야기하더군요. 인쇄업체는 부정에 가담했지만, 얻은 이익은 전혀 없었습니다. 아버지로부터 가업을 물려받은 분인데, 나카가와와 친하게 지내던 아버지로부터 영수증 뭉치도 받은 거죠"

백지 영수증 뭉치, 즉 인쇄업체 이름과 도장만 찍혀 있는 영수증만 있으면 거기에 직접 금액과 날짜를 써서 인쇄업체에 돈을 지불했다는 가짜 증거를 마음대로 만들어 낼 수 있는 것이다.

　"그런데 젊은 사장은 그런 사실도 모르고, 보도가 나간 뒤에야 자기네 영수증이 거기에 있다는 것을 알게 된 경우였어요. 우리가 조사하는 것을 눈치 챈 나카가와가 젊은 사장에게 함구하도록 시켜서 사건에 말려들게 된 거죠. 생업이다 보니 어쩔 수 없었던 겁니다. 문제는 이 분만 그런 것이 아니라 (의원들의 정치활동비 가상 지출처로 이용된) 다른 인쇄업체나 술집 등 의원들의 거짓에 이용당하는 업종이 많다는 사실입니다."

　하지만 사실이 그렇다면 시민은 그 또한 분명히 알고 정당한 범위에서 비판하고, 정당한 범위에서 동정해야 한다. 그 이상의 비난이나 그로 인해 겪는 생활고는 본래 정보를 전달한 것, 알고 있는 것의 문제가 아니라 일부 사람들의 편협함이나 악의적인 의도가 문제인 것이다. 물론 약자가 피해를 보는 경우가 나오게 될까 걱정되는 것도 사실이다. 그것을 알면서도 보도할 수밖에 없는 것은 어떻게 생각해야 할까. 기자로서 피할 수 없는 참 무거운 문제이다.

Unit 5.

취재 전쟁이 불러온 사퇴 도미노

한편, 시의원들의 비리는 나카가와에게서 끝나지 않았다. 뭔가 이상하다고 느낀 도야마 시의 기자들이 의원들의 의정 활동비를 철저히 조사하기 시작한 것이다. 그러자 부정이 속속 발견되었다. 그때마다 보도가 되고 논란이 일어났다. 그리고 그 결과, 전체 의원의 3분의 1 이상에 해당하는 14명이 의원직을 사퇴하는 '사퇴 도미노'가 발생했다.

말 그대로 도야마의 많은 언론이 가세해 치열한 취재 경쟁이 벌어졌던 사건이다. 「기타니혼신문」의 가타기리 기자는 이렇게 회고했다.

"정말 힘들었습니다. 나만 추월당하는 것이 아닌가 싶을 정도였어요."

'추월당한다'는 의미는 라이벌 사가 중요한 뉴스를 앞질러 보도하고 자신들은 경쟁에 뒤처지는 것을 뜻한다. 기자로서는 체면이 구겨지는, 참으로 힘든 상황이 되는 것이다. 그렇게 많은 언론이 취재 경쟁을 벌이면 '추월하는' 쪽은 한 곳, 나머지는 모두 '추월당하는' 모양새이기 때문에 결과적으로 '추월당하는' 경우가 더 많아진다. 「기타니혼신문」은 지역 최대 언론사이기 때문에 취재력도 강하고, 가타기리는 상당히 겸손한 것 같기도

하다. 그럼에도 '추월당하는' 일이 많을 정도로 취재 경쟁이 치열했던 모양이다.

TV도 기타니혼 방송(니혼TV 계열), BBT(도야마 TV 방송, 후지TV 계열), 튤립TV(TBS 계열)가 서로 경쟁했다. 신문도 「교도통신」과 「아사히신문」, 「마이니치신문」, 「주니치신문」이 취재에 나섰다.

"… 오사카에서도 (응원 기자) 사람들이 와서 … 서로가 좋은 의미에서 경쟁의식을 갖게 된 것 같아요."

이런 경쟁이 있었기에 보도가 서로 충실해졌고, 시의원들의 비리를 찾아낼 수 있었던 것이다. 신문이나 TV는 다 비슷비슷하기 때문에 하나만 있으면 된다고 할 수 없다.

"취재 경쟁을 한 것은 잘한 일이라고 생각합니다. 역시 다양한 미디어가 있어야만 해요. 지역마다 다르겠지만, 우리(기타니혼신문)는 도야마 현 출신도 많고, 이곳에 뼈를 묻을 생각으로 일하고 있기 때문에 책임감 있는 보도가 가능해요. 반면 전국지 기자들은 전근 왔다가 몇 년 만에 떠나기 때문에 툭툭 털고 다른 곳으로 가는 일이 어렵지 않아요. 그렇기 때문에 보도할 수 있는 것도 있고, 처음 도야마에 온 사람이기 때문에 '여기 이런 점은 도야마가 이상한 것 같다'고 느끼는 점도 있죠. 전국지와 지방지는 서로 사이가 좋지는 않지만, 서로 보완하고 있는 부분도 있어요. 지역 신문만으로도 안 되고, 전국 신문만으로도 안 된다고 생각합니다."

튤립TV의 사나자와에게도 보도의 역할에 대해 물었다. 특히 지금과 같은 시대에 SNS와 어떻게 다른가를 물었다.

"얼굴이 보이는 (방송)기자라고는 할 수 없지만, SNS보다는 누가 취재하고, 누가 기사를 작성했는지 어느 정도 공개가 되어 알 수 있는 것 같아요. TV의 경우, 리포터가 얼굴을 내놓고 보도하기 때문에 기자는 책임감이 있는 것 같아요."

그리고 덧붙였다.

"SNS든 구글이든 뉴스를 검색하면 인공지능의 힘으로 내가 좋아할 만한 주제만 검색되는데, 그것이 무섭다는 생각을 늘 해요. 좋아하는 것들만 모이고, 또 그것만 보고 있으면 어떻게 물들어가게 될지 불안합니다."

한편, 「기타니혼신문」의 가타기리 기자는 말한다.

"번거로운 신청(공문서 열람 등의 절차)을 하고, 한 장에 10엔에 복사해서 골판지에 담아 가져가는 일은 아마추어가 할 일이 아닙니다."

확실히 너무 부담스럽다. 더군다나 그것을 한 장 한 장, 매일 매일 넘기면서 부정이 없는지 조사하는 일은 프로가 아니면 할 수 없을지도 모른다.

"이것이 부정을 저지르지 못하게 하는 원동력이 되지 않을까 생각해요."

이런 노동을 마다하지 않는 기자들이 실제로 존재하기 때문에 쉽게 부정을 저지를 수 없다는 것이다.

"그런 '감시자'가 중요하죠. 감시자가 없으면 권력은 부패할 수밖에 없어요. 특히 지역 신문은 항상 지켜보고 있어요. 그런 것이 있는 것과 없는 것은 다르기 때문이죠. 더 나은 사회를 만들어 가는데 없어서는 안 될 구성원이 아닐까 생각합니다. 그런 점에서 이 일도 재미있다는 생각이 들어요."

기자들이 시의원들의 비리를 보도하면서 일어난 사퇴 도미노. 이로 인해 생긴 다수의 공석을 채우기 위한 보궐선거가 2016년 11월에 치러졌다. 또한 2017년 4월에는 임기 만료에 따른 보통선거가 실시되었고, 이 두 선거에서 다수의 신인 의원들이 당선되었다. 이들은 도야마 시 의회 의원 정족수 38명 중 절반에 해당하는 19명을 차지했다.

Chapter 4

기자와 스파이의 차이

Unit 1.

고향에 지상 이지스(요격 미사일)가 설치된다면

다른 나라가 일본을 향해 미사일을 발사하면 일본에서 요격 미사일을 발사해 상공에서 격파하는 것이 미사일 방어의 개념이다. 현재는 일본 측 이지스가 미사일 발사를 담당하고 있는데, 이지스의 역할을 아예 지상에 설치하자는 것이 '지상 이지스'(이지스 어쇼어)이다.

문제는 '어디에 배치할 것인가'이다. 주요 방어시설인 동시에 만약이라도 무력 충돌이 발생할 경우 상대국의 공격 대상이 될 수도 있기 때문이다. 또 일본 측에서 대응 미사일을 발사한다면 발사 장소 부근에 미사일 부품이 떨어질 가능성도 있다. 인근 지역은 오히려 더 위험해질 수도 있는 것이다. 지상 이지스 배치를 처음 보도한 것은 「요미우리신문」이었다.

2017년 1월 1일자 조간에서 '육상 이지스, 아키타현과 야마구치현을 놓고 정부 조정, 육상 자위대 주체로 운용'이라고 보도하며 아키타현과 야마구치현에 배치하는 '방향으로 최종 조정에 들어갔다'고 했다. '최종 조정'이라는 것은 '거의 이 방향으로 정리될 것 같다'는 의미지만, 공식 결정은 아니다. 그 단계에서는 정부가 발표하지 않는다. 즉, 정부 측 발표와 관계없이 「요미우리신문」 기자가 취재를 통해 비공식 정보를 입수해서 쓴 특종이었다. 지명이 거론된 지역 입장에서는 아닌 밤중에 홍두깨 같지만, 정부는 공식적으로 인정하지 않았다.

결국 일본 정부가 '아키타현과 야마구치현에 지상 이지스를 배치한다'고 공식적으로 인정한 것은 그로부터 6개월 이상 지난 후였다. 방위성은 2018년 5월, 아키타현 아키타시에 육상자위대 아라야(新屋) 연습장을, 야마구치현 하기시(萩市)에 육상자위대 무츠미(むつみ) 연습장을 배치 장소로 선정했다고 발표했다. 왜 이 두 곳인가?

답은 방위성 보고서에 있다. 아키타현 등 지역에 대한 설명 자료로 사용된 보고서 '이지스 배치에 대해—각종 조사 결과와 방위성의 검토 결과에 대해'에 따르면, 우선 '북한의 미사일에 즉각 대응하기 위해 동해 쪽에, 그리고 일본 전체를 커버하기 위해 일본 북부와 서부에 각각 한 곳씩, 평평한 국유지가 있고 도로, 전기, 수도를 사용할 수 있는 장소 가운데 쓰나미 영향을 받지 않을 것, 그리고 시야가 좋은 곳이어야 한다'고 기재되어 있다.

좋은 시야는 레이더가 미사일을 발견하기 위한 필수조건이다. 레이더는 건물이나 산이 있으면 전파가 가려지기 때문에 그쪽 방향에서 날아오는 물체를 발견할 수 없다. 따라서 지상 이지스가 설치되는 부근에는 높은 건물이나 산이 없어야 한다. 이런 조건을 확보하지 못했기 때문에 아오모리현(青森県) 아지가사와정(鯵ヶ沢町), 아오모리현 니시메야무라(西目屋村), 아키타현(秋田県) 니카호시(二ヵ所), 아키타현 유리혼조시(由利本荘市), 아키타현 오가시(男鹿市), 야마가타현(山形県) 유사초(遊佐町), 야마가타현 사카타시(酒田市) 등 총 아홉 곳의 후보지는 제외되었다고 보고서는 밝혔다. 이들 인근 산의 각도는 모두 15도에서 20도의 가파른 각도로 우뚝 솟아 있어 레이더를 가린다고 했다. 그 후보지들의 탈락으로 결국 지상 이지스의 설치 장소가 아키타현으로 결정되었다는 정부의 설명을 아키타 주민들은 믿었을 것이다. 지역 신문 「아키타 사키가케신보(秋田魁新報)」가 2019년 6월 5일, '이 수치는 사실과 다르다'고 1면 톱 기사로 보도하기 전까지는 말이다.

> **적합지 조사 데이터 부실,**
> **지상 이지스 배치 국방부, 대체지 검토 중**
>
> 이지스 어쇼어(지상 이지스) 배치 후보지를 둘러싸고 방위성이 지난달 발표한 '적합지 조사' 보고서에 대체지 검토와 관련해 사실과 다른 엉터리 데이터가 기재된 것으로 아키타 사키가케신문이 4일 조사 결과를 보도했다. 전파를 차단하는 장애물이 된다는 데이터를 과장되게 기재해 배치에 적합하지 않은 이유로 삼았다. (후략)

이 기사에 따르면 지상 이지스의 '낙선' 후보지 중 하나가 아키타현 오가시였다. 방위성의 설명으로는 산이 15도 높이로 솟아 있어 레이더를 가릴 수 있다고 되어 있지만, 실제로는 산의 각도는 15도가 아니라 4도에 불과했다고 한다. 또 다른 '낙선' 후보지인 아키타현 니카호시도 산의 각도는 방위성이 말하는 15도가 아니라 10도라고 기사는 지적했다. 그런데도 '15도'라고 사실과 다른 수치를 제시하면서 '그래서 배치를 하려면 아키타시 아라야 연습장밖에 없다'고 설득한 것이다. 일부러 거짓 수치를 만든 것인지, 아니면 어떤 계산 실수인지는 알 수 없지만, 일부러 그랬다면 정부가 사회의 '운영' 측인 시민을 속인 것이고, 실수라면 비정상적으로 엉터리이다.

Unit 2.

산 정상의 각도가 잘못 계산됐다

한편 신문 기자들은 어떻게 이런 사실을 알게 된 것일까. 이 뉴스를 보도한 「아키타 사키가케신보」의 마쓰가와 아츠시(松川 淳) 기자에게 물어보았다. 마쓰가와 역시 1년 반 전 「요미우리신문」의 '아키타에 지상 이지스 배치'라는 기사를 보고 취재를 시작했다고 한다.

"처음에는 요미우리신문이 쓴 거죠. 토요일 조간, 특종으로…."

마쓰가와는 이지스 배치의 배경을 조사하기 시작했다.

"이것저것 알아보니 '아니, 이거 꽤 괜찮은 것을 지역에 만들려고 하는구나'라는 느낌이었어요. 꼭 해내야겠다고 생각했습니다."

마쓰가와는 전 직장이었던 「아사히신문」 기자 시절, 오키나와에서 근무한 경험이 있어 미일(美日) 안보 문제에도 정통했다. 미국 연방의회 회의록과 CSIS(전략국제문제연구소)의 보고서도 섭렵하고, 이와 함께 지역 정치인, 단체장들의 움직임도 추적했다. 이를 바탕으로 「아키타 사키가케신보」는 2019년 1월부터 연재 기사 '방패는 무엇을 지키는가'를 시작했다. '이지스'라는 단어는 원래 그리스 신화의 여신 아테네가 사용하는 방패를 의미하기 때문이다.

그 연재가 진행 중이던 5월 27일, 문제의 보고서가 발표되었다. 100페이지가 넘는 이 자료는 아키타시 아라야 연습장으로 결정된 이유를 설명하고 있다. 마쓰가와 기자가 주목한 부분은 '다른 후보지는 안 되고 아키타시 아라야 연습장밖에 없다'라고 상세히 설명하는 부분이었다. 마쓰카와 기자는 이상하게 계속 신경이 쓰여 '혹시 속인 게 아닐까'라고 의심했다고 한다. 뭔가 속임수를 쓴 것은 아닐까?

"다른 후보지 아홉 곳을 거론하면서 다른 곳에 (지상 이지스를) 배치할 수 있는 곳이 없어서 이곳(아키타시 아라야 연습장)에 설치 할 수밖에 없다는 이야기를 짜깁기하고 있는데, 저렇게 주택가에 가까운 곳만 유일하게 클리어하고 다른 곳은 안 된다니, 있을 수 없는 일이지요."

실제로 아키타시 아라야 연습장은 주변이 주택가일뿐만 아니라 초등학교, 중학교, 고등학교와도 불과 수백 미터 거리에 있었다. 이곳에 미사일 방어 거점을 두는 것은 위험하다고 지역 주민들도 분명 반대할 텐데, 다른 좋은 후보지가 없다는 말에 고개를 갸우뚱하게 된 것이다.

방위성 보고서 57쪽에는 '낙선'한 아키타현, 야마가타현 후보지 총 네 곳과 그 주변 산의 높이가 적혀 있다. 네 곳 모두 인근에 위치한 산이 레이더를 가릴 만큼 가파른 각도로 우뚝 솟아 있어 '부적합'하다고 했다. 세 곳은 카라스산(鴉山, 2236m), 한 곳은 모토산(本山, 712m)이 가로막고 있으며, 각각의 각도는 15~20도라고 보고서는 도표로 표시하고 있었다.

마쓰가와 기자는 이상한 점을 발견했다. 그림에는 2천 미터가 넘는 카라스산과 712미터의 모토산이 비슷한 높이로 그려져 있었다. 아니, 단지 축척이 다를 뿐일까. 야마모토산의 높이와 야마모토산에서 후보지까지의 거리 두 숫자를 각도를 계산해주는 인터넷 계산 사이트에 입력하니 4도였다. 15도라는 국방부 보고서와 크게 다르다. 레이더를 가릴 수 있는 높이가 아닌 것 같았다. 국방부 보고서에 사실과 다른 숫자가 적혀 있다는 뜻인가?

마쓰가와 기자는 현장을 조사하기로 하고, 차를 몰고 가서 현지에서 야마모토산을 보았다. 확실히 그렇게 높이 솟아 있는 것 같지는 않았다. 하지만 어떻게 정상 각도를 측정할 수 있을까. 이미 늦은 오후, 태양이 야마모토산 정상 부근에 조금씩 다가오고 있다. 그렇다, 태양이다. 카시오 웹사이트에서 태양의 높이를 장소와 시간으로 계산해 낼 수 있으니 그것을 사용해 보기로 했다.

"날짜와 그 지점의 위도와 경도를 입력했더니 한 시간 정도 지나면 (태양의 높이가) 15도가 된다는 것을 알 수 있었습니다. 1시간을 기다렸지만 태양은 산보다 높게 떠 있었어요."

즉, 한 시간이 지난 시점일 때 태양은 15도 높이에 떠 있고, 산은 그보다 훨씬 낮다는 뜻이다. 국방부 자료에 따르면 15도여야 할 산이 실제로는 15도보다 낮다는 것이다. 그렇다면 몇 도일까? 먼저 계산한 4도인가?

"카시오 사이트에 따르면, 1시간 정도 더 기다리면 태양의 각도가 4도가 된다는 거예요. 만약 정말 산의 각도가 4도라면 한 시간 뒤에는 태양과 산 정상이 딱 맞닿지 않을까 싶었는데, 정말 딱 맞더라고요. '빙고!'라고 생각했어요."

국방부 자료에서 '산의 각도가 15도, 너무 가파른 곳이라 이곳에 지상 이지스를 배치할 수 없다'고 적혀 있던 산의 진짜 각도는 15도가 아니라 4도였다.

Unit 3.
'오늘은 대답할 수 없다'는 말의 숨은 뜻

마쓰가와 기자는 곧바로 회사로 돌아와서 문제를 보고했다.

"그런데 쉽게 믿어주지 않는 거죠. '아니, 잠깐만. (내용은) 알겠는데 너는 문과 출신이잖아'라고 말하면서 말이죠…."

상사들 입장에서도 불안할 것이다. 국방부 공식 문서의 핵심 자료가 잘못되었다면 큰 뉴스이기 때문이다. 물론 오보도 용납되지 않는다. 철저한 사실 확인을 위해 마쓰가와 기자는 한 가지 계략을 세웠다.

"그럼 내일 다시 측량해 보죠. 전문 업체에도 의뢰하고, 대학 교수에게 확인도 부탁하고."

측량 전문가에게 다시 한 번 산의 각도를 정확하게 측정하도록 한 후, 일련의 취재가 잘못된 것은 아닌지 대학 연구진과 인터뷰를 했다. 그 결과, 두 사람 모두 (방위성 자료가) 틀렸다는 결론을 내렸고, 그 즉시 방위성에 질문서를 보냈다고 한다. 국방부에 이 사실을 알리고 견해를 물어야 할 때라고 판단했기 때문이다.

"(평소에는)「아키타 사키가케신문」이 질문을 하면 국방부의 반응이 정말 무성의합니다. 며칠을 방치하죠. 그래서 지난주에 보낸 저거(질문)는 어떻게 됐는지 다시 묻는 경우가 다반사인데

… 그런데 이번에는 한 시간 만에 전화가 왔어요. 처음이었어요."

그 대답은 무엇이었을까.

"'오늘은 답변할 수 없습니다'라는 것이었습니다."

그게 답변이라고 할 수 있을까.

"저는 방위성에 '이런 답변이라면 곤란합니다. 내일 조간에 이 기사를 게재할 예정인데, 기사에 방위성이 노코멘트 했다고 하면 지역 주민들의 반응이 나쁠 수 있으니 대답할 수 있는 것은 답변하는 것이 좋습니다'라고 말했지만 '어쨌든 오늘은 답변하지 않기로 결정했기 때문에…'라고 하더군요. 그럼 '정말 기사를 그대로 쓸 텐데 정말 괜찮습니까?'하고 거듭 물어도 '상관없습니다'라는 대답이었습니다."

정부 기관이 노코멘트로 대응하는 경우가 있다. 하지만 데이터가 잘못되었다는 언론의 지적에 '대답할 수 없다'는 대응은 일반적이지 않다. 방위성 입장에서는 마쓰카와 기자의 지적이 틀렸다면 '그쪽의 계산법이 잘못된 것입니다, 보고서는 맞습니다'라고 설명하며 기자들이 기사를 포기하도록 해야 한다. 언론이 사실과 다른 기사를 보도하는 것이니 관공서의 위기관리 차원에서라도 확인을 통해 보도를 막아야 한다. 또는 기자의 질문이 상당히 도발적일 경우, 보도를 막을 방법이 없다면 관공서 측의 사정을 설명하고 보도를 순화시키는 전략을 쓰게 된다. 그래서 사정을 설명하거나 코멘트를 보내거나 하는 것이다.

"복잡한 이야기가 아닙니다. 의심할 여지없이 절대적으로 다른데도 다르다는 것을 인정하지 않는, 이런 대응이 뉴스를 구성하는 소재가 되었죠."

물론 중대한 문제가 발생했는데도 수수방관하는 태도를 취하면 그것 또한 새로운 문제가 된다. 이렇게 해서 나온 것이 '적지 조사 데이터 엉망'이라는 「아키타 사키가케신보」의 특종이었다. 방위성은 그날 바로 데이터가 사실과 다르다는 것을 공식적으로 인정했다. 이 보도를 「마이니치신문」이 1면 톱 기사로 보도했고, NHK도 크게 보도했다. 「아사히신문」은 관련 기사는 작게 다뤘지만 사설에서 크게 문제 삼았다. 다른 언론들도 연이어 보도하자 국회에서도 문제가 되었다.

방위성은 이듬해 6월, 아키타현과 야마구치현 지상 이지스 배치 방침을 철회했다. 대체 장소를 찾기가 어려워지자 결국 지상 이지스 배치 자체가 백지화된 것이다.

Unit 4.

권력을 감시하는 눈, 그래야 진실이 보인다

마쓰카와 기자는 국방부 보고서에 의구심을 품고 철저히 확인하여 이 문제를 찾아냈다.

"그 문제는 특별히 어렵지 않아요. 있는 그대로 보면 됩니다."

아키타시 아라야 연습장 외에는 적합한 곳이 없다는 것이 사실인지, 실수나 속임수는 없는지, 권력을 감시한다는 자세로 보자는 것이다.

"그렇게 하면 실력 있는 저널리스트라면 누구나 알아챌 수 있습니다. 제가 문제점을 발견할 수 있었던 것은 저와 같은 시각으로 그 보고서를 살펴본 사람이 없었기 때문이 아닐까요. 예를 들어, 방위성이 현지에 설명회를 연다고 하면 취재 후 '이런 대화가 오갔습니다'라고만 보도할 뿐이었던 거죠."

설명회를 개최했다는 것, '이런 대화가 있었다는 것'도 '사실'이다. 하지만 그렇다고 해서 그 이면에 있는 '진실'을 시민에게 알릴 수 있는 것은 아니다. 그런 진실을 의심의 눈, 권력 감시의 눈으로 보려고 하지 않으면 보이지 않는 것이다. 평범한 기자였던 나에게는 귀에 거슬리는 지적이었다. 하지만 '의심의 눈으로 본다'는 말은 다른 의미에서 남의 잘못을 '지적질'하는 것으로 보이지 않을까.

"저는 이 일이 사회에서도 특별한 위치를 차지하는 일이라고 생각해요. '특별하다'고 하면 상위층이라는 느낌이 있지만 그렇지 않습니다. 특수한 일은 세상에 널려 있고, 기자들도 '권력 감시'라는 특수한 입장에서 '사실은 어떤가, 여러분은 제대로 일하고 있나요'라고 물을 뿐입니다. 독립된 언론사로서 철저하게 취재한다는 특수성인데, 이것은 대체할 수 없습니다. 경찰이 해줄 수 있는 것도 아닙니다. 그래서 우리는 그 본분에 따라 철저하게 일하고 있을 뿐입니다."

언론의 역할을 영어로 'watchdog', 즉 감시견이라고 한다. 순박하고 아무나 잘 따르는 귀여운 개는 누구나 좋아하지만, 시민의 삶을 지키는 데는 아무런 도움이 되지 않는다. 수상한 것이 아닐까 의심하며 냄새를 맡고, 위험하면 짖고, 물어뜯는 개는 사랑받지 못할지언정 시민을 충실히 지키는 좋은 파수꾼이다. 눈엣가시처럼 여겨지는 것도 기자라는 직업의 일부이다.

"물론 신문을 보면 알겠지만, 정부가 하는 일을 그저 기계적으로 전달하는 기사가 지면의 대부분을 차지합니다. 전체적으로 그런 기사들이 대다수일지라도 언론의 본분은 '여러 가지를 검증하는 자세'라고 생각해요. 그것이 저널리즘의 근본입니다."

Unit 5.

호기심이 아니라 사명이다

'알고 싶다'가 아니라 '알리지 않으면 안 된다'

도쿄의과대학 여성 차별 입시, 미쓰비시 전기의 사이버 공격 피해, 도야마 시의회의 의정 활동비 착복, 아키타시의 지상 이지스 배치에 관한 방위성의 사실과 다른 자료 등 이 모든 것은 기자들의 자발적인 조사와 보도가 있었기에 밝혀진 것이다. 만약 기자가 취재하여 진실을 밝히지 않았다면 우리는 지금도 이런 사실들을 모른 채 살아가고 있을 가능성이 높다. 어느 것 하나 당사자가 스스로 공개할 리가 없고, 정부나 경찰도 조사하려 하지 않았을 것이다. SNS에도 올라오지 않을 것이며, 뉴스도 없었을 것이다.

모두에게 중요한 사실, 시민이 사회의 '운영자'로서 생각하고 행동하는 데 있어 중요한 사실을 공표하는 것, 그것이 기자의 일이고 보도의 일이 된다. 본인이 알리고 싶은 것을 홍보하는 것과는 다르다. 또 재미있다고 해서 확산되는 것도 아닐 뿐더러 무엇보다 전달하려는 내용은 사실에 기반해야 한다.

저자 역시 기자로 30년간 일하는 동안 기자라는 직업, 보도하는 직업이 무엇인지 고민했다. 그래서 2006년부터 2007년까지 약 1년간 휴직하고 영국 옥스퍼드대학교 로이터-저널리즘 연구소에서 현지 보도를 연구하면서, 보도의 패러다임에 대해 공부하고 시야를 넓힐 수 있는 기회를 가졌다. 당시 영국 언론보도에 흠뻑 빠져 영국과 세계 각지의 기자, 취재원, 저널리즘 연구자들과 인터뷰를 하던 어느 날, 베테랑 기자 콜린 비클러로부터 질문을 받았다. 비클러는 「로이터통신」 등에서 오랫동안 국제기자로 일했고, 이후 런던 시티대학교(현 런던대학교 시티캠퍼스)의 석좌교수로 재직하고 있었다. 비클러가 물었다.

"기자와 스파이의 차이점은 무엇인가요?"

당연히 기자와 스파이는 전혀 다르지만, 한편으로 기자도 스파이처럼 정보를 탐색하고 비밀 정보나 내부 자료를 입수한다는 점에서는 비슷하다. 예를 들어 영국에서 높은 신뢰를 얻고 있는 공영방송 BBC의 탐사보도 프로그램 〈파노라마〉[5]는 부정이 의심되는 조직이나 시설에 기자가 위장 잠입하고, 그곳에서 증거 영상이나 음성을 몰래 촬영한 뒤 시민에게 진실을 알리는 프로그램이다. 이를 '잠입 취재'라고 하지만 사실 그야말로 스파이나 다름없다.

그러고 보니 비클러와 통화하기 얼마 전 BBC 〈파노라마〉는 영국 육군 특수부대 출신을 임시 기자로 채용해 교도소 직원으로 위장취업 시킨 다음, 교도소 내부의 문제를 파헤치는 탐사보도를 방영했다. 방송을 통해 부패가 만연한 교도소 내부의 실상이 낱낱이 드러났다. 교도소 직원이 수감자에게 협박을 당했음에도 교도소 측은 별다른 조치를 취하지 못했고, 수감자들이 직원에게 뇌물을 주고 대마초나 휴대전화를 부정 반입하는 일들이 벌어지고 있었다. 이런 사실에 대해 알려주는 내부 직원이 여럿 있어 가능했던 취재였다. 이처럼 특별한 잠입 취재

---

5 〈파노라마〉는 영국의 BBC가 1953년부터 방송하고 있는 탐사보도 전문 프로그램이다. 2000년에는 1998년 북아일랜드 오마에서 발생한 폭탄 테러의 용의자명을 공개해서 BBC가 폭탄 테러를 당하기도 했다.

나 가까운 정보원을 확보하는 활동을 생각하면 기자도 스파이와 비슷하다고 할 수밖에 없다. 비클러의 질문에 어떻게 대답해야 할지 조금 당황스러웠다.

"기자는 모두(대중)를 위해 일하지만, 스파이는 그렇지 않지 않습니다."

"아닙니다. 스파이도 공공을 위한 서비스입니다."

시민을 위해서라고 말하기에는 조금 거부감이 들지만, 스파이란 결국 정부 기관원이므로 공무, 즉 공공 서비스라는 점은 부정하기 어렵다. 게다가 국가에 의한 정보 수집과 정보 분석이 제대로 이루어졌다면 피할 수 있었던 전쟁이나 무력 공격도 있을 것이다.

대답하기 막막하고 난감해 하는 나를 보고 비클러는 빙그레 웃으며 말했다.

"기자는 정보를 공개합니다. 그게 차이점이죠."

그렇다. 그 말이 맞았다. 기자는 보도하기 위해서 취재를 한다. 기자를 지망하는 젊은이들이 흔히 '호기심이 있다', '여러 가지를 알고 싶다' 등 이유를 말하지만 그것만으로는 충분하지 않다. '알고 싶다'가 아니라 '알려야' 하는 것이 기자다. 반면, 스파이들은 얻은 정보를 정부에 보고하고, 정부는 극비 정보를 일일이 공개하지 않는다. 정보 당국자 입장에서는 시민이 그런 것을 알 필요가 없다고 생각하지 않을까.

도쿄의과대학, 미쓰비시 전기, 도야마시 의회, 아키타의 지상 이지스 모두, 만약 정부의 비밀 조사관이 비리로 파악했다면 비밀리에 시정하도록 했을 것이다. 관련자들을 조용히 처분하고 질서는 유지될 것이다. 평온과 질서를 우선시하고 시민에게는 공개하지 않으며, 엘리트에게만 맡기는 전형적인 엘리트주의 진행 방식이다.

보도는 그렇지 않다. 기사와 프로그램을 통해 공개되기 때문에 논쟁이 일어난다. 소란스러워지고 때로는 혼란도 일어날 수 있다. 하지만 그 결과 시민 한 사람 한 사람이 사회와 정치의 방향에 대해 '운영자'로서 의견을 내고 결정할 수 있는 기회가 생길뿐만 아니라 공론의 장에서 정부의 대책이 만들어지기도 한다. 즉 이런 과정이 민주주의 그 자체이다. 기자는 이를 위해 존재하는 것이다.

비클러가 말한 '기자와 스파이의 차이는 공개하느냐 마느냐'라는 정의는 결국 기자가 무엇을 위해 봉사할 것인가로 귀결된다고 할 수 있다.

Part 2

그것은 사실인가 진실인가?

Chapter 1

두 종류의 특종

Unit 1.
속보성 특종

뉴스에서 유독 눈에 띄는 것이 '스쿠프'(이하 특종)[6]이다. 다른 언론사는 취재하지 못한 것을 알리는 것, 알려지지 않은 사실을 단독으로 보도하는 것이다.

제1장에서 소개한 보도는 모두 대서특필된 특종이다. 중대한 뉴스, 예를 들어 총선 결과나 주가의 대격변, 전쟁 발발 등의 발표를 듣고 언론들이 일제히 보도하는 경우는 특종이라고 하지 않는다. 특종이 되려면 다른 언론보다 앞서야 한다. 일반적으로 특종을 '독점'이라고 표현하는데, 예전에는 잡지 등에 국한됐지만 최근에는 신문사 웹사이트나 TV도 '단독'이라고 표시하는 경우가 늘고 있다. 인터넷을 통한 뉴스 경쟁이 치열해지면서 차별화를 통해 주목을 끄는 효과가 있기 때문이다.

특종은 기자라면 누구나 한 번쯤 하고 싶은 것이다. 제1장에서 「기타니혼신문」의 가타기리 기자가 말했듯이, 경쟁은 미디어가 더 좋은 것을 시민에게 전달하는 원동력이 된다. 반면, 라이벌 언론으로부터 특종을 놓친 기자는 체면을 구기게 된다.

경쟁사의 보도라고 해서 무시할 수는 없다. 자기 미디어의

---

6 일본에서는 특종을 스쿠프(scoop)라고 부르기도 한다.

독자나 시청자에게도 그 뉴스는 전달해야 하기 때문에 추적 취재를 할 수밖에 없다.

> **아베 총리, IOC 위원장에게**
> **도쿄올림픽-패럴림픽 1년 정도 연기 제안**
>
> "도쿄올림픽-패럴림픽을 둘러싸고 아베 총리는 국제올림픽위원회(IOC)의 토마스 바흐 위원장과의 전화 회담에서 선수들의 준비 기간 등을 고려해 1년 정도 연기를 제안할 방침을 굳혔다. 「후략」

특종에는 두 가지가 있다. 언론계에서 가장 주목받는 상 가운데 하나인 '신문협회상'에 2020년 출품된 NHK의 작품에서 두 가지 특종을 볼 수 있다. 그중 하나는 다음과 같다.

2020년 개최 예정이었던 도쿄올림픽-패럴림픽을 신종 코로나바이러스 감염증(이하, 코로나19) 유행의 영향으로 1년 연기한다는 아베 신조 총리의 정책 결정에 대한 특종이다. 개최를 4개월 앞둔 2020년 1월 24일 저녁에 보도됐다. 이 무렵 코로나19 유행은 심각성을 더해가고 있었고, 아직 백신이나 결정적인 치료법도 없어 전 세계에서 수많은 사망자를 내고 있었다. 예정대로 2020년 여름에 개최할지 연기할지, 아니면 중단할지 관심이 집중되는 가운데 NHK는 아베 총리가 '1년 연기'를 결정했다고 가장 먼저 보도한 것이다.

이날 밤 아베 총리는 국제올림픽위원회(IOC) 바흐 위원장과 전화 회담을 가졌고, 그 자리에서 '1년 연기'를 제안했다고 뉴스는 전했다. 일본 총리가 IOC 위원장에게 말했다면 그것은 이미 결정된 일이다. 회담 후 공식 발표되겠지만 그것을 미리 알아내고 시청자들에게 바로 알린 것이다.

최신 동향을 독자적인 비밀 정보원을 통해 사전에 알아낸 보도인 동시에, 공표 또는 발표 예정을 미리 보도했다는 성격을 띠고 있어서 '선행 보도(前打ち 마에우치)'[7]라고 불리는 유형의 특종이다.

---

[7] 당사자가 발표하기 전에 언론이 취재해서 기사화 하는 것을 말함. 특히 검찰이 비밀스럽게 진행하는 피의자 소환, 구속 등에 대한 정보를 사전에 보도하는 경우에 사용된다.

Unit 2.

탐사 저널리즘

한편, 다른 한 가지 특종에 대해 설명하겠다.

> **시베리아 억류자 5년 전 수집한 유골은
> '일본인이 아니다', 후생노동성 비공개**
>
> 전몰자 유골을 잘못 수습했다는 의혹이 사실로 밝혀졌다. 후생노동성 파견단이 5년 전에 종전 직후 시베리아에 억류돼 사망한 일본인의 것으로 추정되는 유골을 DNA 감정 분석했는데, 전문가는 '판별할 수 있는 유골은 모두 일본인이 아니었다'라는 감정 결과를 내놓았다고 NHK 취재 결과 밝혀졌다.
>
> 　감정한 전문가는 후생노동성의 비공개 회의 등에서 '잘못 수집한 유골은 러시아 측에 돌려줘야 한다'고 주장했지만, 후생노동성은 지금까지 감정 결과를 공개하지 않고 있다.「후략」

'시베리아 억류'는 일본이 제2차 세계대전에서 패했을 때 주로 만주(중국 동북부)에 있던 일본 군인과 군 관계자들이 소련군에 끌려가 시베리아 등에 수용된 문제다. 당시 50만 명 이상이 억류된 것으로 알려지고 있는데, 광산과 산림 등에서 중노동을 강요당하고 식량 부족과 혹독한 추위 속에서 5만 명 이상이 사망한 것으로 추정된다. 사망한 일본인 억류자의 유골이 지금도 현지에 잠들어 있기 때문에 일본 정부는 유골을 찾아 일본으로 모셔오는 사업을 진행해 왔었다. 그러나 일본인의 유골이라며 가져온 유골이 DNA 감정 결과 일본인이 아닌 것으로 밝혀져 일본 정부 내에서 문제가 된 것이다. 그러나 일본 정부는 이런 사실을 시민에게 숨기고 있었다.

이 특종은 국가가 숨겨왔던 진실을 독자적으로 찾아내어 시민에게 공개하는 계기가 되었다. 이날의 NHK 보도는 시베리아뿐만 아니라 다른 곳에서 모셔온 유골도 일본인의 것이 아니었다며 다음과 같이 덧붙였다.

> 전몰자 유골 수집 사업을 둘러싸고 일본군의 것이라면서 필리핀에서 수집된 유골의 일부에 대해서도 7년 전 2명의 전문가가 '일본인으로 보이는 유골은 하나도 없었다'는 DNA 감정 결과를 냈지만, 지난해 8월 NHK가 이 문제를 보도할 때까지 후생노동성은 공개하지 않았다.

일본군의 것으로 수집된 전몰자 유골이 사실은 일본인이 아니었다는 문제가 남방 필리핀에서도 발생한 것이다. 이 역시 NHK가 보도할 때까지 일본 정부는 숨기고 있었다. 거듭된 은폐, 그것을 보도를 통해 밝히고 나서야 비로소 인정하는 정부. 만약 기자들이 취재하지 않고 보도하지 않았다면 어떻게 되었을까?

 앞서 말한 '두 종류의 특종' 중 이 건은 보도되지 않았다면 결코 알 수 없었을 사실을 보도했다는 점에서 의의가 있다. 언젠가는 발표될 정보를 가장 먼저 보도하여 시민에게 전달하는 특종과 그리고 그냥 놔두면 절대 알 수 없는 숨겨진 사실, 그것도 정부의 부정이나 부실에 관한 것을 보도하고 시민에게 밝히는 특종. 어느 쪽이 더 중요한지는 말할 필요도 없다.

Unit 3.

김정일과 아베 신조, 두 지도자 사망 보도의 차이점

 하지만 언젠가는 발표될 '속보성' 특종도 가치가 떨어진다고 할 수 없다. "조만간 이런 중대한 일이 발표된다고 한다."는 뉴스를 듣고 관심을 갖지 않는 사람은 드물다. 사회에 영향을 미치는 것이라면 그것은 분명 뉴스다. 그리고 정부 정책이 사전에 보도되면 문제점이 지적되거나 비판이 일어나기도 하며, 개선이나 정책 수정으로 이어질 수도 있다. 이를 '발표될 것은 발표를 기다렸다가 보도하면 되지'라고 생각하면, 정부 입장에서는 '발표하지 않으면 보도되지 않는다. 그리고 언제 발표할지는 정부가 결정한다'라고 생각할 수 있다. 언론에 정보가 새어

나갈 염려가 없다면 신속히 발표할 동기도 사라지는 것이다. 게다가 '정확성을 기한다', '혼란을 방지한다' 등의 명목으로 정부가 유리한 타이밍이 될 때까지 발표를 미루는 것이 정당화될 수도 있다.

대표적 사례가 북한 김정일 국방위원장의 사망 보도이다. 2011년 12월 19일, 북한 관영매체 「조선중앙통신」은 김정일 국방위원장이 사망했다고 보도했다. 보도에 따르면 김정일이 사망한 시간은 보도 이틀 전인 12월 17일 오전 8시 30분이었다. 국가 최고 지도자가 사망했는데도 이틀 이상 시민에게 숨기고 있었던 것이다. 또 구소련(1991년 붕괴 후 지금의 러시아 등으로 분열)에서는 공산당 일당 독재 지도자로서 권좌에 앉은 채 사망한 스탈린, 브레즈네프, 안드로포프, 체르넨코 등 네 사람의 죽음 모두 다음 날까지 공표되지 않았다. 후계자 선출의 혼란을 막기 위해서라는 명분 아래 정보 은폐가 정당화된 것이다.

북한이나 구소련과 같은 독재국가에서 시민은 '운영자'가 아니라 '손님'이다. 사회주의를 표방한 소련에서는 국력에 비해 사회보장은 충실히 이뤄지고 있어서 '손님'으로서의 서비스는 나쁘지 않았을지 모르지만, 시민이 '운영자'의 입장에서 사실을 알고 자유롭게 토론을 하면 가혹한 처벌을 받기도 했다. 한 국가의 지도자가 사망한 사실은 말할 것도 없고 지도자의 건강 상태조차도 기밀 사항이다. 따라서 지도자가 충분히 일을 할 수 있는 건강 상태인지 여부가 시민의 눈에 노출되는 일은 없다. '손님'에게는 그럴 필요가 없다는 것이다. 안드로포프의 경우 신장질환을 앓고 있었고, 정권 말기에는 건강 상태가 나빠졌지만 자세한 사실은 사후에야 밝혀졌다.

일본의 경우는 그렇지 않다. 2022년 7월 8일, 아베 신조(安倍晋三) 전 총리가 나라현에서 연설 도중 총에 맞았을 때 그 순간부터 시시각각으로 많은 정보가 시민에게 전해졌다. 충격 속보가 흘러나왔고, 아베 총리의 상태도 속속 보도되면서 목과 가슴에 상처가 있고 '심폐정지', 즉 심장이 멈춘 상태라는 사실이 밝혀졌다. 사건 직후 이송된 나라현립 의료대학병원의 모습, 아베의 아내 아키에 부인이 병원으로 달려온 모습도 전해졌다. 아베가 총격 현장에서 쓰러져 있는 사진과 병원의 모습을 담은 사진까지도 보도됐다. 현장에서 체포된 범인은 야마카미 테츠야(山上徹也)라는 전 자위대원이며, 범행의 이유가 정치적 신념과는 다른 동기라는 것도 밝혀졌다.

아베가 치료도 받지 못한 채 사망한 사실은 정부의 공식 발표를 기다리지 않고, 자민당 관계자의 비공식 정보를 기자가 먼저 파악해 보도한 것이다. '사실인지 아닌지'와 '정부가 공식적으로 발표했는지 아닌지'는 전혀 다른 문제이다. 민주주의 국가에서 시민은 정보의 자유를 가진다. 따라서 언론은 정부의 허가에 따라 움직여서는 안 된다. 허가와 무관해야만 자유로운 보도가 가능하다.

아베가 총리 재임 중이던 2020년 8월, 게이오대학병원에 7

시간 반 동안 머물며 검사를 받은 사실이 언론에 의해 실시간으로 보도되면서 논란의 대상이 되기도 했다. 개인의 의료나 건강에 대한 비공개 정보까지 기자들이 앞다퉈 보도하는 것은 참으로 무질서하고 무분별한 일이다. 프라이버시에 대한 배려나 인간의 존엄성에 대한 존중이 결여되어 있는 것처럼 보이기 때문이다. 프라이버시는 언론이 마땅히 자율적으로 존중해야 할 영역이다. 하지만 공인 중의 공인인 총리의 건강 상태는 정치, 사회에 중대한 영향을 미칠 뿐만 아니라 프라이버시와는 정반대인 공공 정보이다. 독재국가에서는 최고 지도자의 사망조차 보도하려면 정부의 허가를 받아야 하지만, 민주주의 사회에서는 각자 자율적인 판단으로 취재하고 신속하게 시민에게 보도할 수 있다. 이를 통해 시민은 다양한 사실을 알게 되고 토론할 수 있는 자료를 받는 것이다.

물론 예의와 존중은 중요하다. 예의가 결여된 취재와 보도가 일본에서도 종종 문제가 되기도 한다. 영국의 대표 종합일간지 「가디언(The Guardian)」도 2015년 7월 사설에서 일본 언론의 예의를 문제 삼았다. 하지만 그것은 일본 국내에서 말하는 것과는 정반대의 다른 의미였다.

「가디언」의 사설은 일본 언론이 너무 예의 바르고, 그로 인해 권력에 대해 함부로 덤벼들지 못하면 위험하다고 경고한다. 일본에서 언론윤리는 '취재 상대의 마음을 배려하고 상처를 주지 않는 것'으로 이해되는 경우가 있다. 그런데 취재하고 보도할

> 일본의 주요 언론은 부패하지도 않았고 예의를 존중한다. 미디어를 둘러싼 문화처럼 말이다. 물론 (영국 등) 앵글로색슨 저널리즘이 취재원에 대한 예의 따위는 없고, 영국 신문이 제발 프라이버시 등을 좀 존중해주면 좋지 않을까라고 생각하는 경우도 있다. 하지만 예의는 권력에 대한 탐문을 멈추고 순종하는 것으로 이어질 수도 있다. 그렇게 되면 용서받을 수 없는 행위가 만연하게 된다.

때 취재원에 대한 배려는 매우 중요하지만, 취재원의 뜻에 맞게 정보를 전달하는 것은 홍보, 광고일 뿐이라는 것이다. 언론이 취재, 보도 과정에서 최선을 다해야 할 상대는 시민이며, 시민에게 진실을 알리기 위해서는 취재 대상에 대한 예의를 지키지 않는 것도 경우에 따라서는 어쩔 수 없다고 가디언의 사설은 말하고 있다.

따라서 정부의 발표 일정에 구애받지 않고 독자적으로 취재하려 먼저 보도하는 속보성 특종 역시 언론자유를 뒷받침하는 저널리즘 활동임을 부정할 수 없다. 다만 지금 저널리즘계에서 논의되고 있는 것처럼 특종 가운데 '속보성' 특종이 너무 많다는 것이다. 이런 식의 보도에 매몰되어 틀에 박힌 취재만 한다면 탐사보도는 뒷전으로 밀릴 수밖에 없지 않을까 생각한다.

특히 발표 전에 정보를 미리 입수하거나 취재하려면 해당 기관 내부에 정보원을 만들어야 한다. 정보를 차단당하고 싶지 않거나 혹은 정보원에게 미움을 사고 싶지 않다는 생각에 기자가 '방어적 자세'를 취하게 되면 권력의 감시자로서는 제 역할을 다 할 수 없다. 정보원을 통한 독자적 취재 보도는 '공격적인' 활동이다. 필자의 경험에 의하면 단독 취재가 잘 진행되고 있을 때 담당 관청 간부에게 취재한 정보를 살짝 던지고 반응을 보려고 하면, 자못 진지한 표정으로 메모까지 하며 '그런 일이 있었습니까. 더 알려주세요'라고 말하곤 한다. 이 경우는 기자가 당국자에게 '정보를 제공하는' 관계와는 전혀 다른 경우다.

2020년 신문협회상 후보에 오른 NHK의 두 보도는 '두 종류의 특종'에 대해서 생각하게 한다. 그해 NHK의 보도 '유골은 일본인이 아니다'는 신문협회상 중 하나로 선정됐다.

Chapter 2

뉴스는
편식 없이
골고루

Unit 1.

매일 지켜봐야 한다. 그래야 이상한 점이 보인다

특종은 화려하다. 신문이나 TV도 놀라움과 흥미를 유발하는 정보들만 보도한다면 매우 자극적인 미디어가 될 것 같다. 실제로 SNS 등에서는 극히 자극적인 정보들이 속속 올라와 한 번 보기 시작하면 눈을 뗄 수가 없다.

그래도 보도 매체는 SNS보다 조금은 진지해지기 마련이다. '이 뉴스가 재미있을 뿐 아니라 사회적으로 중요한가'를 고민하기 때문이다. 또 하나의 판단은 장르다. 신문은 지면을 정치, 경제, 국제, 문화, 스포츠, 사회 등 장르별로 나눠 놓았다. 여러 분야의 뉴스를 골고루 섞어 만든 일종의 뉴스 '밥상'이다. 특종은 신문이나 TV 등 일반 보도 매체들이 중요하게 의식하는 보도 스타일이다(반면 스포츠 등 분야를 세분화한 전문 매체도 있다).

기자들은 매일같이 정치, 경제, 국제, 문화, 스포츠, 사회 등 분야에서 항상 취재하고 뉴스 소재를 준비해야 한다. 특종을 연발하는 미디어라고 해도 '오늘의 정치 뉴스는 품절입니다'라고 할 수는 없는 노릇이다. 독자나 시청자의 '정보 영양 균형'을 무너뜨릴 수는 없지 않은가.

이 '밥상'은 언론사마다 그 내용이 조금씩 다르다. 하지만 중요한 뉴스, 꼭 짚고 넘어가야 할 뉴스일수록 어느 언론사든 '밥상'에 포함시키게 된다. 국회에서 벌어지는 중요한 논쟁, 경제가 어떻게 돌아가는지, 인명과 관련된 재난이나 사건, 광범위하게 생활에 영향을 미치는 제도 변화 등이다. 어느 매체의 특종형 뉴스에 포함돼 '시민 모두가 공유하는 기초 정보'가 되면 모든 시민이 서로 이야기할 수 있고, 토론도 할 수 있다.

예를 들어 입시제도의 대대적인 개편이 계획되어 있다고 가정했을 때, 수험생과 학부모만 심각하게 관심을 갖고 다른 사람들은 그런 이야기를 들어본 적도 없는 것인지, 아니면 모두가 어느 정도 수험생의 입장이 되어 논의에 참여할 것인지는 '밥상'으로 정보가 공유되느냐 아니냐에 달려있다. 공유되지 않으면 아무리 중요한 문제라도 사회의 '운영자'인 시민이 폭넓게 참여해 논의할 수 없게 되는 것이다. 그래서 매일 먹는 밥상처럼 제공되는 일반적인 뉴스는 시민 개인에게는 넓은 시야를 갖게 하고, 사회적으로는 '대부분의 시민이 중요한 사회적 정보를 습득하고 있다'는 것을 의미한다. 둘 다 민주주의의 기반으로서 필수불가결한 요소다.

이런 일반 뉴스를 제공하기 위해 많은 언론사들은 기자들을 분야별로 나누어 배치한다. 정치 담당으로 행정 관청에 상주하는 기자가 있는가 하면, 범죄나 사고 취재 담당으로 경찰서나 검찰, 법원이나 변호사 사무실을 밤낮없이 드나들며 정보를 찾아다니는 기자, 시청이나 시의회에 상주하는 기자, 관공서,

지역 기업, 노동조합, 학교 등을 매일같이 취재하는 기자도 있다. 중요 뉴스가 나오기 쉬운 관공서나 큰 기업, 단체에는 보다 많은 수의 기자가 배치된다. 또한 문제의식을 갖고 시민 단체나 사회운동 단체, 외국인이나 성소수자, 빈곤과 차별 등 어려운 사람들의 움직임을 쫓는 기자들도 많이 있다. 그들은 약자의 입장에 놓인 사람들의 소리 없는 목소리를 전하고, 알려지지 않은 사회문제를 밝히기 위해 고군분투하고 있다.

문제는 매일같이 자리를 지키고 있어도 뉴스가 그리 자주 발생하지 않는다는 것이다. 관계자들에게 눈도장을 찍고, 말을 주고받으며 돌아다니고, 때로는 방해가 될 때도 있고, 아무 소득 없이 하루가 끝나는 경우가 많다. 큰 뉴스 같은 것은 거의 없다. 취재의 상당 부분은 소소한 뉴스를 꼬박꼬박 써내려가는 것, 그리고 취재 현장을 주의 깊게 관찰하고 물밑에서 무슨 일이 일어나고 있는지 민감하게 탐색하는 것이다. 법원을 출입하는 기자에게 변호사와 관계자들이 '무죄', '무죄판결'이라고 적힌 종이를 들고 달려오는 장면은 '특별한 날의 특별한 사건'이다. 드라마틱한 증인 심문도 드물다. 시의회나 도의회에서도 뉴스가 될 만한 사건은 많지 않다. 하지만 매일매일 지켜봐야 한다. 언제 무슨 일이 벌어질지 모르기 때문이다. 물론 효율성이 떨어진다. 그래도 보도의 '밥상'을 차려주기 위해서는 곳곳을 면밀히 관찰하는 것 외에는 다른 방법이 없다. 꾸준히 관찰하다 보면 어떤 상태인지 알고 있기 때문에 반대로 '뭔가 이상하다'고 느껴질 때 그 차이를 정확히 구별할 수 있는 것이다.

많은 사람들이 '이상한 일이 생기면 뉴스가 되겠지'라고 생각하는 것은 '이상한 일'이 언제 일어나더라도 알아차리고 속보를 낼 수 있도록 언론이 사회 곳곳에 전문 기자를 배치해 감시하고 있기 때문이다. 그런데 지금 이 구조가 위기에 직면해 있다.

Unit 2.

지역 신문 소멸로 美 지방도시는 뉴스 사막지대로

"교육위원회, 시의회, 지자체를 감시하는 사람들이 사라졌다. 고등학교 스포츠 팀의 활약을 기록하는 사람이 사라졌다. 단순히 슬프다고만 할 수 없는 문제다."

2008년 9월, 미국 남부 아칸소주 아카델피아의 지역 신문 「시프팅스 헤럴드(Shifting's Herald)」가 폐간될 때 이 신문의 전 편집자 렉스 넬슨은 이렇게 한탄했다. 시프팅스 헤럴드는 27년의 역사를 자랑하는 전통 있는 신문이었다. 예전에 이 신문의 거점 지역인 클라크 카운티에는 9천 가구 이상이 살고 있었지만, 폐간 직전 구독자 수는 900부 수준으로 떨어졌기 때문이다.

미국 노스캐롤라이나주립대 채플힐에서 저널리즘을 연구하는 페니 에버나시는 '뉴스의 사막과 유령 신문: 지역 뉴스는 살아남을 수 있을까'라는 보고서를 통해 미국 신문이 최고조에 달했던 20세기 전반 무렵, 작은 주간지까지 합치면 미 전역에 2만 4천여 개의 신문이 발행되고 있었고, 규모가 작은 지역에도 여러 개의 신문이 존재했다고 밝힌다. 물론 텔레비전에 밀려 그 수가 감소하기는 했어도 2004년까지 약 9천 개의 신문이 발행되고 있었다. 그러나 이후 16년 동안 한꺼번에 4분의 1이 폐간되어 2020년 무렵에는 약 6천 7백여 개로 감소했다.

그래도 미국의 형편은 일본보다 낫다. 일본 국립국회도서관 도쿄본관 신문자료실이 소장하고 있는 일반 신문은 전국지와 지방지를 합해 130여 종에 달한다. 이는 원칙적으로 매일 발행하는 일간지 수이며, 일주일에 며칠 발행하거나 주간으로 발행하는 지역 신문도 어느 정도 있는 것으로 보인다.

미국의 약 6천 7백 개 신문 중 4분의 3은 발행 부수 1만 5천 부 미만의 소규모 신문이다. 또한 일주일에 4일 이상 발행하는 신문은 1천 3백 개 미만, 나머지 5천 4백 개 이상은 주간지 등이다. 미국에는 일본과 같은 '전국지'라는 개념이 희박하다. 큰 사옥과 많은 기자를 보유한 대도시 신문사의 경우 존재감은 클지 몰라도, 미국 시민의 정보를 지탱하며 미국 민주주의와 자치의 밑거름이 되는 것은 작은 편집실에서 만들어지는 지역 커뮤니티 신문이다. 어느 곳이든 지역의 화젯거리, 의회와 행정,

경제, 범죄 등의 정보를 수집하고 전달하는 모세혈관 같은 역할을 하고 있다.

이들 지역 신문이 지방도시에서 차지하는 역할은 TV, 라디오, 온라인 미디어에 비해 뒤지지 않는다는 연구도 있다. 미국 듀크대학의 저널리즘 연구자 필립 M. 나폴리(Philip M. Napoli)의 연구에 따르면, 지역 정보는 양적인 면에서 신문을 능가하는 것이 없다. 인구 2만~30만 규모의 100개 지역을 대상으로 지역 신문, TV, 라디오, 온라인 미디어의 보도 내용을 비교한 결과 ① 다른 곳에서 전재한 것이 아닌 독자적인 취재 정보인가 ② 먼 대도시나 워싱턴발 뉴스가 아닌 지역 정보인가 ③ 재미나 오락 정보가 아닌 중요한 정보인가를 기준으로 볼 때 이 세 가지 조건을 충족하는 뉴스의 60% 정도가 '신문'을 통해 공급되고 있었다. 다른 미디어들과 수로 따지자면 신문은 4분의 1밖에 되지 않는다. 하지만 이를 지탱해 왔던 지역 신문이 2000년대 이후 대량으로 사라지고 있는 것이다. 지역에 하나밖에 없던 신문이 폐간되면 그 지역은 '신문이 없는 지역'이 된다.

그런 지역에서는 어떤 일이 벌어질까. 미시간대학 에이미 메스타스(Amy Mestas)의 최근 연구에 따르면, "지역의 쟁점을 도시 지역의 신문이 다루지 않으면 그 지역의 투표율이 감소하는 것으로 나타났다."고 지적했다. 이 외에도 정치인들이 선거운동에 돈을 들이지 않게 되고, 모처럼의 정치 정보를 전파하고 토론할 수 있는 장이 사라지고, 신인 후보가 출마하지 않게 되어 선거전 자체가 침체되는 등의 악영향이 우려된다.[8] 반대로 말하면, 지역의 정치, 사회 그리고 사람들의 화제를 제공하는 지역 신문은 시민의 자치와 민주주의, 즉 '운영자'로서의 책무를 지탱하고 있다는 것이다.

Unit 3.
지방지에 실린 한 여성의 이야기

미국 버몬트주에 사는 일본인 우에다 다카코(上田貴子)가 목격한 것도 그런 신문의 역할이었다. 우에다는 프랜시스 허버트와 여성 간 동성결혼 후 살고 있었다. 어느 날 지역 신문인 「브래틀버러 리포머(Brattleboro-Reformer)」가 우에다와 허버트의 이야기를 다뤘다. 이 두 사람이 법적 위기에 처해 있었기 때문이다.

버몬트 주법에서는 우에다와 허버트와 같은 동성결혼이 법적으로 공식 인정되고 있다. 그러나 미국의 법은 주법과 별도로 미국 전체에 관한 사항을 결정하는 연방법도 있는 '이원적' 법체계로, 연방법에서는 2011년 당시 '동성결혼은 정식 결혼으

---

8 신문이 없는 지역에서 일어난 일에 대해서는 스즈키 신겐(鈴木伸元)의 「신문의 소멸, 大国アメリカ」도 2009년 무렵의 상황에 대해 보고하고 있다.

로 인정하지 않는다'고 규정하고 있어 엇박자를 내고 있었다. 문제는 외국인의 체류 허가는 이 연방법에 따라 결정되는 구조였다. 미국인과 결혼한 외국인은 배우자로서 체류 자격을 얻을 수 있지만 연방법에서는 동성결혼을 결혼으로 간주하지 않으므로 배우자로 간주되지 않기 때문에 체류 자격도 주지 않는다는 식이다.

> **시민의 권리 요구하는 커플, 투쟁 중 이별의 위기**
>
> (조쉬 스틸츠 기자 2011년 9월 13일)
>
> [다마스톤발] 여성 동성애자 커플이 함께 생활하기 위해서 싸우고 있다. 배우자로서 체류 자격을 신청하는 한편 강제 추방의 두려움이 결혼 생활에 불안의 그림자를 드리우고 있다.
>   프랜시스 허버트와 우에다 다카코는 모두 50대다. 버몬트주에서는 법적으로 인정받은 결혼이지만, 연방정부는 배우자로 인정하지 않고 있어서 취업비자나 학생비자가 없으면 우에다는 일본으로 송환될 위기에 처해 있다. 「후략」

체류 자격을 얻지 못한 우에다는 불법체류로 간주되어 강제 퇴거될 수도 있는 상황에 처했다. 남녀의 결혼이라면 문제없을 체류 자격이 동성결혼이라 인정되지 않는 불합리한 차별을 없애기 위해 인권단체와 함께 투쟁하고 변호사, 국회의원, 정부

등에 모든 노력을 기울였지만 상황은 움직이지 않았다. 인권단체는 두 사람에게 CNN TV 취재팀을 소개했고, CNN을 통해 이 상황이 방송되자 다른 언론들도 조금씩 관심을 가지며 보도가 확대됐다. 그중 하나가 지역 신문인 「브래틀버러 리포머」였다.

영어권 뉴스 기사에는 기자명, 발신일, 발신지가 첫머리에 명시되어 있다. 두 사람의 만남, 가족을 버리고 일본을 떠난 우에다의 결정, 동성결혼, 얻지 못한 체류 자격, 그리고 두 사람의 투쟁과 인권단체의 호소 등을 상세히 싣고 있다. 「브래틀버러 리포머」는 발행부수 약 1만 부에 달하는 미국 지역 신문 중 하나다.

보도가 나간 후 어느 날, 우에다가 근처 가게를 방문했을 때 한 여성 손님이 다가왔다.

"당신, 어디선가 본 적 있을 것 같은데요."

강제추방 위기에 처한 우에다 다카코를 기억한다는 말과 함께 포옹을 했다.

"우리의 권리를 위해 싸워줘서 고마워요."

이 여성이 우에다와 그 동료들의 투쟁으로 어떤 직접적인 권리를 얻거나 이익을 얻었다는 의미는 아니다. 그저 한 사람의 시민으로서 '우리 시민의 자유와 권리를 위해 싸워줘서 고맙다'는 감사의 인사였다. 포옹은 그런 의미를 담고 있었을 것이다. 보도의 반향은 또 있었다. 사과를 파는 아저씨가 사과를 주었다. 길에서 응원의 말을 건네는 사람도 있었다. 그리고 지자체의 최고 의결기관인 주민대회가 '우에다 다카코와 프랜시스 허버트를 지키자'는 결의를 했다. 부조리를 없애기 위해 시민이 목소리를 내고 일어섰다. 언론을 통해 정보를 알게 된 시민이 응원의 말을 건네고, 지지하기 위해 행동하는, 잔물결 같은 확산이 일어났다.

일본에서라면 과연 이렇게 될 수 있을까. 필자는 우에다에게 물어보기로 했다. 우에다와 허버트의 투쟁을 보도한 적이 있어 교류도 계속하고 있었기 때문이다. 일본이라면 사람들 앞에 나서서 목소리를 내는 것도, 미디어에 얼굴과 이름을 내놓는 것도 주저하게 되고, 주변 사람들도 말리지 않았을까.

"욕을 먹거나 '수치스럽다'라든가 여러 가지 반응이 나오겠죠. '수치심'이라는 감정 문제가 큰 것 같아요. 일본은 부끄러움의 문화가 크기 때문에 그걸로 자신을 통제하게 되죠. 그런 부정적인 측면이 큰 것 같아요."

수치심과 함께 '민페'(메이와쿠)가 되는 것을 꺼리는 문화도 있는 것 같다.

"맞아요, '민페'예요. 미국은 그런 발상 자체가 없어요. 저도 일본인이라 그런지, 사람과의 관계에서 '폐를 끼치고 싶지 않다'는 생각이 굉장히 강해요. 사람에게 불필요한 부담을 주고 싶지 않다든가. 그래서 의견이 있더라도 입을 다물게 되는 거죠."

우에다는 일본식으로 '폐를 끼칠까봐' 침묵하는 것을 '상대와의 관계에서 물러서서 착한 아이로 남는 것'이라고 생각한다. 그리고 그것을 극복한 경험이 있었다. 우에다 커플이 사는 곳은 산간 지역인데, 어느 날 이웃 아저씨가 새 모이통 12개를 동네 곳곳에 설치했다. 이것은 먹이가 곰을 불러올 수 있기 때문에 금지된 행위였다.

"동네 사람들이 그만하라고 말렸지만 듣지 않았어요. 하지만 곰이 나타나면 결국 그 곰은 죽게 되잖아요. 저는 인간의 즐거움 때문에 동물을 죽이는 게 정말 싫었어요. 그래서 제가 직접 말했어요. 상대방은 나를 싫어할지도 모르지만, 양보할 수 없다고 생각했어요. 만약 곰이 죽게 되면 그때 왜 목소리를 높이지 않았을까 하고 후회가 남을 것 같았거든요. 내 양심의 판단에 맡기기로 하고 그 이웃에게 말했죠. 그런 문제가 실린 신문 기사를 보여줬더니 설치한 모이통을 직접 다 철거하고 그만두더군요."

일본이라면 이웃 아저씨에게 직접 말하지 않고 관공서에 대응을 요청하는 경우가 많을 것이다. 그 차이는 무엇일까.

"일본은 고위층이나 관공서가 통제를 하잖아요. 교육도 '자신의 의견을 확실히 말하고 행동하자'가 아니라, 입시 전쟁으로 지식을 채우고, 자신의 생각 따위는 필요 없고, 힘 있는 사람들에게 말하면 어떻게든 해결해 줄 거라고 생각하는 거죠. 제 의견이기는 하지만, 일본은 자신의 생각을 가지고 행동하지 않아도 잘 돌아가게 되어 있어요. 자신의 의견을 밝히면 비난받거나 '뭐라고 하는 거야?'하는 식의 비웃음을 사기도 하죠. 일본에서는 무난하게 사는 것이 제일 좋다고 생각해요."

우에다가 미국에서 경험한, 시민이 자신의 의견을 갖고 행동할 것을 요구하는 사회란 시민이 자치의 주체로서 (사회)운영에 참여하는 사회라고 할 수 있다. 그런 사회에서는 필요한 정보를 제공하는 언론의 역할도 더욱 커질 수밖에 없다. 그래서 우에다에 대한 기사를 읽은 시민이 나름대로의 의사를 표시하거나 포옹을 하는 것이다. 일본 시민은 아직은 '운영'에 대해 조심스러워 하는 부분이 있는지도 모르겠다.

Unit 4.
자치와 참여 민주주의의 위기

미국 사회가 이상적이라고만 할 수는 없다. 잔인하고 심각한 병리현상도 있다. 극심한 빈부격차, 강한 '자기 책임감'에 따른 세금 혐오와 사회보장 경시, 반복되는 총기 난사 비극에도 진전되지 않는 총기 규제 등등. 미디어는 도널드 트럼프 대통령이 "멕시코인은 강간범이다."라는 식의 상식을 벗어난 발언을 하는 인물임에도 시청률 욕심에 TV에 출연시켜 지지층을 만들었다고 지적한다. 모순이 많은 나라다. 그럼에도 삶의 터전에서 누구나 의견을 말할 수 있고, 의견을 구하는 자치와 참여의 민주주의가 여전히 살아 있는 점은 가치 있는 면이다.

일본에서는 미국처럼 신문사가 대량 폐간되는 사태가 문제화되지는 않았지만, 신문 구독자는 2010년대부터 크게 줄고 있다. 신문사의 수입이 줄어들면 비용 절감이 중요한 과제가 된다. 줄이고 있는 비용 중 하나는 인건비다. 일본신문협회 통계에 따르면, 신문협회 회원사 기자는 2010년부터 2020년에 걸쳐 2만 460명에서 1만 7천 685명으로 13% 감소했다.

기자가 점점 줄어들면 감시의 밀도도 낮아지고, 뉴스의 '밥상'에 들어가는 재료가 줄어들고, 숨어 있는 중대 사안이 특종으로 보도되는 경우도 적어진다. 일본에서도 '뉴스 사막'이 생김에 따라 지역 선거, 행정, 교육에도 시민의 관심이 줄 것이라는 우려가 현실로 다가온다. 악행을 감시하는 사람이 없어지는 것이다.

하지만 발행부수가 많은 신문이라고 해서 반드시 시민에게 진실을 전달하는 것도 아니다. 일본 언론의 어두운 역사가 그것을 보여준다. 그리고 그것은 사실을 보도하는 것과 진실을 알리는 것 사이에 무엇이 존재하는지를 보여준다.

Chapter 3
사실과 진실의 차이

Unit 1.

미드웨이 해전의 참패를 숨긴 대본영 발표

일본이 미국, 영국과 전쟁을 시작하고 반년 후인 1942년 6월 11일자 「아사히신문」은 '미드웨이 해전'을 1면 톱으로 대서특필했다.

> 동태평양 적 근거지 강습... 미드웨이 앞바다에서 대해전...
> 알류샨 열도 맹공격 미 항공모함 2척(엔터프라이즈, 호넷) 격침...
> 아군 항공모함 2척, 순양함 1척 손상

태평양전쟁이 발발한 지 반년 만에 미드웨이 해전이 벌어졌다. 기사는 군부의 발표를 그대로 가공하지 않고 보도했다. 그 기사 내용을 요약하면 다음과 같다.

> 미군 피해 — 항공모함 두 척 격침, 항공기 1,200여 대 격추
> 일본군 피해 — 항공모함 1척 손실, 1척 대파. 순양함 1척 대파.
> 항공기 35대 미귀환

미·일 양국의 피해는 거의 비슷해 보인다. 군 대변인이 "이번 미드웨이 해전이 미·일 양국의 대등한 전투로 끝났다."고 설명했다는 기사도 함께 실었는데, 그 제목은 '상호 자멸(刺違ヘ)전법 성공'이다. 서로 찌른다는 것은 '서로 상대를 찔러서 양측이 모두 죽는다'는 뜻으로, 그것을 '전법'으로 '성공'시켰다는 것이다. 상대에게 어느 정도 당하는 것은 예상된 일이고, 그것도 계산에 넣은 뒤 적에게 큰 타격을 주기 위해 만들어진 작전이었다는 것이다. 그렇지만 진실은 달랐다. 미드웨이에서 일본군은 처참하게 참패했다.

영국의 역사가 존 액튼은 "권력은 부패한다. 절대 권력은 절대 부패한다."는 유명한 말을 남겼는데, 진실을 숨기고 거짓을 퍼뜨리는 일본군의 극심한 부패와 그 사실을 취재해서 전달해야 하는 언론 활동이 억압되고, 기자들도 이에 저항할 수 없었다는 것은 동전의 양면처럼 보인다. 하지만 사실을 가공하지 않고 전달한다고 해서 무조건 시민이 진실을 알게 되는 것은 아니다.

Unit 2.
'6년 만의 장어 풍어'가 정말 좋은 소식일까

매년 7월 하순, 일본에서는 '장어 먹는 날'이 다가오면 장어 관련 뉴스가 빈번해진다. 올해 장어의 가격, 출하량, 상인들의 목소리 등이 화제가 된다. 2020년 이맘때쯤 신문과 TV는 '6년 만의 풍어', '풍어로 대형마트에서 작년보다 10~20% 정도 싸다'는 뉴스를 전했다. 좋은 소식이라는 것이다.

장어 어업이 잘될지 못될지는 치어인 실뱀장어가 얼마나 많이 잡혀 양식용 연못으로 보내졌는지에 따라 판단할 수 있다. 이 양은 2020년에는 17.11톤이었다. 1년 전인 2019년에는 3.7톤, 2018년에는 8.9톤이었으니 확실히 오랜만에 증가했다는 사실은 틀림이 없다. 그러나 풍어 뉴스가 게재되기 4개월 전, 「공동통신」은 이것이 '가짜 풍어'라고 경고하는 기사를 냈다.

> 「중략」 이것을 풍어라고 부르는 것은 잘못이다. 실뱀장어 어획량은 최고조기였던 1960년경에는 연간 250톤에 육박했다. 그 이후 급감했지만, 80년대에도 30톤은 잡혔다. 침체는 그 이후에도 계속되어 5~20톤 사이에서 변동하는 것이 최근 10년간의 추세이다. 전성기의 몇십분의 일 정도인 상황이 오래 지속되는 가운데, 잠시 조금 상승한 것뿐이다.

사실 일본 장어는 개체수가 급감하고 있어 멸종까지 우려되고 있다. '가짜 풍어' 기사는 장기적으로 봤을 때 일본 장어는 심각한 불황이며, 어느 해에 약간 증가했다는 사실을 두고 '풍어'로 취급하는 것은 잘못이라고 지적했다. 치어 어획량이 줄어드는 '흉어'라는 비정상적인 상태에 익숙해져 판단 기준이 이상해지는 '기준 변동 증후군' 상태가 아닐까 우려하며, 이 기사는 마지막으로 다음과 같이 지적한다.

> 장어 자원 상황은 여전히 어렵다. 올해 장어가 풍어라 값싼 장어를 많이 먹을 수 있다는 말이 들린다. 그러나 사실을 제대로 반영하지 않은 '풍어' 소식으로 장어 소비를 부추긴다면, 이 신드롬이 장어 자원에 미치는 악영향은 엄청나다.

일본 장어가 멸종 위기종임에도 불구하고 올해 장어가 싸게 나온다는 것만으로 너무 호들갑을 떨고, 너무 안일하게 보도하는 것 아니냐는 것이다. 물론 '6년 만의 풍어', '풍어로 인해 대형마트 기준 전년 대비 10~20% 정도 싸다'는 데이터 자체는 틀린 것이 아니다. 하지만 풍어라는 내용만 조명해 전달하면 일본 장어가 위기에 처해 있다는 또 다른 심각한 사실은 덮어버리는 것이다. 기사나 방송 내용 하나하나가 정확한 사실인 경우라도 큰 틀에서 보면 의문이 생길 수 있는 것이다.

그런 사례는 결코 적지 않다. 흔히 범죄가 발생하면 뉴스에는 수사 진행 상황 등 경찰 측의 브리핑만 보도하면서 용의자에게 불리한, 가령 '악당'이라는 인상을 심을 수 있는 내용만 부각되는 경우가 많다. 갓 나온 최신 정보이고, 사실 하나하나에 오류가 없더라도 뉴스를 접한 독자와 시청자의 머릿속에는 사건과 용의자에 대한 이미지가 상당히 편향된 것으로 남게 된다. 물론 사건 초기 단계에는 주로 경찰의 수사가 활발히 진행되는 반면 용의자에 대한 취재는 제한된다. 또 용의자를 대변하는 변호사들은 취재에 비협조적인 경우가 많고 변호인의 입장을 알린다는 발상도 없을 뿐더러 이를 담당할 인력도 적은 편이다. 그러다 보니 처음부터 정보 자체의 균형이 이루어지지 않는다. 무엇보다 미국처럼 체포된 사람이 공개 법정에서 의견을 진술할 수 있는 기회도 일본에는 없다.

 그러나 의도적으로 편파 보도를 하지 않더라도 뉴스가 사건에 대한 균형을 잃게 되면 그 영향은 종종 심각하게 나타난다. 용의자로 보도되었던 사람이 나중에 무죄 판결을 받는 경우도 있어 수사 방식이나 체포 당시의 보도에 대한 문제 제기도 끊이지 않고 있다. 당시 보도에 오보가 있었느냐 아니냐의 문제로만 축소하는 것은 본질을 놓치는 것이다. 사실 여부와 더불어 폭넓은 관점을 취해야 할 책무를 다했는지가 문제다.

 '가짜 풍어' 기사를 쓴 사람은 환경문제 보도의 베테랑인 공동통신 편집위원 이다 데쓰지(井田徹治)이다. 그는 "데이터를 보면 오래 전부터 많이 줄었고, 조금 늘어난 것뿐이라는 사실을 알 수 있습니다. 그런데도 '풍어'라고 보도한 기자들은 그런 데이터를 보지 못한 것은 아닌가 싶다."라며 고개를 갸웃거렸다. 치어인 실뱀장어 어획량에 대해 일본 수산청이 발표한 것을 액면 그대로 보도하고, 그 이상의 취재는 하지 않았다는 반증이다. 이다 편집위원은 "수산청이 내놓는 자료만 보는 것은 좋지 않습니다. 전문가를 찾아 물어보거나 조금만 취재했다면 '1개에서 10개로 늘어났다고 해도 예전에는 100개 정도였으니 이것을 풍어라고 하면 안된다'라고 많은 사람들이 말했을 겁니다."라고 지적했다.

또 "관공서의 말은 의심해 봐야 합니다. 직접 1차 데이터를 확인하고, 전문가나 현장 NGO(비정부기구)의 이야기도 들어봐야 합니다. 그러면 전혀 다른 그림이 보이기 시작하는 이런 작업을 담당 기자가 해야 합니다."라고 강조했다.

폭넓게 취재하면 좋은데 왜 그렇게 하지 않을까.

"바쁘다는 이유도 있을 것 같아요. 그리고 남들과 다른 기사를 작성하면 불안하기도 하고, 관공서 발표대로 기사를 작성하면 항의도 없으니 안심할 수 있다는 점도 큰 것 같아요."

보도자료를 받고 별도 취재를 통해서 발표자의 의도와 다른 기사를 작성하면 (정부 부처의)홍보 담당자에게 핀잔을 듣기도 하고 때때로 욕을 먹기도 한다. 타사는 관공서 발표대로 쓰는데 나만 다르면 보도 태도의 차이에 그치지 않고 사실관계의 오류까지 범하고 있는 것은 아닌지 불안해지기도 한다. 하지만 이를 감수하지 않으면 균형 있고 시민의 판단에 도움이 되는 보도를 실현할 수 없다.

Unit 3.
정확한 보도였던 미드웨이 해전 뉴스

사실 전쟁 보도의 나쁜 사례인 '미드웨이 해전 보도' 조차도 장어의 '풍어' 보도처럼 '좁은 시야로 보면 정확하다'고 할 수 있다. 기사는 다음과 같이 시작한다.

> **'대본영 발표'**(10일 오후 3시 30분)
>
> 동태평양 전 해역에 작전 중인 제국 해군부대는 (중략) 5일 태평양 중심의 적 근거지 미드웨이에 대한 맹렬한 공습을 감행함과 동시에 동쪽에 증원 중인 미국 함대를 포획하기 위한 맹공격을 가하여 적의 해상 및 항공 병력과 중요 군사시설에 막대한 피해를 입혔으며 (중략) 현재까지 파악된 전과는 다음과 같다. (이하, 항공모함 2척 격침, 일본은 1척 손실 1척 대파 등의 내용이 나온다)

기사 첫머리에 '대본영 발표'라는 글자가 눈에 띈다. 즉 '군이 이렇게 발표했다'고 명시하고 있다. 군이 이 내용을 발표한 것 자체는 틀림없다. 군이 사실과 다른 내용을 발표했지만 그것은 군의 문제다. 언론이 '군이 이렇게 발표했다'는 사실만 담담하게 전달한 것이 문제인 것이다. '군이 이렇게 발표했다'는 변명도 형식상으로는 성립한다. 하지만 기사를 읽은 독자들은 '일본군은 적어도 대등한 싸움을 했다'고 생각하지 '대패했다'고 생각하지 않을 것이다. 즉 독자들이 거짓을 믿도록 하는 결과를 초래했다.

앞서 인용한 츠지다 마사노리(辻田真佐憲)의 '대본영 발표(大本営発表)'에 따르면, 이 기사를 작성한 기자는 '대등한' 전과를 발표하는 해군 보도담당관 히라이데 히데오(平出英夫)의 태도가 이상해 보여 그 자리에서 강하게 질문했지만 히라이데는 "질문한 내용에 대해서는 신경 쓰지 말고 내가 말한 대로 기사를 작성하라."고 강력히 말했다고 한다.

기자가 거짓말인 줄 알면서도 그대로 보도한다면 거짓말에 가담하게 되는 것이다. 사실이라고 믿고 보도했다면 언론은 거짓말에 넘어간 피해자가 되지만 사실을 파악하지 못한 잘못은 피할 수 없다. 뭔가 이상하다고 의심을 품은 채로 보도했다면 그 중간이 되는 것인가? 어느 쪽이든 결과적으로는 거짓말쟁이의 앞잡이와 다름없다.

군이라는 기관의 특수성 때문에 무슨 말을 했는지 전달하는 것 자체는 필요하다. 하지만 이에 반하는 다른 각도의 정보나 경우에 따라서는 대립되는 정보도 그것이 사실이라면 보도할 필요가 있다. 사회의 '운영자'로서 시민이 정보를 검증하고 토론하기 위해서다(전쟁 중 일본 시민은 안타깝게도 그러지 못했다). '장어 풍어' 뉴스는 독자들에게는 좋은 뉴스일 수 있지만, '사실상 일본 장어는 수십 년간 어획량이 감소하고 있다'는 다른 측면의 사실을 알려주면 시민들의 이해가 더 깊어질 것이다.

군의 발표에 대해 다른 각도의 사실이 아니라 '권력의 말을 의심하자', '권력의 발언을 그대로 믿지 말아야 한다'고 논박하고 저항했다면 어떤 일이 벌어졌을까. '군이 공식 발표를 했다'는 사실 앞에서 논평만으로는 사실을 덮어버리지 않는다. 시민의 '운영'을 위해서는 사실이 무엇인지를 보도하는 것 이상의 것은 없다. 결국 저널리즘은 더 나은 다양한 관점을 가지면서 사실을 발견하고 전달하는 것으로 귀결된다.

Unit 4.

'사실'이지만 '진실'과는 반대다

문제는 사실을 어떻게 전달할 것인가에 있다. 미드웨이 해전의 사실은 '일본에서 출격한 항공모함은 4척 모두 침몰한 반면 미국 항공모함은 3척 중 1척이 침몰했다'는 것이었다. 또 대본영이 '미드웨이 전투 결과는 미군과 대등했다'고 발표했다는 다른 사실도 있다. 일본 장어의 포획량이 전년도보다 높아졌다는 것도 사실이지만 포획량이 1980년대와 비교하면 절반 가까이 줄어들어 멸종 위기가 우려된다는 것도 사실이다.

저널리즘은 사실을 전달하지만 '어떤 사실을 선택해서 전달할 것인가'는 전달자의 생각과 관점이 반드시 들어가게 된다. 여기서 완전한 '중립'은 불가능하다. 문제는 기자가 선택한 관점이 시민에게 좋은 것인지 여부다. '군은 대등한 전투를 치렀다고 발표했다', '장어 포획량이 전년보다 늘었다'는 것은 사실을 전달하는 것이지만, 이는 '진실'과는 거리가 먼 이야기이다.

저널리즘의 임무는 '진실의, 이용 가능한 최선의 버전'을 시민에게 제공하는 것이다. 미국 저널리스트 칼 번스틴(Carl Bernstein)[9]은 저널리즘을 이렇게 정의했다.

"진실을 전한다는 것은 신이 아닌 인간에게는 어려운 일이다. 하지만 포기하지 말고 진실을 전달하기 위해 노력해야 한다."

최소한 할 수 있는 범위 내에서 최선을 다하라는 것이 번스틴의 교훈이다. 제2차 세계대전 중 일본 언론은 진실을 전하지

---

[9] 칼 번스틴은 「워싱턴 포스트」 기자로 동료 밥 우드워드(Bob Woodward)와 함께 닉슨 대통령의 임기 중 사임으로 이어진 '워터게이트 사건'을 보도했던 전설적인 언론인이다.

않았다. 대본영이 그렇게 발표했기 때문이라는 핑계로 '사실'을 얼버무려 버렸다.

  그러나 인터넷과 SNS가 발달한 지금은 정보가 넘쳐나고 진실이 쉽게 전달되는 것 같다. '일본 항공모함이 격침된 사진이 있다', '미드웨이에서 실제로는 참패한 것 같다'는 정보가 금방 떠돌아다니니 정보 조작을 계획할 여유가 없을 것 같다. 저널리즘을 대신해 빠른 인터넷 정보는 친절하고 재미있으며, 시민의 편이 되어주고 있다.

Part 3

SNS만 있으면 충분한가?

Chapter 1

SNS와 보도 미디어의 차이

Unit 1.

세계 인구의 60%가 SNS로 뉴스를 본다

당신은 뉴스를 어떻게 접하고 있는가?

영국 옥스퍼드대학교 로이터-저널리즘 연구소가 세계 46개 국가와 지역 사람들을 대상으로 뉴스와 어떻게 관계를 맺고 있는지를 조사한 2022년 조사 보고서에 따르면, TV로 뉴스를 접한다는 사람이 61%, 라디오 26%, 신문·잡지 등 인쇄물은 23%였다. 이에 비해 유튜브(YouTube), 트위터(Twitter), 페이스북(Facebook) 등 인터넷 SNS를 통해 뉴스를 접한다는 응답은 57%에 달했다. SNS는 소셜 네트워킹 서비스(Social Networking Service)의 약자로, 소셜은 '교류의', '사귐'이라는 뜻이다. 영어권에서는 SNS를 역할에 따라 '소셜 미디어' 또는 '소셜 네트워크'라고 부르지만, 이 책에서는 일본에서 널리 통용되는 'SNS'를 사용하기로 하겠다.

일본의 경우 SNS로 뉴스를 얻는 사람의 비율은 28%로 세계 평균보다 낮다. 그래도 9년 전인 2013년에는 17%였으니 조금씩 늘어나는 추세다. 반면 신문-잡지의 경우 2013년 조사에서는 63%, 2022년 조사에서는 27%였다. 9년 만에 절반 이하로 급감했다. 비교적 안정적으로 높은 것은 TV로 60~70% 전후를 유지하고 있다.

SNS는 전 세계적으로 뉴스의 원천이 되고 있다. 트위터나 페이스북에 올라오는 뉴스 기사를 읽고, 유튜브나 틱톡(TikTok)에서 뉴스 동영상이나 시사 해설 동영상을 본다. 이것이 SNS 시대의 뉴스 전달 방식이 되어가고 있다.

 미디어 측도 SNS를 활용하고 있다. 미국 기자 1,083명을 대상으로 한 2013년 조사 결과에 따르면, 78~95%가 '뉴스 속보를 알기 위해' SNS를 이용한다고 답했다. '다른 기자들이 무엇을 보도하고 있는지 확인하기 위해서'도 73.1%였다. '뉴스거리를 찾기 위해', '취재처를 찾기 위해', '다른 정보가 있는지 확인하기 위해', '독자-시청자와 소통하기 위해'라는 목적도 절반 이상의 기자가 꼽았다. 열심히 일하기 위해 끊임없이 SNS를 체크하는 미국 기자들의 모습이 눈에 선하다.

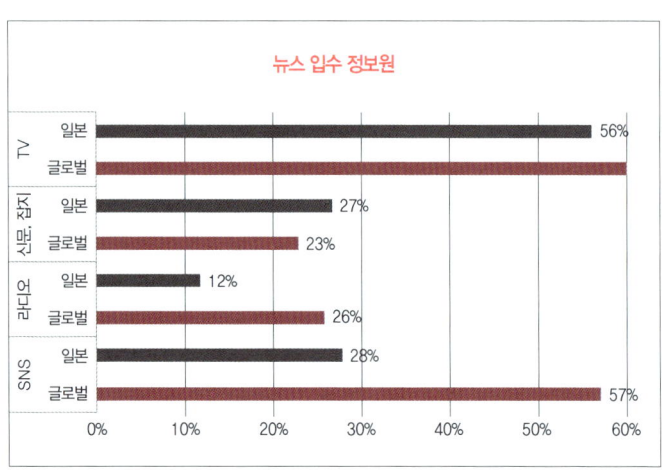

조사를 진행한 미국 시라큐스대학의 라즈 윌넛과 인디애나 대학의 데이비드 위버는 동시에 기자들에게 SNS를 사용함으로써 실제로 어떤 점이 좋았는지도 조사했다. 80% 이상이 자신과 자신의 일을 더 잘 홍보할 수 있다고 답했다. '독자—시청자와의 관계를 강화할 수 있었다'는 응답도 70%에 육박했다. 자신이 쓴 뉴스에 대한 시민의 반응이 투서나 전화, 기껏해야 이메일 정도였던 시절에 비해 SNS를 통해 기사에 대한 반응은 훨씬 쉽게 전달될 수 있게 됐다. 전반적으로 SNS가 업무에 긍정적인 영향을 미쳤다는 응답이 72%, 부정적인 영향을 미쳤다는 응답은 7%였다.

Unit 2.

확산되고 있는 가짜뉴스, '잘못된 정보'

뉴스를 이용하는 쪽도, 뉴스를 내보내는 쪽도 SNS에 의존하고 있다. 다만 일본 총무성이 2021년 미디어별 신뢰도를 조사한 결과, SNS를 신뢰할 수 있다는 응답은 15%에 불과했다. 같은 인터넷 정보라도 정보의 출처가 언론사인 '포털 사이트나 SNS를 통한 뉴스 전달'(야후 Yahoo 뉴스나 라인 LINE 뉴스 등)은 42%였다. 한편 TV, 라디오에 대한 신뢰도는 50% 이상이고 신문은 60%를 넘어섰다. 확실히 SNS를 통한 정보는 의심스러운 부분도 많다고 생각하는 듯하다.

사실과 다른 정보에는 두 종류가 있다. 하나는 허위 조작 정보(디스인포메이션·disinformation)이다. 사실과 다르다는 것을 알면서도 일부러 퍼뜨리는 것이다. 당연히 그 목적은 재미로, 혼란을 일으키기 위해, 사람을 공격하기 위해서다. 다른 하나는 오보(미스인포메이션·misinformation)이다. 올바른 정보라고 믿었는데 사실은 잘못된 정보인 경우다. 이 경우는 누구나 범할 수 있는 영역이다. 언론사 기자조차도 취재 부족, 확인 부족으로 '오보'를 할 수 있기 때문이다.

'가짜뉴스'라는 말이 자주 쓰이고 있는데, 정치인들이 자신들에게 비판적인 보도를 무조건 '가짜뉴스'라고 비난하고 그 기사를 믿지 못하게 하는 사례가 늘어나면서 그 의미가 모호해졌다. 결과적으로 전문가나 언론사들이 '가짜뉴스'라는 말을 피하는 경우도 늘고 있다.

가짜뉴스, 잘못된 정보 확산의 심각성이 일본에서 논란이 된 사례는 2016년 4월에 발생한 구마모토현 지진이다. 두 차례에 걸친 최대 진도 7의 지진으로 인해 50명의 사망자가 발생한 대재앙이었는데, 그 와중에 트위터에 "장난하냐! 지진 때문에 우리집 근처 동물원에서 사자가 풀려났어, 구마모토"라는 글을 올린 사람이 있었다. 사자가 밤길을 걷고 있는 사진도 첨부되어 있었다. 명백한 가짜 사실로, 사진은 남아프리카공화국에서 촬영한 사진이었다. 이 외에도 "진원지에서 116km 떨어진 규슈전력 센다이 원자력발전소(가고시마현 사쓰마 센다이)에서 화재가 발생했다.", "진원지 인근의 쇼핑센터 '이온몰 구마모토 크레아'에서도 화재가 발생했다."는 등 사실과 다른 정보들이 트위터에 속속 올라왔다.

심각한 것은 이번에도 "조선인이 우물에 독극물을 투척했다."는 내용을 올린 사람이 복수로 있었다는 점이다. 1923년 관동대지진 당시 '우물에 독을 넣었다'는 괴담으로 인해 수많은 조선인이 학살당하게 된 사건과 같은 내용이다. 재미 삼아 조선인 차별을 확대하려는 비열한 행위라고 밖에 볼 수 없다.

Unit 3.
'부차(Bucha)의 살아 있는 시체'를 둘러싼 정보전쟁

해외에서도 가짜뉴스, 잘못된 정보의 SNS 확산이 큰 문제가 되고 있다.

가짜뉴스 확산의 출발점은 2022년 2월 24일 시작된 러시아의 우크라이나 침공이다. 국제사회는 러시아의 부당한 침략으로 보고 비판의 목소리가 높아졌지만, 러시아 정부는 이를 인정하지 않고 서방의 일방적인 비난이라고 반박했다. 그런 가운데 SNS 등 인터넷상에 거짓 정보가 난무했다.

독일 공영방송 「도이체 벨레(Deutsche Welle)」는 'SNS에서 대규모 허위정보와 표적화된 선전, 그리고 음모론으로 가득 찬 정보전쟁이 벌어지고 있다'고 지적했다. 그중 하나로 「도이체 벨레」는 '부차(Bucha)의 살아있는 시신'을 꼽았다. 부차는 우크라이나의 수도 키예프(Kyiv)와 가까운 주거지역으로, 침공 직후 러시아군이 잠시 점령했다가 곧 철수한 뒤 그곳에 남겨진 것은 수백 명에 달하는 시민의 시신이었다. 이 참상을 처음 전 세계에 알린 프랑스 AFP통신의 대니 켐프 기자는 '잔해가 흩어져 있는 외길 곳곳에 남겨진 시체, 시체, 시체, 시체. 황량한 길은 이 세상의 것이 아닌 것 같았다'라고 표현했다. 이 시신들은 옷차림으로 한눈에 민간인임을 알 수 있었고, 일부는 손이 뒤로 묶여 있었다고 한다. 이곳에만 모두 20여 구의 시신이 있었다.

이 사실이 보도되자 러시아에 대한 비난의 목소리가 전 세계적으로 높아졌다. 「도이체 벨레」의 검증 기사에 따르면, 부차의 수많은 시신을 담은 동영상에 대해 러시아는 '조작된 선전물'이라고 반박했다. 그리고 얼마 지나지 않아 이 주장에 부합하는 정보가 SNS상에 퍼지기 시작했다. 시신으로 보이는 것은 사실 배우들이고, 영상 속 시신이 움직이는 모습도 보인다는 것이다.

그러나 「도이체 벨레」가 동영상을 자세히 살펴본 결과, 시신의 손이 움직이는 것처럼 보이는 것은 동영상은 이동 중인 자동차에서 촬영된 것으로, 창문의 빗방울로 인해 그렇게 보이는 것일 뿐이며, 외부 디지털 검증 전문가들도 같은 의견을 보였다고 한다. 게다가 도시에 수많은 시신이 있는 것은 위성사진을 통해서도 이미 확인되었다고 덧붙였다.

또 2020년 미국 대통령 선거와 관련하여 시민운동 단체인 아바즈(AVAAZ)[10]가 2021년 3월 발표한 페이스북[11]과 가짜뉴스에 대해 정리한 보고서가 있다.

아바즈의 보고서는 2020년 미국 대선에서 공화당 후보 트럼프를 꺾고 민주당 후보 바이든이 당선된 것은 부정선거 때문이라는 가짜뉴스가 만연해 있다고 경고했다. 이는 '바이든 진영이 특별한 컴퓨터 프로그램을 사용해 트럼프의 표를 바이든 표로 계산했다'는 내용이다. 이러한 정보들은 이미 팩트 체크(Fact Check) 단체가 사실과 다르다고 지적했지만, 수십만 명이 열람했거나 '좋아요'를 누르며 확산되고 있다고 했다. 상대적으로 숫자는 적지만 트럼프 측을 비난하는 내용의 허위 정보 또한 확산 중이라고 보고서는 지적했다.

동영상을 즐기는 SNS 틱톡(TikTok)의 '정보 오염'도 심각한 수준이다. 젊은이들은 궁금한 것을 찾을 때 구글(Google) 검색

---

10 아바즈는 2007년 설립된 글로벌 시민단체이다. 이 단체는 기후변화, 인권, 동물의 권리, 부패, 빈곤 및 분쟁 관련 이슈를 주요 활동 주제로 삼고 있다.
11 전 세계적으로 이용자가 많아 SNS의 대명사가 됐지만 또 그만큼 가짜뉴스 확산에도 역할하고 있어 큰 문제가 되고 있다.

보다 이들 SNS 앱의 검색 기능을 더 많이 이용한다. 미국의 정보 검증 단체인 '뉴스가드(NewsGuard)'는 2022년 9월, 틱톡의 검색 기능을 이용해서 '코로나 백신의 진실', '낙태는 위험한가'라는 내용에 대해 올바른 정보를 얻을 수 있는지 검증 실험했다. 27개 단어의 검색 결과 중 각각 상위 20건을 분석한 결과, 19.4%가 사실과 다르거나 오해를 불러일으킬 수 있는 내용이었다고 한다.

예를 들어 코로나19 예방 백신인 'mRNA 백신'을 검색하면 '아이의 주요 장기에 영구적 손상을 입히는 경우가 많다'는 등 전문가들이 부정하는 내용이 검색된다. 또 코로나19에 대한 효능이 인정되지 않는 항말라리아제 '하이드록시클로로퀸'을 검색하면 자몽과 레몬 껍질로 만든다는 가짜 레시피가 나오고, '쑥을 이용한 낙태법'이라는 안전성도 그 효과도 검증되지 않은 방법까지 표시된다고 지적한다.

Unit 4.

가짜뉴스와 싸우는 100개의 감시자들

여기서 말하는 '팩트 체크' 단체는 의심스러운 인터넷 정보나 정치인들의 허황된 발언에 대해 진위 여부를 확인하는 단체이다.

미국에 본부를 둔 '국제 팩트체킹 네트워크'는 전 세계 100개가 넘는 팩트 체크 단체와 연계해 활동하고 있다. 그중에는 AP통신, 로이터통신과 같은 전통적 글로벌 미디어도 있고, 기자들이 독자적으로 설립한 단체도 있다. 남아공의 '아프리카-체크(Africa-Check)', 브라질의 '아오스-파토스(Aos-Fatos)' 등이다. 인도 '퍼스트 체크(First Check)'의 설립자 사이에드 나자카트(Saeed Nazarcutt)는 베테랑 탐사보도 기자로, 지난 2009년 도쿄에서 기자들을 대상으로 열린 '보도 실무자 포럼'의 한 강연에서 "사람이 가장 큰 정보원이다. 매일 다섯 사람을 만나라."고 일본 기자들에게 조언했다.

 일본에서도 2022년 저널리스트와 학자들이 협력한 '일본 팩트 체크센터'가 발족하여 '국제 팩트 체크 네트워크'의 규범을 바탕으로 활동하고 있다. 또한 그보다 5년 전인 2017년에 만들어진 '팩트 체크 이니셔티브'에서는 신문, TV, 인터넷 미디어, 그리고 대학에서 저널리즘을 공부하는 학생 미디어가 파트너가 되어 팩트 체크를 하고 있다. 예를 들면 다음과 같다.

 전 항공자위대 수뇌부인 다모가미 토시오(田母神俊雄)는 2021년 12월 13일 트위터에 "나가노 올림픽에서 5천 명의 중국인이 모여 폭동을 일으킨 것을 잊어서는 안 된다."는 글을 올렸다. 팩트체크 이니셔티브에 참여하는 '버즈피드 재팬'은 그런 사실이 없다며 해당 투고를 '오류'라고 판정했다.

 2021년 중의원 선거를 앞두고 트위터에 "외국인의 선거운동은 불법"이라는 지적이 다수 올라왔었다. 역시 팩트 체크 이니셔티브에 참여하고 있는 「마이니치신문」은 공직선거법에 외국인의 선거운동을 금지하는 규정이 포함되어 있지 않음을 지적하며 트위터의 투고는 '오류'라고 판정했다.

이 두 가지 경우는 명쾌하게 결론이 났다면, 다음 케이스는 복잡하다.

자민당 간사장이었던 아마리 아키라(甘利明)는 2021년 10월 17일 NHK 프로그램 〈일요토론〉에서 "세계를 휩쓸고 있는 스마트폰, 3D 프린터, 양자컴퓨터 모두 일본의 발명품이다."라고 발언했다.

팩트 체크 이니셔티브에 참여하고 있는 「아사히신문」은 이 발언의 진위를 따져봤다. 일본이 스마트폰을 발명했다고 할 수 있는지 여부, 즉 세계 최초의 스마트폰을 일본이 발명했는지 여부이다. 그렇다면 세계 최초의 스마트폰이 무엇인지를 먼저 명확히 할 필요가 있다. 애플의 '아이폰'인가, 아니면 그 이전에 키보드가 달린 다기능 휴대폰으로 세계적 인기를 끌었던 캐나다 '블랙베리'인가. 역시 일본이 스마트폰을 최초로 발명했다고 말할 수 없다고 보았다. 하지만 그보다 앞서 세계 최초로 휴대전화 인터넷 접속 서비스를 실현한 NTT 도코모(DOCOMO)의 i-mode까지 거슬러 올라가면 스마트폰의 선구자라고 할 수 있다. 다만 이 경우 전문가들 사이에서도 해석과 견해가 엇갈리고 진위 여부를 증명하기 어려워 세계 최초 스마트폰에 대해서는 '판단 유보'로 결정했다. 한편, 3D 프린터가 일본에서 발명됐다는 것은 '거의 정확하다'고 했다.

마지막으로 양자컴퓨터 발명에 일본인이 크게 기여한 것은 맞지만, 각국의 많은 연구자들이 개발에 참여해 지금에 이르렀기 때문에 누구 한 사람의 발명품이라고 할 수 없다는 것이 전문가들의 견해였다. 따라서 '일본의 발명품'이라는 아마리 간사장의 발언은 증거나 근거가 매우 부족해 '근거 불분명'으로 판정했다.

마지막 사례는 다소 아쉬움이 남는다. 사실관계를 분명히 가릴 수 있다면 더할 나위 없이 좋지만 충실한 조사에도 불구하고 종종 단순히 나눌 수 없거나 또는 속단하기 어려운 경우가 있다는 사실이 있음을 보여주는 경우이다.

Unit 5.

트위터 글 하나도 팩트 체크 위해 발로 뛴 기자

실제 기자들은 어떻게 팩트 체크를 하고 있을까? 2021년 3월 31일, 트위터에 "민주당 정권 때 바이러스학회가 폐지되어 일본의 코로나 백신 개발이 타격을 입었다."는 정보가 올라왔다.

과거 세계 최고 수준의 백신 개발국이었던 일본이 코로나19 백신 개발에 실패한 것은 많은 국민의 반대에도 민주당이 '사업 재분류(事業仕分け)'[12]를 통해 '일본 바이러스학회', '일본 세균학회', '일본 기생충학회', '감염학회' 등 4개 학회를 폐지한 것이 원인이며, 감염 확대는 민주당의 책임이라는 의미였다.

2022년 10월 당시 1,700개 이상의 리트윗, 2,800개 이상의 '좋아요'를 받으며 확산되고 있었다. 투고자는 5만 9천 명이 넘는 팔로워를 보유하고 있는 '이노우에 다로(井上太郎)'라는 계정이었다. 계정 프로필에는 '자랑스러운 나라, 일본. 우익도 좌익도 아니고, 보수도 혁신도 아니다. 단지 일본을 사랑하고 일본과 일본 국민을 지키고 싶을 뿐이다(중략)'라고 밝히고 있었다.

2020년 이후 전 세계적으로 유행한 코로나19로부터 사람들을 보호하기 위한 백신 개발에서 일본이 뒤처진 이유가 2009년~2013년 집권했던 민주당 정권의 '사업 재분류'로 인해 바이러스 관련 학회가 폐지되었기 때문이라는 것이 이 투고의 주장이었다. 그래서 민주당의 흐름을 따르는 입헌민주당이나 국민민주당이 정부 여당(자민당-공명당)의 코로나 대책을 비판해도 "당신들이 그렇게 말할 수 있는가"라는 의심의 눈초리를 받고 있었다.

이를 조사한 것은 「마이니치신문」의 후지사와 미유키(藤沢み

---

[12] 일본 민주당이 정권 창출 초기에 예산의 무분별한 사용을 금지하기 위해서 예산 심사 과정을 투명하게 하려고 진행한 작업이다.

ゆき) 기자였다. 이들 학회나 정부의 자료를 조사해 보니 이 네 개의 학회는 폐지된 것도 아니었고 처음부터 민주당 정권에서 표적이 된 적도 없었다. 그래서 후지사와의 기사는 명쾌했다.

> **'사업 분류로 4개 학회 폐지'는 오류, 확산시킨 계정의 대응은?**
>
> 신종 코로나를 둘러싸고 백신 개발 및 백신 확보에 관심이 집중되고 있는 가운데 "일본에서 신종 코로나 바이러스 백신 개발이 성공하지 못하는 것은 민주당이 사업 통폐합으로 '일본 바이러스학회' 등 4개 학회를 폐지한 것이 원인이다."라는 트윗이 확산되고 있다. 그러나 사업 재분류의 대상은 학회의 존폐가 아니었고, 게다가 4개 학회가 폐지된 사실도 없다. 따라서 이 트윗은 잘못된 것이다.

이 일에 대해서 어떻게 팩트 체크를 한 것일까? 후지사와 기자에게 물어보니 처음에는 별로 마음이 내키지 않았다고 한다. 조금만 찾아보면 학회가 폐지되지 않았다는 것을 알 수 있는데 이를 굳이 기사화해야 하나라고 생각했지만, 많은 사람들이 '좋아요'를 누르면서 리트윗으로 확산되고 있기 때문에 외면할 수 없었다고 한다. 그리고 후지사와 기자가 속한 「마이니치신문」은 인터넷에 퍼지는 가짜뉴스, 잘못된 정보로부터 시민을 보호하기 위해 적극적인 팩트체크에 힘을 쏟고 있었다. 그래서 우선 확실한 사실관계 확인부터 시작했다고 한다.

"홈페이지를 찾아보니 최근 정보도 나와 있어서 '존재(폐지되지 않았겠지)하는구나'라고 생각했어요. 코로나19 때문에 방송에 자주 나오는 사람이 이사로 있는 학회도 있었습니다."

그렇다면 그것만으로도 이 네 학회는 모두 '생존 확인'이라고 할 수 있지 않을까.

"하지만 메일을 보내거나 전화를 해서 다시 확인을 받았습니다."

"왜 굳이 그렇게 했나요? 홈페이지만 보아도 존재 여부를 알 수 있는 것 아닌가요?"

"사람이 직접 대답해 주었으면 좋겠다고 생각했어요. 기자의 습성상 혹시나 하는 마음에 팩트 체크를 통해 '거짓말', '아니다'라고 판단될 경우는 특히 신중하게 해야 합니다. 만약을 대비해서 최대한 정확한 사실 확인을 하고 싶었어요. 그렇기 때문에 재조사하는 것은 기본입니다."

결국 후지사와 기자는 관계자들과 직접 연락한 결과 4개 학회가 분명히 존속하고 있다는 사실을 재확인했다. 그런데 후지사와 기자의 확인은 여기서 끝나지 않는다. '학회 폐지'는 사실과 달랐지만, 이 학회가 관여한 프로젝트가 '사업 재분류' 대상으로 거론되고 있었다. 프로젝트를 폐지하거나 예산 삭감을 요구받은 상태였다.

만약을 위해 이 내용도 확인해 두어야 했다. 후지사와 기자는 며칠에 걸쳐 추가 취재를 했다. 프로젝트 예산은 삭감됐지만 '사업 재분류' 후에도 계속 진행되었다는 사실까지 확인했다. 그렇다면 '4개 학회, 사업 재분류로 폐지'라는 트윗은 이제 완전히 사실과 다른 정보라고 해도 틀리지 않을 것 같았다.

"아주 많은 에너지를 쏟거나 발품을 판 것은 전혀 아닙니다만…."

물론 며칠 동안 잠복하거나 중요 인물의 소재를 파악하기 위해 필사적으로 찾아다니는 취재는 아니었지만, 사실 확인을 위해선 실제로 연락을 주고받거나 하는 데 많은 시간과 노력을 들여야 했다. 반대로 가짜 정보를 흘리고 퍼뜨리는 것은 쉽게 할 수 있다. 후지사와는 이번 트윗을 올린 이노우에 타로도 취재했다. 그리고 그 결과를 기사에 적었다.

> 마이니치신문은 이노우에 다로의 블로그와 온라인 살롱 안내를 게재하고 있는 홈페이지 메일 주소로 질문을 보냈다. 그러자 '사이트 사무국'이라고 밝힌 사람으로부터 "(이노우에 씨에게) 전화로 물어보니 여러 사이트를 보고 트윗을 올렸다는 대답이다. 만약 정확하지 않다면 확인해서 정확하게 정정하겠다."라는 답변이 왔다.

'사무국'에서 보낸 이메일에는 담당자의 이름도 밝히지 않았다고 한다. '정정하겠다'는 말과 달리 이 트윗은 정정되거나 취소되지 않은 채 그대로 남아있다.

Unit 6.
가짜뉴스는 왜 '사실'보다 더 빨리 확산되나

이러한 노력은 전 세계적으로 계속되고 있지만, 그럼에도 불구하고 SNS상의 가짜뉴스는 끊이지 않고 있다. 진실보다 거짓이 더 빨리 더 널리 퍼져 나가기 때문이다.

미국 매사추세츠 공대 미디어랩의 솔루쉬-보소기 등이 트위터 게시물(2016년~2017년 사이 12만 6천 건)을 분석한 결과, 거짓 정보는 진실 정보보다 6배나 빠르게 확산됐다. 잘못된 정보는 확산 범위도 진실 정보보다 훨씬 넓었다. 이대로라면 오보를 막기 위해 제대로 된 정보를 발신해도 소용이 없다는 것을 의미한다. 그렇다면 잘못된 정보를 믿게 된 사람들에게 팩트체크와 진실 정보를 제공해 잘못을 바로잡는 방법은 어떨까. 미국의 유명한 실험이 있다.

2005년~2006년에 다트머스대학의 브렌던 나이한과 엑서터대학의 제이슨 라이플러는 대학생 130명에게 정치인이 사실과 다른 발언을 한 가짜뉴스를 읽게 했다. "이라크에 대량살상무기가 존재한다.", "감세로 인해 경기가 좋아졌고 그 결과 정부의 세수는 늘어났다.", "부시 대통령은 줄기세포 연구를 금지했다." 등을 각각 전하는 기사였다. 그리고 그다음, 해당 발언이 사실이 아님을 사실에 근거해 설명하는 기사를 읽게 했다.

그렇다면 진실을 전달한 기사를 읽고 학생들의 생각은 바뀌었을까? 즉, 팩트체크 기사가 효과가 있는지 없는지를 알아보는 실험이었다.

실험 결과, 세 가지 잘못된 정보를 접한 후 가짜뉴스를 강하게 믿는 그룹에게는 팩트체크 기사가 별로 효과가 없었을 뿐만 아니라 경우에 따라서는 팩트체크 기사를 읽은 후에 오히려 가짜뉴스를 더 믿게 되는 역효과가 발생했다고 한다. 이밖에 선거 때 지지하는 후보에 대한 부정적인 정보를 들은 유권자가 오히려 지지를 강화했다는 연구도 있고, 자녀의 백신 접종을 거부하는 부모에게 백신의 효과와 안전성을 설명하면 오히려 백신 거부를 강화했다는 연구도 있다. 역시 역효과라는 것이다.

그렇다면 진실된 정보나 잘못된 정보나 '사람은 결국 믿고 싶은 것을 믿는다'는 말인가. 그렇다면 팩트체크를 통해서 진실된 정보를 전달하는 것은 무용지물일까?

그렇지 않다. 팩트체크의 효과가 있다는 연구도 있다. 조지워싱턴대학의 에단 포터와 오하이오주립대학의 토마스 J. 우드가 2019년에 발표한 연구에 따르면, 오보를 반박하는 진실 정보를 모르는 사람 중에 32%만 올바른 판단을 할 수 있었던 반면, 진실 정보를 접한 사람 중에 60% 가까이가 올바른 판단을 할 수 있었다고 한다. 지지하는 정치인의 발언이 잘못된 정보라고 팩트체크에서 지적을 받으면 지지를 강화하기보다 생각을 수정하는 효과는 있었다고 한다.

역효과가 난다는 연구와 다른 결과이다. 무엇이 달랐을까? 이번 연구는 1만 명이라는 대규모 인원을 대상으로 13회에 걸쳐 연구 실험을 진행했기 때문에 과거 조사에 비해 대상자 수가 훨씬 많았다. 자료와 정보의 종류도 훨씬 다양했다고 한다. 즉, 조사 대상자의 규모가 큰 쪽이 더 정확한 결과를 가져왔다. 역시 가짜뉴스에 대항하는 팩트체크와 진실 정보를 제공하는 것은 나름의 의미가 있다고 할 수 있다.

하지만 실험 방식에 따라 결과가 다르게 나타날 수 있다고 정치학자 리 드래트먼은 지적하며 1만 명의 조사를 토대로 팩트체크와 진실 정보를 전달하는 요령을 제시했다. 미국의 데이터 분석 인터넷 매체인 「파이브서티에이트(538)」에 따르면 그 요령은 다음 네 가지이다.

1. 팩트체크를 진행하는 쪽을 신뢰할 수 있어야 한다. 의외성이 있는 경우 특히 플러스 요인으로 작용하게 된다. 예를 들면, 공화당 정치인이 다른 공화당 정치인(즉, 동료)의 발언을 틀렸다고 지적하는 경우가 이에 해당된다.
2. 단순히 '틀렸다', '근거가 없다'고 말하는 것이 아니라 새로운 틀에서 생각할 수 있는 자료를 제공해야 한다.
3. 전달하는 상대방에게 그 사람의 세계관이나 신념을 부정하지 않아야 한다.

4. 사실에 반하는 정보가 대세를 형성하기 전에 팩트체크나 사실정보 전달을 빨리해야 한다.

2번에 덧붙이자면, '되묻는' 식의 말투를 사용해서는 안 된다는 것이다. '북극의 얼음이 점점 더 두꺼워지고 있다는 것은 거짓이다'라고 되받아치면 오히려 '얼음이 점점 더 두꺼워지고 있다'는 내용이 기억에 남는 경우가 많다. 그렇게 하지 말고 다른 데이터와 사실을 정중하게 소개하는 방법을 권한다.

한편, 1만 명을 대상으로 한 설문조사를 통해 "팩트체크를 하고 진실 정보를 전달하는 것은 의미가 있다."라고 결론을 내린 포터와 우드도 트위터에서 가짜뉴스의 확산 속도가 진실보다 빠르다는 것은 인정하고 있다.

이를 종합하면, 팩트체크와 진실정보 전달은 가짜뉴스에 대응하는 것은 물론이고 잘못된 정보로부터 시민을 보호할 수 있는 힘이 될 수 있다. 하지만 조사하는 데는 많은 시간과 노력이 필요하다. 전달과 표현 방식에 대한 고민을 거듭하지 않으면 효과가 나타나지 않는다. 가짜뉴스를 퍼뜨리는 것은 큰 고민 없이 쉬운데도 말이다.

Unit 7.
판단의 기준은 '시민에게 중요한가'

SNS는 자신이 하고 싶은 말을 할 수 있어 즐겁고 편리하다. 정치인, 비즈니스 엘리트, 유명인들이 자신의 목소리를 생생하게 전달한다. 타인에 의해 편집되지 않는다. 그래서 이보다 더 정확한 것은 없다고 발신자 입장에서는 생각한다. 그렇다면 더 이상 언론사는 필요 없고, SNS로 가공되지 않은 정보를 접하는 시대가 올 것이라는 전망도 가능하다.

'알리고 싶은 것을 알리는' 데는 SNS가 가장 강력할 것이다. 그렇다면 '알리고 싶지 않은 것'은 어떨까. 예를 들어 대학의 부정 입시, 대기업의 사이버 공격 피해, 시의원의 의정 활동비 착복, 국방부의 사실과 다른 자료 등이다. 스스로 SNS에 밝히지는 않을 것이다. 가급적이면 숨기고 싶을 것이다. 그것을 일부러 찾아내 공개하는 것이 언론사 기자들이 할 일이다. 간혹 SNS로 내부고발을 하려는 사람은 있겠지만, 있을 법한 '내부고발'이나 실제 경험을 가장한 '지어낸 이야기'를 구분하는 것은 쉽지 않은 일이다.

'알려지고 싶지 않다'는 정도는 아니지만 '특별히 알리려고 하지는 않는다'는 것은 어떨까. 후자의 경우에 사회의 '운영자'인 시민에게는 중요한 문제가 많이 내재되어 있다. 여기에 차이가 있다.

SNS에 비해서 언론은 정보의 수용자인 '시민'에게 중요한지 아닌지를 매우 중요하게 여긴다. 적어도 그것을 명분으로 삼고 있다. 중요한 문제에 대해서 정보를 가지고 있어야 시민으로서 확실한 의견을 가질 수 있고, 올바른 행동을 할 수 있다. 민주주의 사회의 동력으로 더 나은 길을 선택할 수 있다. 그런 정보를 제공하는 것이 저널리즘의 역할이다. 따라서 '본인이 알리고 싶은지 아닌지'보다 '시민에게 중요한 진실인지 아닌지'를 기준으로 판단해야 한다.

단순한 흥미만으로 뉴스거리가 될 수 없다. 시민의 삶에 꼭 필요한 사회, 정치, 경제의 움직임, 사건, 사고 등에서 발생하는 중대한 문제나 그 내용, 유력자의 비리, 인플루언서의 실체도 파헤쳐 사회가 어떻게 돌아가고 있는지, 잘못된 점은 없는지 밝혀야 하는 것이다. 시민의 시야가 360도로 넓어질 수 있도록, 그리고 중요한 정보는 누구나 공통적으로 가질 수 있도록 균형 있게, 영양 밥상처럼 균형 있게 폭넓게 제공해야 한다. 반대로 일당 독재로 자유가 억압당하는 사회에서는 정치인의 비리를 캐묻는 보도는 물론이고, 사건이나 사고 등 세상이 잘못 돌아가고 있음을 알리는 보도는 드물어진다.

1. 저널리즘의 제1의 책무는 진실을 전달하는 것이다.
2. 저널리즘이 가장 충성해야 할 대상은 '시민'이다.

3. 저널리즘의 본질은 사실 확인의 엄격함에 있다.
4. 저널리즘 활동을 하는 사람은 보도대상으로부터 독립성을 유지해야 한다.
5. 독립적인 권력의 감시자 역할을 해야 한다.
6. 모두가 비판과 비판적 토론이 가능한 장을 제공해야 한다.
7. 중대한 일을 재미있고 내 일처럼 느낄 수 있도록 노력해야 한다.
8. 뉴스가 사물의 전체상을 균형 있게 보여주도록 해야 한다.
9. 저널리즘에 종사하는 사람은 개인의 양심에 따라 행동할 수 있어야 한다.
10. 시민도 뉴스에 관한 권리와 책임이 있다.

위의 원칙은 미국 『저널리즘의 기본 원칙(The Elements of Journalism)』에서 제시한 보도원칙 10조이다.[13] 첫 번째와 세 번째 원칙이 말하듯 보도는 정확성이 생명이다. 그래서 보도 내용은 기자, 편집자(데스크), 편집국장, 교열 등 여러 사람을 거쳐서 확인하고 있다. SNS처럼 빠르게 정보를 전달하지 못할 수도 있다.

두 번째 원칙에 있는 것처럼 보도는 '시민에게 이익이 되는 것'을 목표로 한다. '내가 알리고 싶다'는 것보다 '시민이 알아

---

13 한국에서 번역된 내용과 표현은 다르지만, 원문의 표현을 그대로 살렸다. 같은 영문을 한국과 일본은 어떻게 해석하고 있는지 확인할 수 있다.

야 한다'는 것이 우선시된다. 실천하기 어려운 것은 4번과 5번이다. 저널리스트는 보도 대상으로부터 독립성을 유지한다. 즉, 보도하는 대상이 만족하는 것은 좋은 보도가 아니다. 어디까지나 시민이 가장 중요하다. 아무리 취재 대상에 공감하더라도 그 사람에게 이익이 되도록 보도한다면 시민을 우선시한다고 할 수 없고 광고나 홍보에 불과하다.

취재 대상으로부터 독립된 제3자의 입장이라면, 자기 자신을 알리는 즐거움은 원칙적으로 보도에는 허용되지 않는다. 그래서 언론이 자사 주최 행사를 보도할 때도 일반적으로 뉴스 가치가 있을 때만 다른 뉴스와 마찬가지로 보도하는 자세가 요구된다. 하지만 자사 행사를 뉴스처럼 크게 보도하는 경우가 드물지 않게 나타나는 것이 현실이다. 이는 '시민을 위해 보도한다'는 명분에 어긋나는 심각한 문제라고 할 수 있다.

Chapter 2

SNS의 흡인력은 분노와 불쾌감

Unit 1.

독자의 선호도에 맞춘 세계

2012년 12월, 당시 정권을 잡고 있던 민주당이 중의원 선거에서 참패하고, 자민당이 압승을 거두며 정권을 탈환했다. 선거 후 SNS에서는 대규모 부정선거가 있었다는 억측이 퍼져 나갔다. 자민당의 압승은 민의가 아닌 일부의 부정에 의한 것이라는 것이다.

"후쿠시마에서 자민당이 압승했다는 것이 정말이야! 원전 사고가 그렇게 많았는데도 원전 추진? 믿을 수 없다. 부정선거가 이뤄졌다고 생각할 수밖에 없다."

"주변에서는 남녀노소를 불문하고 이번 자민당의 압승에 놀라고 실망하고 두려워하는 사람들뿐이다. 이것이 무엇을 의미하는지는 분명하다. 부정선거밖에 생각할 수 없다."

위의 내용은 당시 트위터에 올라온 글이다. 투고자가 자신의 체감과 선거 결과가 너무 동떨어져 있기 때문에 부정선거를 의심하는 것이다. 실제로 개표 작업은 공개되어 누구나 참관할 수 있었다. 공립체육관 등 넓은 장소가 사용되며, 지자체 직원들이 투표용지를 개표하고 결과를 기록하는 모든 과정은 누구나 확인할 수 있었다. 개표 작업이 이뤄지는 현장에는 각 정당 후보 캠프 등에서 선발된 개표 참관인들도 참석해 개표 과정을 옆에서 직접 확인했을 뿐만 아니라 실제로 분류된 투표 용지를 다시 확인하고 도장을 찍기도 했다. 이런 감시 속에서 부정행위를 하는 것은 쉽지 않은 일이다.

부정선거 의혹의 발단은 선거 결과가 '체감'과 다르다고 느끼는 사람들이 많았기 때문이다. 그 실감은 어디에서 비롯된 것일까. 선거 전 여론조사의 경우 어느 언론 매체에서나 자민당의 우세가 분명했고, 자민당의 대승은 선거 전부터 이미 예상된 일이었다. 선거 전 의석수 예측은 중요한 뉴스이기 때문에 일상적인 뉴스('집밥')라면 빼놓을 수 없는 메뉴이다. 종이 신문이라면 1면, 방송 뉴스라면 첫 번째 순서로 보도될 것이다. 정보 수용자가 매일같이 뉴스를 확인하는 사람이라면 이런 뉴스를 놓칠 리가 없고 자민당의 압승을 이상하게 생각하지 않았을 것이다. 반면, 자신이 좋아하는 상대를 팔로우하고, 정보원으로 삼는다면 '집밥'이라면 반드시 따라나오는 반찬처럼 등장해야 할 여론조사 결과나 선거 예측에 대한 정보를 알지 못하는 경우도 있을 수 있다. 이 때문에 개표 결과를 보고 충격을 받는 사람들도 있을 것이다. SNS 시대, 또는 '집밥'형 보도의 쇠퇴 시기에 '부정선거'가 화두로 떠오르는 것 역시 이런 배경에서 비롯된 것으로 보인다.

SNS는 무엇이든 전 세계에 알릴 수 있고, 전 세계의 목소리를 모을 수 있는 강력한 시스템이다. 한편으로는 순식간에 좋아하는 사람들끼리 연결되는 '내 취향대로 잘라낸 세상'이기도

하다. 페이스북, 트위터, 틱톡 모두 사람마다 보는 것이 전혀 다르다. 한국에 대한 주제라도 어떤 사람은 한국 아티스트나 영화에 관한 주제, 또 다른 사람은 한국 정부를 비난하는 주제를 중심으로 표시될 수도 있다.

SNS는 사용자의 선택 성향을 분석해 자동으로 '나에게 맞는 콘텐츠'를 더 많이 표시하는 알고리즘을 갖추고 있기 때문에 '내 취향'의 농도는 더욱 강화된다. 이런 현상을 '필터 버블(Filter Bubble)'이라고 한다. 버블, 즉 비눗방울이 작은 캡슐 안에 있는 것처럼 외부 세계와 단절되는 것이다. 그 필터가 사용자가 원하는 정보만 선별하게 되고, 자신의 캡슐은 '내가 좋아하는' 정보로만 가득 차게 되는 것이다.

자신이 보는 SNS 안에서 비슷한 입장, 같은 취미, 비슷한 사상적 신념을 가진 사람들이 모여서 '그렇구나'라고 생각되는 동일한 의견을 주고받게 된다. 불쾌한 말을 하는 사람에 대해서는 팔로우를 취소하고 자신이 공감하는 사람만을 계속 팔로우하면 점점 더 '맞다'고 생각되는 의견이 공감을 얻게 된다. 이 현상은 '에코 챔버(echo chamber, 반향실 효과)'에 비유되기도 한다. 여러 가지 소리가 들리는 것 같지만 결국 자신의 의견이 울려서 되돌아오는 것을 계속해서 듣고 있는 것과 같다. SNS 화면을 보면서 "이 사람도 그렇게 생각하는구나. 저 사람도 그렇게 생각하는구나."라고 점점 확신을 갖게 된다. "세상이 이런 방향으로 움직이고 있다, 다들 그렇게 생각하고 있다."하는 상황에서 생각하지도 않았던 선거 결과가 나온 것이다.

이런 상황에 놓이게 되면 미국이나 일본에서도 SNS의 분위기에 반하는 선거 결과를 '부정선거다'라고 생각하는 것은 일반인들이 느끼는 자연스러운 정의감이다. 그리고 내가 좋아하는 SNS가 이것도 먹어봐라, 이 분야는 어때, 저 분야는 어때? 라고 강요하는 '전통(Legacy Media, 레거시 미디어)' 미디어보다 더 친근하게 느껴지는 것도 어찌 보면 당연한지도 모르겠다.

Unit 2.
스마트폰 앱은 슬롯머신과 같다

하지만 전문가들에 따르면 SNS의 매력은 그뿐만이 아니라고 한다.

조지타운대학의 칼 뉴포트(Cal Newport) 부교수는 스마트폰과 앱은 일종의 슬롯머신과 같다고 한다. 그의 저서『디지털 미니멀리스트, 스마트폰에 의존하지 않는 삶』[14]에 따르면, 스마트폰 앱을 확인하면 유쾌해지거나 흥분되기 때문에 자신도 모르게 몇 시간씩 확인하게 된다. 매번 좋은 느낌이 나오는 것은

---

[14] 한국에서는 『디지털 미니멀리즘』(세종서적)으로 출간되었다.

아니지만 몇 번에 한 번씩 나온다는 것이 묘미다. '이번엔 꼭 나오겠지'라고 무의식으로 기대도 한다. 그렇게 앱 사용 시간이 길어지도록 유도하는 것이다. 친구의 재미있는 게시물, '좋아요'를 누르고 싶은 사진, 내 게시물에 '좋아요'나 댓글이 달려 있지는 않은지, 자신의 게시물이 주목받고 있지는 않은지, 비는 시간에 틈틈이 '잠깐' 스마트폰을 꺼내 들게 된다. 다른 일을 하면서도 한 번 더 살펴보게 된다. SNS 등 무료 서비스 제공자로서 중요한 것은 바로 이 부분이다. 어쨌든 이용 시간이 길어져야 광고 수익이 늘어나게 된다.

'스마트폰 앱은 슬롯머신'이라는 설은 캐나다 출신 크리스토퍼 와일리(Christopher Wylie)도 주장한다. 그는 영국의 정보 전략 회사인 캠브리지 애널리티카(Cambridge Analytica)의 전 임원이다. 이 회사는 2016년 미국 대선에서 SNS 전략을 통해 트럼프의 승리에 기여한 것으로 알려지고 있다. 즉, 와일리는 SNS에 정통한 인물이라고 할 수 있다. 와일리의 내부 고발서 〈마인드 해킹, 당신의 감정을 지배하고 행동을 조종하는 SNS〉도 SNS를 슬롯머신에 비유한다. 대박이 터지기를 바라면서 레버를 계속 당기는 사람처럼 SNS 사용자는 자극을 받을 수 있는 콘텐츠를 찾아서 스마트폰 화면을 계속 스와이프(Swipe, 손가락을 댄 후 일직선으로 드래그하는 것)하게 된다고 지적한다.

특히 SNS 사용자들을 유혹하는 것은 '불쾌한 콘텐츠' 혹은 '화나게 하는 콘텐츠'라고 와일리는 말한다. 그래서 분노와 불쾌감을 불러일으키는 게시물은 주목받고 점점 더 확산되며, SNS를 가득 채우게 된다. 의견의 차이를 바탕으로 합의점을 찾는 토론이 아니라 '적인가 아군인가'로 대결하고 '논파'하는 싸움질과 그 구경거리를 즐기는 게시물이 늘어나는 것이다. 선거 결과가 자신의 예상과 다르다고 해서 '지지 정당이 약점을 어떻게 극복하면 좋을지'가 아니라 '음모다', '적을 용서하지 말라'고 외치는 것이 더 쉽게 퍼지기 때문이다.

그런 정보가 사람들의 관심을 끄는 데는 그럴 만한 이유가 있다고 한다. 스웨덴 정신과 의사 안데르스 한센(Anders Hansen)의 『스마트 뇌』[15]에 따르면, 인류는 진화의 대부분 동안 맹수나 다른 인간에게 죽임을 당할 위험에 노출되어 왔다고 한다. 그런 위험 속에서 성격이 느긋한 사람은 맹수들에게 당하고 만다. 어떻게든 살아남는 사람은 공포나 위험 정보에 강한 관심을 기울이는 사람이다. 그렇게 오랜 진화 과정을 거치면서 인간에게 그런 주의력이 발달했다는 것이다. 그리고 SNS는 사용자가 선호하는 정보를 확산하도록 알고리즘을 조정하는 과정에서 위협이나 불안, 갈등에 관한 정보를 많이 확산시키게 된다.

하지만 언론도 사회 문제나 정부의 실책, 부정, 범죄 등 불쾌한 정보를 퍼뜨리고 있지 않은가. 이에 대해 한센은 언론 매체는 SNS와 '결정적인 차이가 있다'고 반박한다.

---

15 한국에서는 『인스타 브레인』(동양북스)으로 출간되었다.

"신문이나 TV의 뉴스 편집국은 어떤 뉴스를 보도할지를 선택하고, 그것이 재미있는지 여부뿐만 아니라 진실인지 여부도 면밀히 검토한다." 반면 "페이스북 타임라인에 올라오는 뉴스는 컴퓨터의 알고리즘이 선택한 것이다. 즉, 확산되는 기사에 쓰인 내용이 진실인지 아닌지 여부를 가리거나 기사에 대해 책임지는 편집국은 존재하지 않는다. (중략) 내용이 정확한지 여부는 전혀 상관없다."

정신과 의사인 한센 역시 SNS를 자꾸 보게 되는 마음의 메커니즘은 노름과 같다고 지적하는 사람 중 한 명이다. SNS의 위험성이 이토록 논의되는 것은 SNS가 우리 삶에 깊숙이 침투했다는 반증이다. 친구나 동료와 소통하는 것도, 뉴스를 접하는 것도 SNS를 통해 이루어진다. SNS는 사회의 일부가 되어 있다.

다양한 생물이 존재하는 자연 생태계에 새로운 생물이 등장해 번성하게 되면, 한때 번성했던 생물들이 멸종하는 것이 아니라 과거의 생물은 생물대로 살아남는다. 미디어 생태계도 라디오, 영화, TV 등 새로운 미디어가 등장할 때마다 이전 미디어의 영향력이 줄었지만 '공존공영'의 길을 모색하고 때로는 서로를 지탱해 주기도 했다. SNS도 실제로 기자들이 활용해 왔고, 한편 언론 매체의 기사는 SNS의 중요한 콘텐츠가 되고 있다.

SNS에는 SNS가 잘하는 분야가 있고, 저널리즘에는 저널리즘의 양보할 수 없는 가치가 있다. 서로를 존중하고 공존공영하는 것이 이상적이지만, 상황은 그리 녹록치 않게 진행되고 있다.

Chapter 3

SNS가 기자들을 빼앗아간다

Unit 1.

노벨상을 수상한 기자들은 왜 비난받았을까

2021년 노벨평화상은 두 명의 언론인에게 돌아갔다. 필리핀의 인터넷 미디어 「래플러」 대표 마리아 레사(Maria Ressa)와 러시아 신문 「노바야 가제타」 편집장 드미트리 무라토프(Dmitry Muratov)이다.

두 매체는 자국의 강압적인 정권을 비판했기 때문에 역경에 직면해 있었다. 레사는 필리핀에서 명예훼손 혐의로 체포되어 기소되었고, 「노바야 가제타」에서는 대표 기자 중 한 명인 안나 폴리토코프스카야가 2006년 누군가의 총에 피살된 것을 비롯해 기자와 기고자 중 6명이 목숨을 잃었다. 그런 역경에도 자유로운 보도를 이어가기 위해 고군분투하는 두 사람이기에 노벨상 측은 "이 둘은 민주주의와 항구적인 평화의 전제 조건인 표현의 자유를 수호하기 위해 노력했다."고 수상 이유를 밝혔다. 그리고 "전 세계적으로 민주주의와 표현의 자유가 점점 더 어려운 상황으로 내몰리고 있는 가운데, 저널리즘의 이상을 지키기 위해 분투하고 있는 전 세계의 저널리스트들을 두 사람이 대표하고 있다."고 덧붙였다.

레사는 작은 체구의 여성으로 늘 웃음을 잃지 않는다. 그것이 강한 인상을 주고 있다. 로드리고 두테르테 정권 하에서 10

건의 체포영장이 발부됐기 때문만은 아니다. 그녀를 공격하고 있는 것은 정부를 비판하는 「래플러」에 반감을 품고 SNS에서 그녀를 격렬하게 비방하고 협박하고 반(反)래플러 캠페인을 펼치는 시민이었다. 노벨상 수상 2년 전, 레사는 미국 잡지 「타임」에서 이렇게 증언했다.

"「래플러」는 2016년 10월, SNS 선전공작을 다룬 세 차례의 연재기사를 냈어요. 나중에 연구자들이 '비뚤어진 애국심'이라고 부르게 된, 정부의 묵인하에 인터넷상에서 지속적인 괴롭힘으로 특정 표적의 입을 막거나 협박하는 움직임이 있었죠. 기사로 이런 사실을 밝힌 후에는 시간당 평균 90여 통의 괴롭힘 메시지가 날아왔고, 이런 일은 한 달간 계속되었어요."

"페이스북에서 벌어지는 공격은 음습할 뿐만 아니라 철저하게 개인을 표적으로 삼고 있지요. 나의 용모에 대해서 거론하거나 강간이나 살해 예고도 있었구요. 나는 종군기자로 총탄이 날아다니는 전투 현장에도 있어봤지만, 그곳도 이런 각오를 해야 할 정도는 아니었어요."

필리핀에서 가장 이용자가 많은 페이스북에는 「래플러」가 편향적이며 날조 기사를 게재한다는 투고가 난무하고, 「래플러」를 거부하자고 호소하는 계정이 5만 2천 개가 넘을 정도이다. 하지만 SNS의 확산력을 생각한다면 「래플러」도 페이스북을 사용하지 않을 수 없다. 그런 환경에서 레사는 고민했다.

노벨 평화상 수상식 연설에서 레사는 '동전의 양면'이라고 비유했다. 시민에게 제공되는 정보를 통제하는 두 명의 문지기를 동전의 양면으로 비유한 것이다.

"동전의 한 면은 전통적인 문지기인 저널리스트이고, 다른 면은 테크놀로지요. 이것은 신과 같은 힘을 가진 새로운 문지기입니다. 이 문지기는 '거짓'이라는 바이러스를 시민에게 감염시키고, 시민 간의 폭력을 조장하고, 공포, 분노, 증오를 유발하여 권위주의적이고 독재로 가는 길을 전 세계적으로 만들고 있습니다."

어떻게 해야 하는가. 레사는 이렇게 이어갔다.

"가장 필요한 것은 이 같은 정보 환경을 바꾸는 것입니다. 인터넷에는 증오와 폭력이라는 오염물질이 난무하고 있습니다. 이런 것을 우선시하는 미국의 인터넷 기업들은 증오를 퍼뜨리고, 우리 안의 사악함에 불을 지피고 있습니다. 그렇습니다, 그것은 우리가 더 노력해야 한다는 것을 의미합니다. 인간이 선한 존재가 되기 위해서는 이 세상에 선의(善意)가 있다고 믿어야 합니다."

레사가 말하는 선의는 무엇일까. 그녀는 오랫동안 무력 분쟁이나 재난 등 비참한 현장을 취재해 왔다. 그 속에서 극빈층의 사람들이 무언가에 기여하고자 노력하는 장면을 목격했다. 그리고 레사의 미디어 「래플러」 역시 정부의 눈총을 받고 있음에도 사람들의 선의와 위험을 무릅쓰는 지원에 힘입어 성장해 왔던 것이다. 레사는 이런 내용을 언급하며 "그렇기 때문에 인간성이 기적을 일으킵니다. 우리들은 그런 사실을 공포와 폭력 속에서 놓치고 있습니다."라고 호소한다. 저널리즘은 시민을 믿고, 자신의 양심을 믿어야 함을 강조한다.

시민을 믿고, 그 양심을 믿는 것. 사회 '운영자'로서 평범한 시민의 지성과 힘에 기대는 것이다. 정보를 시민에게 제시하는 것을 '혼란이나 성가심의 이유'로 우습게 보지 말고, 시민은 현명하고 좋은 토론을 하는 존재이기에 상세하고 진실된 정보를 제공해야 한다는 입장인 것이다. 그리고 소수의 엘리트가 정보를 관리하는 것이 아니라, 사회가 어떤 모습이어야 할지를 시민이 결정한다는 민주주의의 뜻을 확신하는 것이다. 레사는 다수의 SNS 사용자들에게 뭇매를 맞으면서도 시민의 양심을 믿고 호소하고 있다. 여기에 저널리즘이 지향하는 바가 있다.

Unit 2.

여성기자 70% 이상은 인터넷 폭력을 경험했다

언론인이 SNS에서 욕을 먹고 협박을 당하고 있다. 필리핀의 마리아 레사에게만 국한된 일이 아니다. 유네스코(UNESCO, 유엔 교육·과학·문화 기구)는 언론인에 대한 이러한 온라인 괴롭힘을 '온라인 폭력'으로 정의하고, 2020년 세계 125개국의 기자 총 901명(이 중 80%가 여성)을 대상으로 설문조사를 실시했다. 그 결과 여성 응답자의 70% 이상이 '온라인 폭력'을 경험했고, 그중 40% 이상은 실제 폭력이나 성폭력을 예고하는 내용이었다. 현실 사회에서도 공격을 당하거나 비난을 받았는데, 그것이 이미 겪은 '온라인 폭력'과 관련이 있는 경우도 많았다. '온라인 폭력'을 당한 언론인의 26%는 정신건강에 영향을 받은 것으로 나타났다.

그리고 '인터넷 폭력'의 결과로 일시적으로 인터넷 사용을 그만둔 사람은 18%, 일부 중단한 사람은 11%였다. 방송에 출연하지 않거나 기사의 바이라인(by-line, 기사에 필자 이름을 넣는 일)을 삭제하도록 요구한 사람은 9%, 직장을 그만둔 사람도 4%였다. 이런 다양한 케이스는 모두 인터넷상의 괴롭힘이 보도활동을 저해하고 있다는 것을 의미한다. 이밖에도 미국 국제여성미디어재단의 2018년 조사에 따르면 여성 미디어 관계자의 37%가 이와 같은 공격으로 '보도하지 못한 기사가 있다'고 답했다.

즉, 인터넷에서 공격받을지도 모르는 보도 테마에 대해서 일본의 사례를 든다면 일본군 위안부 문제는 보도 여부를 고민해야 한다. 힘들게 취재하고 보도했음에도 그에 걸맞지 않는 모욕과 협박을 받는다면 견디기 힘들다. 그렇게 사라진 기획이 얼마나 많은지 알 수 없다. '무엇이 보도되지 않았는지'는 알기 어렵다.

일본 신문노련(일본신문노동조합연합회, 신문사·통신사 노동조합으로 구성)이 2019년에 조합원을 대상으로 실시한 설문조사에서도 비슷한 결과가 나왔다. '취재·보도 활동에 대한 비방으로 불안과 불만을 느끼는 것'을 1,236명에게 묻자 응답자의 18.9%가 'SNS를 활용한 취재에서 공격을 받았다'고 대답했다.

SNS에 재난, 사건, 사고 현장의 동영상이나 목격담이 올라오면 기자들은 더 많은 시민에게 전달하고 보도에 활용하기 위해서 이를 SNS로 부탁하거나 취재 요청을 하는 경우가 있다. 그런 경우에 관련 없는 SNS 사용자들이 해당 기자를 겨냥해 욕설을 퍼붓는 경우가 발생한다. 기자의 정신적 피해도 심각하지만, 그보다 더 큰 문제는 기자에게 도움을 주려고 했던 사람까지 욕설을 듣는 경우가 있어서 이런 취재 방식을 주저하는 기자들도 나오고 있다.

'기자회견에서 질문하는 모습을 인터넷에서 감시·공격당하는 경우'는 22.9%로 나타났다. 기자회견이 공개되는 것은 당연한 일이고 시민이 기자의 취재활동을 확인할 수 있다. 그러나 그 일로 기자가 인터넷에서 비난을 받게 되면 질문하는 것을 주저하게 될 경우도 생긴다. 결국 의문이 생기더라도 질문하지 않게 되고, 결과적으로 시민에게 제공되는 정보는 줄어들게 된다.

이런 위험에 어떻게 대응하는 것이 좋을까.

"온라인 괴롭힘에 악용될 수 있는 기자의 사적인 정보는 SNS

에 올리지 않습니다. 실제로 인터넷 폭력을 당했다면 기록을 남기는 것이 무엇보다 중요합니다. 성적인 내용의 괴롭힘이라면 기록하는 것 자체가 고통스럽겠지만, 최소한 화면의 스크린 샷이라도 찍어두어야 합니다. 관계를 차단하거나 문제의 메일은 전용 폴더에 자동 분류되도록 합니다. 이런 대응만으로 부족하다고 생각된다면 상사에게 알립니다. 더 나아가 경찰에 신고하고, 법의 테두리 안에서 법적으로 취할 수 있는 수단은 다음과 같은 것이 있는데, 구체적으로 취할 수 있는 방법은…."

이와 같은 개요의 가이드북을 제작한 곳은 영국 '미디어 변호사협회'이다. 이곳은 영국의 모든 주요 신문, 출판, 방송 미디어 기업의 사내 변호사로 구성된 조직으로, 표현의 자유와 정보, 의견, 지식을 받아들이고 전달할 권리를 증진하고 보호하기 위해 만들어졌다. 가이드북 집필은 미디어법 전문가인 베스 그로스만 변호사가 맡았다. 이 책이 소개하는 대응 전략은 언론의 자유를 보호하는 국제인권법 전문가이자 기자를 지원하고 온라인 괴롭힘에 맞서 싸워온 경험이 풍부한 키린 갤러허 변호사가 제공하고 있다. 일본에는 아직 이런 가이드, 이런 변호사 조직이 없는데, 지금 당장 필요하다는 생각이 든다.

Unit 3.
일본 SNS가 유난히 익명 이용률이 높은 이유는

일본 SNS에서 주목할 점은 높은 익명성이다. 영국 옥스퍼드 대학 로이터-저널리즘 연구소의 2022년 국제 조사에 따르면 '지난주에 한 번이라도 사용한 SNS(통신 앱 포함)'를 전 세계 46개 국가와 지역에서 조사한 결과, SNS를 많이 사용하고 있는 25개국에서 실명제인 페이스북이 1위를 차지했다. 일본에서는 페이스북이 4위, 트위터가 2위를 차지했다. 이 조사에서 트위터가 페이스북보다 순위가 높은 국가는 일본뿐이었다.

2014년 총무성 조사에 따르면 트위터는 일본, 미국, 영국, 프랑스, 한국, 싱가포르 중에서 유독 일본만 익명 이용자가 많

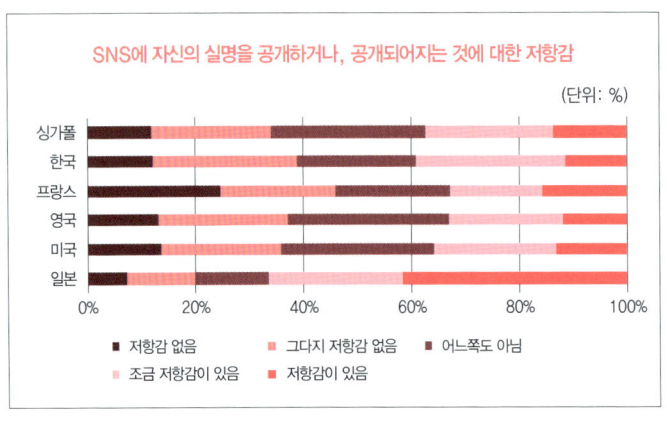

은 것으로 나타났다. 미국·영국·한국·싱가포르에서 익명 이용률은 30%대였다. 프랑스가 45%인 반면 일본은 75%에 달했다. SNS에서 실명을 공개하는 것에 거부감을 느낀다는 응답은 일본이 66%인 반면 다른 나라들은 30%대였다.

일본 재단이 2020년 국내 17~19세를 대상으로 실시한 조사에 따르면 'SNS에는 실명을 사용하지 않는다'는 응답이 62%였다. 한편, SNS에서의 비방의 원인으로 'SNS의 익명성'을 꼽은 비율은 60% 이상이었다. 즉, 일본은 다른 나라에 비해 현저하게 익명 이용률이 높고 실명을 밝히고 싶지 않은 마음이 강하지만, 그럼에도 익명으로 발신하는 것은 무책임하고 문제를 일으키고 있다고 느낀다는 점이다.

필자가 진행하는 대학 강의에는 '고등학교 때 선생님으로부터 실명으로 SNS를 이용하는 것을 그만두라는 지도를 받았다'는 경험을 가진 학생이 적지 않았다. 사회에 자신의 목소리를 내는 것이니 성실한 태도와 숙고한 내용으로 작성하라는 조언이 아니라, 신원을 밝히지 말라는 지도였다고 한다. SNS에는 미성년자가 범죄에 연루될 위험도 있는 만큼, 고등학교 선생님이 그렇게 지도하는 심정도 이해하지 못하는 것은 아니다. 그렇지만 동시에 사회에 당당하게 자신의 이름을 밝히고 자신의 의견을 말하는 것은 고등학생이 젊은 시민으로서 행동하는 데 소중한 경험이 될 것이다.

Part 4

민주주의를
운영하기 위해
필요한 정보

Chapter 1

역사의 주인공은 시민

Unit 1.
공무원에게서 비밀정보를 얻는 행위는 범죄일까

세상의 규칙은 어떻게 결정되는가. 국회가 법을 만드는 것만이 전부는 아니다. 어떤 법이든 '적용이 가능한지 미묘하다', '위반이냐 아니냐' 하는 상황이 발생하기 때문에 그때마다 재판에서 다투게 된다. 판례도 판단 근거가 된다. 즉, 국회에서 만든 규칙의 적용 범위를 구체적으로 결정하기 위해 법원에서도 근거를 만드는 것이다. 그래서 법원의 판단을 영어로는 '코트 룰링(Court Ruling)'이라고 부른다.[16]

예를 들어 국가공무원이 직무상 알게 된 비밀을 타인에게 누설하면 처벌받을 수 있다고 국가공무원법은 규정하고 있다. 비밀을 누설하도록 부추긴 자도 마찬가지로 처벌받는다. 하지만 그 비밀이 시민에게 중대한 문제라면 어떨까. 그리고 만약 정부가 시민에게 심각한 문제를 숨기고 있다면, 이럴 경우 공무원을 취재해서, 즉 비밀을 누설하도록 해서 보도한 기자는 처벌받을까?

그 죄를 뒤집어 쓴 기자가 「마이니치신문」의 니시야마 다이키치(西山太吉)였다. 1972년의 일이다. 니시야마 기자가 폭로

---

16 룰링은 '규칙 만들기'나, '통치'라는 뜻.

한 정부 비밀은 그해 오키나와가 미국에서 일본으로 반환될 때 미·일 양국이 밀약을 맺었다는 것이었다. 당연히 시민에게는 그런 사실을 한 마디도 하지 않았다.

오키나와를 일본에 반환할 때 미군 기지 원상 복구 비용은 미국이 부담한다는 것이 일본 정부의 표면적인 설명이었다. 그것이 일본 입장에서는 합리적으로 보인다. 그러나 실제로는 복원 비용 400만 달러를 일본이 슬그머니 떠안기로 되어 있었다. '미국이 부담한다'는 말은 거짓말이었던 것이다.

이 밀약은 니시야마 기자가 비밀 정보원으로부터 입수한 외무성 비밀문서로 확인했다. 비밀 정보원을 감추기 위해 다소 간접적인 표현으로 기사를 썼지만, 정부의 태도는 변하지 않았다. 그래서 문서를 야당인 사회당의 요코미치 다카히로(橫路孝弘) 중의원 의원에게 제공했고, 요코미치 의원이 국회에서 폭로해 큰 문제가 됐다.

그럼에도 정부는 국민을 속인 것에 대해 반성하기는커녕 정보를 유출한 범인, 즉 니시야마 기자의 비밀 정보원을 찾는 데 혈안이 되어 있었다. 곧 외무성 직원인 하수미 키쿠(蓮見喜久)가 문서를 제공했다는 사실이 밝혀졌다. 니시야마 기자와 하수미는 비밀을 부정하게 누설했다고 하여 국가공무원법 위반 혐의로 체포, 기소된다.

하수미는 1심에서 사실을 인정해 유죄가 확정됐지만, 니시야마 기자는 언론의 자유를 주장하며 무죄를 주장했다. 국가공무원법에는 국가공무원이 비밀을 누설하는 행위에 대해 '이를 교사하거나 방조한 자는 각 본 조의 형(필자 주: 비밀누설을 한 공무원과 같은 범위의 형벌)에 처한다'고 명시되어 있다. 이 경우 하수미는 국가공무원으로서 비밀을 누설한 것이고, 니시야마 기자는 국가공무원 하수미에게 비밀을 누설하도록 한 것이다. 그렇다면 니시야마 기자의 행위는 '부추긴' 것이므로 법에 저촉되는 것으로 보인다는 것이다.

그러나 다른 한편으로, 이런 사례를 범죄로 처벌한다면 정부의 거짓말을 시민에게 알리는 언론보도는 범죄가 될 수밖에 없다. 헌법이 규정한 언론과 출판(보도)의 자유는 그림의 떡이 된다. 헌법상 이런 처벌이 가능한가. 시민을 위해 정부의 부정을 고발한 기자를 처벌하는 것은 독재국가에서나 할 수 있는 일이 아닌가. 국가공무원법에 그런 목적까지 포함돼 있는 것인가.

니시야마 기자의 재판은 대법원까지 이어졌다. 1978년 대법원이 내린 결론은 '통상적으로 기자가 취재 중 공무원에게 비밀을 누설하도록 부추기더라도 이는 위법하지 않다'는 것이었다. 기자의 행위를 '정당한 업무 행위'로 인정하고, 취재 행위만으로는 죄를 물을 수 없다고 판단했다. 여기서 말하는 '정당한 업무 행위'란 의사가 수술을 하거나 치과의사가 치아를 깎는 것처럼 행위 자체만 놓고 보면 신체를 해치는 행위이지만 통상적인 상해죄에 해당하지 않는 것과 같은 것이다.

대법원의 판결에는 다음과 같은 의미를 담고 있다. 시민이 국정의 운영자가 되는 것이 민주주의이기 때문에 시민에게 정치의 진실을 알리는 것은 민주주의의 핵심이라는 것이다. 그래서 언론의 자유와 이를 뒷받침하기 위한 취재의 자유는 헌법이 규정한 표현의 자유 중에서도 특히 중요하다. 그리고 취재 행위는 국가기밀을 파헤치는 것이기도 하다. 따라서 기자가 국가공무원에게 비밀을 누설하도록 부추겼다고 해서 이를 불법으로 규정하는 것은 옳지 않다.

취재 행위는 국가기밀을 파헤치는 것이다. 즉 보도라고 하는 것은 국가가 공개를 금지한 비밀도 밝혀내지 않으면 국민에 대한 책무를 다하지 못할 수도 있다는 점을 분명히 한 것이다. 비밀을 밝히는 것을 예외 없이 전면 금지한다면, 정부가 '기사로 써도 된다'고 허가한 것만 보도할 수밖에 없다. 보도가 허가제로 바뀌면 '알려도 된다', '알려줬으면 좋겠다'는 홍보나 선전과 다를 바 없다.

그러나 보도는 시민 모두를 위해 중요한 일이라면 당사자의 의사와 상관없이 전달해야 할 의무가 있다. 종종 당사자의 아픔과 불편함도 가져오는 경우도 많다. 반향으로 인해 혼란과 동요가 일어날 수도 있다. 하지만 그 정보를 통해 시민이 세상의 진실을 알게 되며, 명확하고 검증 가능한 기록이 남게 되고, 문제를 개선할 수 있다. 그런 점에서도 고통스러운 의료 행위와 조금은 공통점이 있다.

그러나 대법원은 니시야마 기자에게 유죄를 선고했다. 일반적인 취재라면 공무원이 비밀을 누설해도 죄가 되지 않는다. 하지만 이 사건에 한해서 니시야마 기자의 취재 방식은 일반적이지 않다고 대법원이 판단한 것이다. 사실 니시야마 기자와 하수미는 남녀 관계였다. 대법원은 니시야마 기자가 이를 이용해 기밀 정보를 제공하도록 만들면서 하수미의 인격을 짓밟았다고 지적하며, 이는 정당한 취재 활동이라 할 수 없고 예외적인 불법행위에 해당한다고 판단했다.

니시야마 기자는 예외적으로 유죄 판결을 받았지만, 대법원 판결의 핵심은 기자가 취재로 공무원을 설득해 비밀을 누설하게 하는 것은 통상적으로 위법행위가 아니라는 대원칙이다. 이는 기자를 보호하는 규칙이라기 보다는 시민을 보호하는 규칙, 민주주의를 보호하는 규칙이다. 비밀을 누설하게 하는 취재가 범죄가 된다면 기자는 그런 취재에 도전하지도 않고, 위험에 빠지는 일도 없을 것이다. 이렇게 된다면 시민은 숨겨진 진실을 알기 어려워지고 민주주의를 운영하기 위한 정보를 잃게 된다. 그렇게 되지 않기 위한 규칙이다.

이 재판 중에도, 그 이후에도 일본 정부는 밀약 존재 사실을 부인했다. 반면 미국 측에서는 이듬해인 2002년에 밀약의 존재를 보여주는 문서가 공개되었다. 미국 역시 밀약의 존재를 '국가 비밀'로 규정하지만, 원칙적으로 비밀로 지정된 것도 30년이 지나면 공개하여 시민의 판단을 구할 수 있도록 하는 제도가 있기 때문이다. 일본 정부가 밀약의 존재를 공개한 것은 민주당 정권이 들어선 20년이 지난 뒤였다.

Unit 2.
초등학생의 호소가 국적법을 바꿨다

 니시야마 기자의 재판을 통해 기자가 보도를 목적으로 공무원에게 비밀을 누설하도록 해도 국가공무원법 위반죄로 처벌할 수 없다는 원칙이 확립되었다. 이 재판은 '외무부 비밀누설 사건'이라고도 불리지만, '니시야마 사건'이라고 표현하는 것이 더 정확하다. 시민의 알 권리를 지켜주는 규칙은 니시야마 기자의 재판 투쟁으로 탄생했음을 알 수 있다. 그렇게 싸운 시민이 있었다는 것도 분명한 사실이다.

 그런 시민의 권리를 겨우 초등학생일 때 몸으로 싸운 여자 아이가 있다.

 미요시 마사미(三好真美)가 일본 정부를 상대로 일본 국적을 요구하는 재판을 다른 8명의 아이들과 함께 도쿄지방법원에 제기한 것은 1995년 4월이다. 당시 미요시는 일곱 살이었고 국적은 필리핀이었다. 외국인과 일본인 부모를 둔 자녀는 보통 일본 국적을 취득할 수 있지만, 부모가 혼인신고를 하지 않은 경우 일본 국적을 인정하지 않는다고 당시 국적법은 규정했다.

이 규정이 벽이 되었다. 가족과 결혼의 형태도 변화하고 있는 시대에 무의미한 구분에 따른 부당한 차별이 아닌가 하는 점이 재판의 쟁점이었다.

미요시 일행의 재판은 대법원까지 이어졌다. 2008년 6월, 대법원 전원합의체는 아이들이 일본 국적을 취득할 수 없는 것은 불합리한 차별이며, 법 앞의 평등을 규정한 헌법에 위배된다고 판결하고 소송을 제기한 아이들 모두에게 일본 국적을 인정했다.

그뿐만이 아니다. 이 판결은 문제가 된 국적법 규정을 '헌법 위반'이라고 판단했다는 것이다. 법령이 헌법에 위반된다는 전후 여덟 번째 판결이었다. 이 판결에 따라 국회는 국적법을 개정해야만 했다. 어린이들의 호소가 인권을 더 존중하도록 새로운 규칙을 만들게 한 것이다.

미요시는 초등학생 원고로 법정에 서서 판사들에게 자신의 생각을 말했다. 다른 시민에게도 이 소송을 알릴 기회를 늘리기 위해 다른 원고인 아이들과 함께 언론 취재에도 많이 응했다. 재판의 고비마다 기자회견을 열기도 했다.

미요시는 회고한다.

"'처음에는 개인적인 차원에서 내가 일본인이 될 수 있다'는 그런 정도의 생각이었어요. 학년이 올라갈수록, 그러니까 5~6년쯤 되었을 때인가 '주변 사람들의 삶을 바꿀 수 있을지도 모른다'는 것을 깨달았어요."

일본이 국제화되면서 비슷한 처지의 아이들이 늘어나고 있기 때문에 자신의 호소가 그 사람들에게 도움이 될 수 있을지도 모르겠다고 느꼈다는 것이다. 하지만 미디어에서 주목받기 시작하면서 여러 가지 일들이 벌어졌다.

"같은 학년의 아이가 보도를 보게 되잖아요. 학교에서는 일본 이름을 쓰고 있었는데 보도에 제 이름이 '타피루-마사미'(당시 성)라고 나오잖아요. 그 아이가 '너 TV에 나왔잖아, 뭐하는 거냐'고 냉소적으로 대하더라고요. 하지만 그땐 누가 뭐라고 하든 열심히 하자는 마음만 있었어요."

언론의 취재 중에는 난폭한 경우도 있었다고 한다.

"친구들과 하굣길에 공원을 지나는데 그곳에서 TV 취재진이 저를 찍고 있었어요. 부모님께 허락은 받았을까 의문이 들었어요. 재판이 끝난 뒤에도 (일본 국적 취득이 인정된 것에 따라서) 수속을 위해 관공서에 갔을 때 수속하는 모습을 찍으려고 기자들이 접수대 위에까지 올라가 촬영하는 바람에 너무 위험해서 '아찔하다'고 생각했어요. 관공서 직원에게도 미안했고요."

같은 기자로서 숨고 싶은 마음이다. 너무나 강압적이다. 현장에서 기자가 항상 우아할 수는 없겠지만, 특히 어린이가 개입된 경우라면 더욱 주의와 배려가 필요하고, 취재 중에도 각별히 신경을 써야 할 것이다. 미요시의 말을 듣고 있으니 미안한 따름이다. 그런데도 미요시는 각 언론사의 취재에 흔쾌히 응했다.

"초등학생이었지만 내가 말하지 않으면, 내가 무언가를 알리지 않으면 안 된다고 생각했어요. 어른이 아닌 아이의 말이 필요한 거구나 싶었죠. 초등학교 3학년 때는 무슨 말을 해야 할지 몰라서 변호사님과 상의한 후 손바닥에 정리한 것을 써서 이야기했어요. 5, 6학년이 되면서는 내 생각을 갖게 되니까 그걸 잘 전달할 수 있었다고 생각해요. 제 말이 기사화되어서 정말 놀랐어요. 장래희망을 물어봐서 당시 가라테를 하고 있었기에 경찰관이 되고 싶다고 말했더니, 신문에 '장래희망은 경찰관'이라고 큼지막하게 쓰여 있더라고요. 문득 내 말을 받아주는구나, 대단하다는 생각이 들었어요."

어린 나이의 아이들이 한 명의 시민으로서 싸운 재판이었다. 영미권에서는 재판에 원고와 피고의 이름이 붙는 것이 일반적이기 때문에 '마사미 등과 일본정부 소송' 또는 '마사미 사건' 등으로 불릴 것이다. 새로운 법은 입법에 기여한 시민의 이름으로 부르기도 하기 때문에 판결을 받아 개정된 새로운 국적법은 '마사미 로(Law)', '마사미법'이라고 불릴 가능성도 있다(다른 아이들과의 균형이 있기 때문에 어디까지나 예시일 뿐이다). 모두가 알 수 있도록 규칙을 만든 시민을 역사에 남기자는 것이다. 하지만 일본의 법률 서적은 영미와 상당히 달라서 재판명이나 재판 내용에 시민의 이름이 삭제된 경우가 많으며, 이 재판도 '국적법 위헌 소송'으로 기록되어 있다.

Unit 3.

미란다가 싸워서 얻어낸 권리 '미란다 원칙'

'미란다 원칙'은 미국인들 사이에 잘 알려져 있다. 미국 영화를 보면 형사들이 용의자에게 수갑을 채울 때 "당신은 묵비권을 행사할 권리가 있습니다. 당신이 말한 것은 법정에서 불리한 증거가 될 수 있습니다. 변호사를 선임할 권리가 있습니다."라고 말하는 장면이 나온다. 이 장면은 미란다 원칙에 의해 의무화되어 있기 때문이다. 피의자에게 묵비권이나 변호인을 선임할 권리가 있다는 것을 알려주지 않았다면 피의자가 무엇을 진술하더라도 불공정하게 수집한 불법 증거로 간주되어 유죄를 입증하는 데 사용할 수 없다는 규칙이다.

이 규칙을 정한 것이 '미란다 대 애리조나주' 재판이며, 미국 연방대법원이 1966년 6월 13일에 내린 판결이다. 미란다란 이 재판에서 싸운 인물로 에르네스토 미란다(Ernesto Miranda)를 말한다. 1963년 납치-강간 사건에서 미란다는 피해자의 증언으로 용의자로 지목되어 2시간의 취조 끝에 범행을 자백했지만, 당시 심문관은 묵비권이나 변호사를 선임할 권리 등을 알려주지 않았다. 재판에서 이 점이 문제가 되었고, 결국 연방대법원은 수사가 미란다 원칙을 훼손했고, 이 자백을 증거로 사용할 수 없다며 유죄를 파기했다(이후 재심에서 다른 증거를 바탕으로 유죄가 확정되었다).

 용의자에게 묵비권을 고지하는 등이 불필요한 일처럼 들릴 수 있다. 하지만 용의자 중에는 무고한 사람이 포함되는 경우도 있고, 범하지 않은 범죄임에도 가혹한 심문에 시달려 '내가 저질렀다'고 거짓말을 하는 사람도 실제 있었다는 것은 그동안 수많은 억울한 실례를 통해 알 수 있다. 반대로 진범이라 하더라도 심문관이 너무 일방적인 힘을 가지면 피의자는 심문관에게 순응할 수밖에 없다. 조사관이 원하는 대로 진술하는 것과 진실을 진술하는 것은 별개의 문제다. 수사하는 측의 오해가 그대로 유지되고, 조사관이 모르는 사정을 밝혀내지 못해 수사는 진실과 멀어진다.

 시민의 권리와 재판의 공정성을 지켜낸 미란다 원칙은 미국 시민에게 널리 알려져 있으며, 애리조나주 정부의 공식 웹사이트에 자세하게 설명되어 있다. 이 사이트에는 이 사건과 재판의 수많은 공문서, 예를 들어 체포 당시 경찰이 작성한 체포 절차 서류와 주소, 생년월일, 아내의 이름, 신체적 특징, 혐의 등이 적힌 원본까지 올려놓아 누구나 다운로드해서 보고 역사를 배울 수 있도록 하고 있다.

 미란다 원칙만 있는 것이 아니다. 캔자스주의 올리버 브라운이 싸운 '브라운 대(對) 토피카 교육위원회' 재판은 1954년 공립학교를 흑인과 백인으로 분리하는 것은 인종차별이라며 이를 금지하는 규칙을 만들었다. 오하이오주 출신인 짐 오버거펠 등이 소송을 제기한 '오버거펠 대 호지스' 재판은 2015년 동성 커플에게도 결혼할 권리가 있다는 규칙을 만들어 미국의 모든 주에서 동성결혼을 인정하게 되었다.

제2차 세계대전 중에는 '히라바야시 대 미국' 재판이 있었다. 개전 후 미국 정부는 일본계 미국인을 차별하고 수용소에 수감하는 등 배제 정책을 취했는데, 이에 일본계 2세였던 고든 히라바야시(일본명 히라바야시 기요시)가 저항하다 체포되어 투쟁한 재판이다. 연방대법원은 1943년 전쟁 중이라 어쩔 수 없었다며 히라바야시의 주장을 배척하고 유죄 판결을 내렸지만, 1987년 재심에서 무죄 판결을 받았다. 그의 사후, 고든 히라바야시 같은 시민 덕분에 미국이 더 나은 나라가 되었다는 의미로 2012년 오바마 대통령으로부터 훈장을 받았다. 오바마 대통령은 미란다, 브라운, 오버거펠, 히라바야시를 비롯한 수많은 시민이 재판을 제기하여 싸웠고, 그 결과 더 나은 규칙이 만들어졌다고 치하했다.

Unit 4.

법원이 만들어 준 일본의 규칙

일본에도 시민의 권리에 관한 규칙이 재판을 통해서 조금씩 만들어져 왔다. 투쟁한 시민의 이름이 적힌 재판명도 있다.

- 니시야마 사건: 시민에게 진실을 알리는 취재보도의 권리를 다투었던 「마이니치신문」 기자 니시야마 다이키치(西山太吉)
- 아사히 소송: 생활보호비가 인간다운 생활을 할 수 있는지를 다툰 폐결핵 환자 아사히 시게루(朝日茂)
- 레페타 소송: 법원에서 방청객이 메모하는 것을 금지한 규칙의 철폐를 요구한 미국인 변호사 로렌스 레페타
- 나가야마 사건: 19세에 4명을 살해한 가해자로, 사형제도의 찬반과 적용의 타당성을 다투었던 나가야마 노리오(永山則夫)

하지만 일본에서 재판명에 시민의 이름을 붙이는 경우는 거의 없다. 세계 유일의, 일본만의 부부동성 강제 제도가 헌법 위반이라는 소송 재판(2015년, 대법원 합헌 판결) 또한 역사적인 재판이었지만, 원고 대표의 이름으로 '츠카모토 쿄코(塚本協子) 소송', '츠카모토 대 국가 소송'이라고 불리지 않았다. 그냥 '부부별성 소송'이다.

범죄 수사 대상자의 차량에 경찰이 GPS(위성 기술로 현재 위치를 파악하는 장치)를 극비리에 설치한 것에 대해서 2017년 대법원은 이는 프라이버시 침해이며, GPS를 설치하려면 사전에

법원의 영장을 받아야 한다고 판단했다. 경찰의 수사에 제동을 거는 동시에 GPS 수사에 대한 새로운 규칙을 정한 것으로, 미국의 미란다 원칙과 유사하다. 이 재판의 피고인 이와키리 가쓰시(岩切勝志)는 절도죄는 인정하면서도 경찰의 수사 방식을 납득할 수 없다며 "수사에도 규칙이 있는 것 아니냐"고 재판에서 다투었다. 하지만 미란다 원칙과 달리 '이와키리 사건', '이와키리 룰(rule)'이라고 부르지 않는다. 재판명은 '대법원 GPS 판결'이다. 시민의 이름이 아닌 'GPS 소송 판결'이라는 호칭은 법원이 만든 규칙인 듯하다. 일본에서 새로운 규칙을 만든 것에 대한 존경의 대상은 대법원 판사이지 이와키리가 아니다.

  역사는 누가 만드는가. 일상의 사건과 재판의 당사자, 사회문제에 목소리를 내는 시민 한 사람 한 사람이 역사의 주인공이다. 저널리즘은 매일 그것을 기록한다. 그래서 보도의 중심에는 수많은 시민이 있는 것이다.

Chapter 2

사건·사고 보도에
사람 이름은
필요 없다?

Unit 1.

뉴스는 역사의 초고

'뉴스는 역사의 첫 번째 원고'라고 한다. 영어권에서는 매우 자주 쓰이는 말인데, 워싱턴 포스트의 사주였던 필립 그레이엄(Phil Graham)이 1963년 연설에서 "저널리즘은 역사의 첫 번째 원고(First Draft Of History)"라고 말하면서 유명해졌다. 맞는 말이다. 뉴스는 최신 정보를 전달하지만 항상 과거를 다룬다. 그리고 역사 연구에 있어 보도 기사는 중요한 사료가 되어 왔다. 저널리즘은 '저널(journal)'(일상의 기록)로 이루어져 있다. 보도는 그 시대 사람들에게만 봉사하는 것이 아니다. 후세 사람들을 위해 정확한 기록을 남기는 역할도 크다. 정확하고 구체적인 기록이 있기에 사람들은 과거에 무슨 일이 일어났는지 단서를 얻고 검증할 수 있다. 사회도, 역사도 그것을 만드는 것은 다양한 시민이다. 뉴스를 일상적으로 접하는 평범한 시민이야말로 사회와 역사의 주인공이다. 유명인과 엘리트만 등장하는 뉴스는 있을 수 없다.

한편 1980년대 이후 일본에서는 '사건·사고 보도에 실명은 필요 없다'며 '익명 보도'를 요구한다. 용의자나 피고인은 재판 후 유죄가 확정된 것도 아닌데 이름이 보도되어 불리하게 취급될 수 있으며, 또한 피해자의 입장에서도 범죄 피해에 대한 보도가 더 큰 고통이 될 수 있으니 실명 공개 없이도 뉴스를 전달할 수 있다면 그것으로 충분하지 않느냐는 논리다. 예전에는 법조계 정도에서 '보도 피해'를 우려한 논의가 있었다면, 이제 디지털 시대를 맞아 SNS의 '인터넷 여론'을 기반으로 실명 보도에 대한 비판이 광범위하게 이루어지고 있다.

사건·사고를 보도할 때 권력이나 재력, 영향력이 없는 피의자나 피해자의 이름을 밝히지 않는 나라도 독일, 스웨덴, 한국 등 일부 존재한다. 그러나 영국, 미국, 캐나다 등 영어권 국가를 비롯한 전 세계 여러 나라에서는 시민에게 실명을 알리는 보도가 일반적이다.

영미권 보도를 보면 일본보다 실명 보도를 더 중시하는 것을 알 수 있다. 미국 텍사스주 유밸디(Uvalde)의 초등학교에서 2022년 5월 24일, 살바도르 라모스라는 18세 남성이 총기를 난사해 19명의 어린이와 2명의 교사가 희생당했을 때 「뉴욕 타임스」가 1면 톱면에 희생자 중 신원이 확인된 17명의 이름과 얼굴 사진을 크게 실어 그들의 죽음을 애도한 것이 한 예이다.

실명 보도는 중대한 사건에만 국한되지 않는다. 2022년 4월 뉴욕 지하철 구내에서 과일을 팔던 여성이 무허가 판매에 대한 주의 경고와 함께 수갑이 채워져 연행된 일이 있었다. 마리아 팔콘이라는 그 여성은 몇 시간 조사 받은 후 석방되었지만, 무허가로 과일을 판 정도의 일에 지나친 대응이 아니었냐는 논란이 일었고, 언론에 보도되기도 했다.

 팔콘의 이름은 「뉴욕 타임스」, 잡지 「뉴욕 매거진」, 지역 TV에까지 실명 보도되었고, 석방 후에도 이런 보도 형태는 변하지 않았다. 연행 당시 주변 사람들이 찍은 동영상도 보도되었는데, 사진이나 영상은 수갑 찬 모습을 흐릿하게 처리하지도 않고 그대로 노출되었다. 노점상 인권 옹호 단체인 '스트리트 벤더 프로젝트'도 체포·연행 순간의 동영상을 그대로 트위터에 올렸다. 이것은 시민을 위한 보도라기보다는 팔콘을 위한, 지원 목적의 정보 발신이었다.

 2020년 4월에는 미국 버지니아주 리버티대학교가 두 명의 기자를 무단침입 혐의로 고소해 체포영장이 발부된 사건이 있었다. 이유는 신종 코로나바이러스 감염 대책으로 외부인 출입이 금지된 대학 구내에 들어가 취재를 했다는 것이다. 체포영장이 발부된 사람은 「뉴욕 타임스」와 계약한 프리랜서 사진기자 줄리아 렌들먼과 탐사보도 매체 「프로퍼블리카」의 알렉 맥그리스 기자였다. 한편, 이 대학의 대표 제리 팔웰 주니어(Jerry Lamon Falwell Jr.)는 트럼프를 지지하는 기독교 보수주의자로 알려져 있었다.

이 기자들은 코로나 사태 속에서 대학이 대면 수업을 재개한 문제를 다루며 '리버티대 수업 재개, 코로나 우려도 재점화'라는 제목의 기사를 보도했다. 그 후 체포영장이 발부된 것이다. 그리고 관련 언론 보도에는 해당 기자인 렌들먼과 맥그리스의 이름이 명시되어 있었다. 이어 계약직 기자에게 체포영장이 발부된 것에 대해 「뉴욕 타임스」의 논평이 나왔지만 '불편을 끼쳐드려 죄송하다'는 식의 논평은 아니었다.

"코로나 사태 속에서 리버티대학이 수업 재개를 결정한 것에 대한 보도가 마음에 들지 않는다고 해서 문제를 형사사건으로 만들어 프리랜서 기자를 쫓아다닌 것에 대해 우리는 실망했다."며 대학을 비판한 것이다. 이 사건을 전하는 미국 언론 보도에는 렌들먼과 맥그리스, 대학 대표인 팔웰의 이름을 정확히 명시했다. 「뉴욕 타임스」는 렌들먼 본인의 수기까지 게재했다. '리버티대학에서 보낸 체포영장 – 나에게 보내는 편지'라는 짧은 에세이였다.

체포영장이 발부됐다는 보도가 나간 후 받은 친구들의 격려,

체포영장 발부는 (기자로서) 오히려 옳은 일을 한 것이라는 트위터의 글도 있었지만, 다른 대다수는 SNS에서 자신의 일을 '가짜 뉴스'라고 부르며 집단적으로 괴롭혔다는 내용이었다. 그는 비난 메일을 받고 잠을 이루지 못해 저널리즘을 그만둘까 생각한 적도 있다고 솔직하게 적고 있다. 그럼에도 실명 보도로 인해 피해가 커졌다는 언급은 한마디도 없었다.

기자 단체인 '프로페셔널 저널리스트 협회'(SPJ) 버지니아주 지부도, 여성 기자의 권리를 주장하는 '저널리즘 여성연합'(CFWIJ)도 비난 성명에 두 기자의 이름을 명시했고, 후자는 렌들먼의 사진도 함께 게재했다. 웨이브가 있는 긴 머리에 안경을 쓰고 웃고 있는 모습이었다. 또한 컬럼비아대학의 유력한 저널리즘 비평지 「컬럼비아 저널리즘 리뷰」도 저널리즘과 기자를 옹호하는 입장의 상세한 논평을 내며 두 기자의 이름을 거론했다. 시민에게 지지를 호소하는 측도 실명을 제시함으로써 어떤 기자에게 무슨 일이 일어났는지 시민에게 명확하게 전달할 수 있었다. 기자가 권력에 의해 곤경에 처했는데도 '어떤 기자가 당했는지'를 모르면 시민은 '어떤 기자인지' '왜 그런지'를 나름대로 판단할 수도, 토론할 수도 없었을 것이다.

그런데 이 대학의 대표이자 기자와 대립한 제리 팔웰 주니어는 언론 자유의 근간이 되는 미국 연방대법원 판결 '허슬러 매거진 대 팔웰' 사건의 당사자인 제리 팔웰 시니어의 아들이다. 언론과 정보의 자유를 둘러싼 문제와 인연이 깊은 사람이다.

Unit 2.
아버지의 죽음은 '사망자 한 명'이 아니다

두 명의 기자들이 소송 문제에 휘말리게 된 근본적인 원인을 제공한 코로나19 대유행을 둘러싼 뉴스에서도 '누가'를 중요하게 보도한 곳은 미국과 영국의 언론이다.

- 아이비 메리 피트만(97세). 6남매 중 막내딸로 전쟁 중 베어링 공장에서 공습 경계 주임으로 일했다. 그녀는 16살 때 사람들에게 불을 끄라고 지시하고 사람들이 어떻게 따랐는지 이야기하는 것을 좋아했다고 아들 밥 피트만은 말했다. 2월 말부터 코로나 관련 증상이 나타나기 시작했다.

- 데이비드 그룹브리지는 4월 자택에서 56세의 나이로 세상을 떠났다. 잉글랜드 번리의 경찰 수사관 형사였으며, 2008년에는 (거리에서 갈 곳 없는 청소년과 빈곤층에게 다가와 도움을 주는) 자원봉사 단체인 '펜들-스트리트 패스터즈'를 설립하는 데 도움을 주었다.

영국 일간지 「가디언」의 보도이다. 「가디언」은 학자나 학생들이 많이 구독하는 진보 성향의 고급 신문이다. 코로나19 대유행 초기에 '인생, 아직 할 일이 많았는데 - 영국의 코로나 희생자들에 대한 이야기'라는 특집 페이지를 웹사이트에 개설했다. 사망자 한 명 한 명의 프로필과 추모의 글, 사진이 실렸다. 특집 설명문에는 "이 끔찍한 사망자 수는 단순한 통계가 아니다. 그 한 명 한 명에게는 전해야 할 이름, 삶, 추억, 이야기가 있다. 여기에 기록하는 것은 그 일부다."라고 적혀 있었다.

미국 플로리다주의 유력지 「탬파베이 타임스」도 코로나19 대유행 초기에 '코로나바이러스로 목숨을 잃은 플로리다 주민 1천 명의 삶'이라는 특집 기사를 웹사이트에 게재했다.

> 천 개의 이름. 천 개의 이야기. 이 짧은 추모 기사는 신종 코로나 바이러스로 인해 2021년 9월 하순까지 사망한 5만 1천 명 중 극히 일부에 불과하다. 「중략」 2000년 4월부터 「탬파베이 타임즈」 기자들은 추도문을 하나로 묶어 왔다. 한 사람 한 사람의 삶을 작은 공간에서 알게 될 때 코로나 재난이 가져온 고통은 점점 더 분명해진다.

애리조나주의 전통 있는 신문 「애리조나 리퍼블릭」이 1면에 크게 실은 기사는 코로나19 감염으로 사망한 시민 마크 아키자(Mark Akiza)의 죽음과 장례식, 유족들의 마음을 전하는 기사였다. 딸 크리스틴의 말이 헤드라인을 장식했다.

"나는 아버지의 죽음을 단순한 숫자나, 또 한 명의 사망자로 치부하지 않겠다."

크리스틴은 애리조나 주지사 더그 듀시(Doug Ducey)의 허술한 코로나 대책을 신랄하게 비판했다. "아버지의 죽음은 전혀 피할 수 없는 것이 아니었다. 만약 우리(사회)가 보건 위생을 최우선으로 하는 즉각적이고 신속한 대응을 했다면 일어나지 않았을 것이다."라며 유색인종의 건강이 특히 위험에 처한 것에 대해 "분노한다."고 말하면서 한 번 더 호소했다.

"애리조나주의, 그리고 이 나라의 모든 사람들이 자신의 이야기를 가지고 사회로 나올 것을 촉구하고 싶습니다. 우리가 잃은 목숨이 얼굴과 이름을 가질 수 있도록, 그리고 듀시 주지사뿐만 아니라 트럼프 행정부도 이 위기를 위기로 인식하고 더 이상의 죽음을 막을 수 있도록 말이죠."

이 기사가 화제가 되면서 크리스틴은 많은 언론으로부터 취재 요청을 받았다. 크리스틴은 보수 정치인들이 코로나19 유행이 심각해지는 가운데 미온적으로 대응하고 있다는 사실을 호소했다. '마크'라는 이름의 평범한 아버지이자 시민의 희생이 계기가 되어 코로나19 대책에 대한 시민의 논의가 시작된 것이다.

코로나19 감염으로 인한 사망자 수는 급증했다. 미국의 희생자가 10만 명 규모가 되는 가운데, 「뉴욕타임스」는 2020년 5월 24일자 1면 전체에 코로나19 희생자 1000명의 이름과 간결한 프로필을 게재했다. 디지털 판에서는 그 사람들의 이름과 추도문, 그리고 10만 명이라는 숫자가 얼마나 많은 숫자인지 그래픽으로 표현해 상황의 심각성을 한눈에 확인할 수 있었다. 숫자가 드러내는 것은 '얼마나 많은가' 하는 것 뿐이지만, 전국 각지에서 모인 추도의 글은 잃어버리고 있던 많은 기억을 일깨워 주었다.

Unit 3.
실명 기사의 파급력

일본에서는 일반 시민의 코로나19 희생에 대한 보도가 잘 이루어지지 않았다. 사회 전체가 서로 목소리를 내고 논의하기보다는 '조용히 지켜보자', '관여하지 않는 것이 배려'라는 분위기가 강했고, 언론사들도 이런 분위기에 편승했다. 유족이나 감염자 본인의 협조를 얻어 실명 취재에 나서는 언론사도 있었지만 크게 다뤄지지 않았고, 일본의 코로나19 관련 뉴스는 수치와 통계, 정부나 지자체의 '발표 내용'만 보도하는 경향이 뚜렷했다.

그런 가운데 사람들에게 코로나19의 위험성과 이것이 남의 일이 아니라는 위기감을 전한 것은 한 사람의 죽음이었다. 국민 개그맨 시무라 켄(志村けん)이었다. 도쿄여대 하시모토 요시아키(橋本良明) 교수 연구팀이 실시한 조사에 따르면 '신종 코로나바이러스 감염증에 대해 신변의 위험을 현실적으로 느낀 계기'로 시무라 켄의 죽음을 꼽은 사람이 60%를 넘었다. '정부

의 긴급사태 선언', '도쿄도의 하루 감염자 100명 돌파'가 2위와 3위를 차지했지만 모두 40% 정도로 시무라 켄의 죽음을 꼽는 응답이 월등히 많았다. 통계나 숫자가 아닌 실존 인물, 실명을 알 수 있는 사람이 사람들의 마음을 자극하고 흔들어 놓는다.

실제로 캐나다의 '탐사보도 교과서'라 할 수 있는 「디깅 디퍼」에 이런 항목이 있다.[17]

> **사람을 그려라**
>
> 최고의 저널리즘은 언제나 사람에 관한 것이다. 아무리 딱딱한 데이터와 문서로 뒷받침된 보도라고 해도 거기에 사람이 등장하지 않으면 임팩트도 없을 뿐만 아니라 읽어도 학술 연구서처럼 느껴진다. 만약 취재를 철저하게 했다면 많은 사람들을 인터뷰 했을 것이지만, 이들을 기사에서 모두 담아낸다는 것은 불가능하다. 기사의 다양한 요소를 대표하고, 사실과 숫자에 생명을 불어넣을 수 있는 사람을 선택하는 것이 중요하다. 그 사람들이 기사의 주인공이 되어야 하고, 사실과 숫자는 조연이 되어야 한다.

권력과 대기업의 비리를 폭로하고, 시민을 위해 봉사하는 것이 저널리즘의 진정한 가치이다. "보도에는 사람이 등장해야

---

17 Robert Cribb, Dean Jobb, David Mckie(2014), Digging Deeper: A Canadian Reporter's Research Guide, Oxford University Press

한다. 그렇지 않으면 학술연구 같은 기사가 된다."고 경종을 울린다. 사람의 모습, 이름과 얼굴이 있는 살아있는 인간이 기사에 등장하기 때문에 사람들은 뉴스에 관심을 갖고 기사에 몰입하게 된다는 설명이다. 정말 그럴까? 데이터와 논리를 제대로 갖춰야만 설득력이 있는 것이지, 사람의 모습이나 실명은 뉴스의 본질에서 벗어난 불필요한 것은 아닌가.

이 문제를 검증한 미국의 실험이 있다. 실험에서는 여러 그룹에게 기아와 빈곤에 시달리는 어린이 지원 단체 '세이브더칠드런'에 최대 5달러의 기부를 요청했다. 한 그룹에게는 데이터와 통계를 상세히 제시하면서 다음과 같이 설명했다.

> 말라위에서 식량 부족으로 300만 명의 어린이가 영향을 받고 있다. 잠비아에서는 가뭄으로 옥수수 생산량이 2000년 대비 42% 감소했다. 300만 명의 잠비아 사람들이 굶어 죽을 위기에 처해 있다. 앙골라에서는 인구의 4분의 3에 해당하는 400만 명이 집을 떠나야 했다. 에티오피아에서는 110만 명 이상이 긴급 식량 지원을 필요로 하고 있다.

또 다른 그룹은 사람의 모습에 초점을 맞춘다. 한 소녀의 사진을 보여주었다.

결과는 분명했다. 로키아의 사진을 보고 이야기를 읽은 그룹은 데이터를 읽은 그룹에 비해 2배의 기부를 했다. 연구진 중

> 로키아는 아프리카 말리에 사는 7살 소녀로, 극심한 가난과 심각한 기아에 시달리며 굶어죽을 위험에 처해 있습니다. 당신의 기부금과 다른 뜻있는 기부자들의 도움으로 세이브더칠드런은 로키아에게 음식, 교육, 기초 의료 및 위생 교육을 실시할 수 있습니다.

한 명인 오리곤대학의 폴 슬로픽은 글을 읽은 사람이 로키아의 상황에 공감한 것이 기부의 동기가 되었다고 분석했다.

일본의 사례는 어떨까. 아이들의 처지가 사람들을 움직여 법을 바꾼 사건으로는 2000년 부모의 체벌을 금지한 개정 아동학대방지법을 사례로 들 수 있다. 부모의 '훈육'이라는 명목의 폭력으로 아이가 목숨을 잃는 비참한 사건(일본판 '정인이 사건')이 이어지자 만들어진 법인데, 법 제정의 계기를 제공한 것이 후나토 유아(船戸結愛), 구리하라 미아(栗原心愛)라는 두 소녀의 죽음이었다.

끔찍한 학대를 받다 각각 다섯 살과 열 살의 나이로 목숨을 잃은 두 소녀의 이름과 얼굴이 보도를 통해 사회에 알려지면서 논쟁이 일었고, 사람들은 더 나은 법을 만들기 위해 나섰다. 미국처럼 법에 이름을 붙이는 사회라면 개정 아동학대방지법은 '유아·미아법'으로 명명하여 그 소녀들에 대한 추모와 존경을 표했을 것이다.

Unit 4.
익명 보도, '튀지 말라'는 침묵의 메시지

일본의 저널리스트 이토 시오리(伊藤詩織)는 2017년 5월 기자회견에서 성폭력 피해를 호소했다. 그렇게 나설 수 있었던 용기는 '다른 시민의 모습을 보고 나서야 비로소 생겨났다'고 저서 『Black BOX』에서 회고하고 있다.

> 최근 피해자의 유족이 실명과 사진을 공개하고 사건을 이야기하는 뉴스가 보도되었다. 1995년 과로사한 덴츠 직원 다카하시 마츠리(高橋まつり), 1996년 이지메로 자살한 중학생 카쓰니시 리마(葛西りま). 사랑하는 사람을 잃는 큰 아픔을 겪은 후, 다시는 이런 일이 일어나지 않도록 언론 앞에 나서기로 결심한 유족들의 힘든 마음은 이루 말할 수 없을 것이다. 거기에 '피해자 A'가 아닌 실제 이름과 얼굴을 가진 사람으로 등장한 것이 미친 영향은 매우 컸다. 그리고 유족들의 행동을 보고 나도 '피해자 A'로만 있어서는 안 되겠다는 생각이 들었다.

이토가 기자회견을 열고 자신의 경험을 이야기하는 것을 주변에서는 반대했다고 한다. 보도된다고 해서 본인에게 당장 이익이 되는 것은 아닌 반면, '알려짐으로 인한 불이익'은 무분별한 비방과 편견 등 구체적으로 상상 가능하기 때문이다. 좋은 의도로 반대했던 것은 분명하다. 하지만 사회에 자신의 경험과 생각을 호소하는 사람이 없다면 어떻게 될까. 시민은 다른 사람의 의견을 알 수 없다. 그렇게 되면 정부와 같은 '기관'의 말만 들리게 된다. 이토의 경험처럼 한 시민의 호소가 다른 시민의 용기로 이어지지 않을 수도 있다. 선의가 침묵을 부추기고, 침묵이 침묵을 낳게 된다. 혹은 익명으로 호소하면 취지는 알려지게 되지만 동시에 '모난 돌이 정 맞는다'라는 인상을 강하게 심어주게 된다.

시민이 침묵해도 정부가 잘 해줄 것이다, 혹은 시민이 목소리를 내지 않아도 고위층 엘리트들이 시민을 '손님'으로 생각하고 적당히 알아서 사회를 이끌어 간다는 엘리트주의 사고방식이라면 괜찮을지도 모른다. 하지만 민주주의 사회는 엘리트주의와 달리 시민 모두가 '운영자'이다. 모두가 정보를 갖고, 의견을 말하고, 행동할 때 세상이 움직이게 된다. 한 시민이 사회를 향해 발언하는 가치, 정보와 의견을 전달하는 것에 대한 가치가 일본에서는 너무 낮게 평가되고 있는지도 모르겠다.

이와 관련 있는 통계도 있다. '대부분의 사람을 신뢰할 수 있다'고 생각하는지를 각국의 시민 1,000명을 대상으로 조사하며 '그렇다', '약간 그렇다', '별로 그렇지 않다', '전혀 그렇지 않다'의 사지선다형으로 답하게 했더니 '그렇다'는 응답이 미국 20.8%, 영국 18.0%, 독일 19.6%인데 반해, 일본은 2.8%에 불과했다(총무성 2018년 조사). 이 정도로 시민의 상호불신감이 강하다면 자신의 경험을 다른 사람에게 들려주거나, 사람들 앞에서 이야기하고 토론하는 것은 생각하기 어려울지도 모른다. 그것보다는 스스로를 일부 위정자, 엘리트들이 끌고 가는 '손님'이라고 생각하는 것이 더 안심되는 듯하다.

이토는 같은 책에서 이 기자회견 이후 받은 비난에 대해서도 밝혔다.

"기자회견을 통해 강하게 느낀 것이 있다. 그것은 사람들은 왜 사물의 장점, 단점에만 주목하는가 하는 것이다. 내 기자회견에 대한 비판적인 목소리를 보면, 거기에는 '개인적인 이득이 없으면 이런 행동을 할 수 없다'는 시각이 깔려 있는 것 같다. 그래서 유명세, 허니트랩(honey trap, 미인계), 정치적 의도 등에 대한 추측이 나오는 것 같다."

이토는 (사회가) '장점, 단점'에만 주목하는 것에 의구심을 드러내고 있다. 하지만 오히려 '개인적인 장점, 단점'에만 주목하는 것이 문제가 아닐까. 우리는 '개인적이지 않은' 장점, 즉 사회를 위해, 부정을 바로잡고 세상을 더 좋게 만들기 위해 타인을 믿고 앞에 나서서 의견을 말할 의무가 있다. 발언을 들은 많은 사람들은 그 발언을 진지하게 받아들이고, 진지하게 생각해 준다. 그러면 토론이 생겨나고, 행동이 일어나면서 조금씩 나아지는 것이다. 그렇기에 시민을 믿고 자신의 의견을 내는 것이다. 그런 세상을 위한, 사람을 위한 기대가 있기 때문이다.

또 하나, 시민은 뉴스의 주인공이 될 자격이 있다. 아니 어쩌면 처음부터 '뉴스'의 근본에는 이야기를 받아들이는 시민의 양심과 토론하는 힘을 신뢰하고 기대한다는 의미가 있는지도 모른다.

하지만 뉴스가 된다고 해서 모든 것이 말하고 싶은 것, 발표하고 싶은 것만 전달되는 것은 아니다. 사건이나 재판을 비롯해 큰 사건이 발생하면 당사자의 실명이나 사진이 본인의 의사와 관계없이 공개되는 경우도 있다. 거기에는 또 다른 문제와 의미가 존재한다.

Chapter 3

논의와 검증이 필요한 공공정보 및 개인정보

Unit 1.

실명 보도는 언론의 책무

 2019년 7월, 인기 애니메이션 제작사 '교토 애니메이션' 제1 스튜디오에 아오바 신지(青葉真司)라는 당시 41세 남성이 침입하여 휘발유를 뿌리고 불을 질러 직원 36명이 사망하는 사건이 발생했다. 30여 명이 한꺼번에 목숨을 잃었다는 점과 일본을 대표하는 애니메이션 문화의 거점이 공격당했다는 점에서 사회적 파장이 크기 때문에 상세한 기록으로 남겨야 할 중대한 사건이었지만, 회사와 대부분의 유족은 명단 공개를 반대했다. 반면 언론사들은 일반 살인사건과 마찬가지로 신원 파악 단계에서 피해자 이름을 공개해야 한다고 경찰에 실명 공개를 요구했다.

 교토부 경찰은 한 달 이상 검토한 결과, 유족들의 반대에도 정보의 '공익성'을 중요하게 여겨 피해자의 이름을 언론에 공개했고, 언론사들은 이를 보도했다. 그러자 SNS를 중심으로 유족이 원하지 않는데도 정보를 공개한 것에 대한 비판이 일었다.

 끔찍한 사건의 유족을 위로하고, 유족들의 요구가 최대한 실현되기를 바라는 것은 당연하고 자연스러운 일이다. 자신의 정보가 원하는 범위 내에서만 공개되기를 바라는 것 또한 당연한 일이다.

하지만 예를 들면 재판은 본인의 의사와 상관없이 원칙적으로 모든 정보가 공개된다. 재판을 비공개로 하면 비밀 재판, 비밀 처벌이 가능해져 위험하기 때문에 민주국가에서 재판의 공개는 대원칙이다. 일본 헌법도 82조에서 재판의 공개를 규정하고 있다.

불운한 사정으로 경제적으로 파산하는 것은 자신의 잘못이 아니더라도 누구에게나 일어날 수 있는 일이지만, 파산하게 되면 주소와 이름이 정부 발행 일간지인 '관보'에 게재된다. 이는 사회에 흩어져 있는 거래 관계자들에게 필요한 정보이다. 또한 아무리 작은 회사라도 임원이 되면 실명이 법인 등기부등본에 공개되고 대표자는 주소도 기재된다. 거래처나 소비자 단체가 회사 정보를 확인할 수 있어야 하기 때문이다. 2018년에는 이 주소를 등기부등본에 공개하지 않는 변경안도 검토됐지만, 소비자 피해에 대한 책임을 물을 필요성과 법인의 배경 확인 정보로서 중요하다며 변호사협회 등 각종 단체가 반대 의견을 개진했기에 계속 공개하기로 했다.

어느 것이나 사회에 공개되거나 공개해야만 하는 정보이다. '본인이 공개나 공표를 원하는지' 여부와 '사회적으로 그 역사에 중요한 정보인지' 여부는 전혀 다른 문제다. 또한 자신에 관한 정보가 모두 자신의 소유물인 것도 아니다. 그래서 '개인적으로는 공개하고 싶지 않다'거나 '사회적으로 공표가 필요하다'가 동시에 일어날 수 있다. 그래서 어려운 문제인 것이다.

이러한 정보들은 개인정보이면서 동시에 공공정보이기도 하다. 참고로 '개인정보'와 '프라이버시'는 공통점도 있지만 다른 개념이다. '개인정보'는 개인을 식별할 수 있고 개인과 관련된 정보이다. 반면에 '프라이버시'는 사적인 '비밀'로 다른 사람에게는 알리고 싶지 않는 정보를 의미한다. 신칸센의 업무용 공간에 'Private'이라고 쓰여 있는 것은 '외부인 출입금지 장소'라는 의미이지, 개인 공간이라는 의미는 아니다. 어떤 사람의 이메일 주소가 회사 주소와 개인 주소 두 가지가 있을 때 개인 주소는 '프라이빗 이메일 주소'가 아니라 '개인 이메일 주소'라고 부르는 것도 같은 맥락이다.

사건이나 사고와 관련해 실명 보도를 하면 언론이 이득을 본다는 것은 너무 단순하다. 일반 신문은 디지털 판을 포함해 정기구독이 주축이기 때문에 특정 기사가 실렸다고 해서 갑자기 돈을 버는 구조가 아니다. 반면 민영 TV는 시청률에 신경을 쓰고, 잡지는 매호마다 내용에 따라 매출이 달라진다. 현재 실명 정보가 가장 먼저 확산되는 곳도 인터넷이기 때문에 이름을 알고 싶어서 주간지를 사거나 특정 프로그램을 보는 것은 일반적이지 않다. 오히려 주간지 등을 구입해서 알고 싶은 것이 있다면 실명 정보보다는 심층 취재한 배경이나 사정, 관계자의 인품 등이지 '실명을 쓰면 더 팔린다'는 식의 보도는 아니다.

그리고 실명 보도가 언론사의 이익과 직접 이어진다고 보기도 어렵다. 오히려 문제가 발생하거나 비판의 대상이 되기 쉽

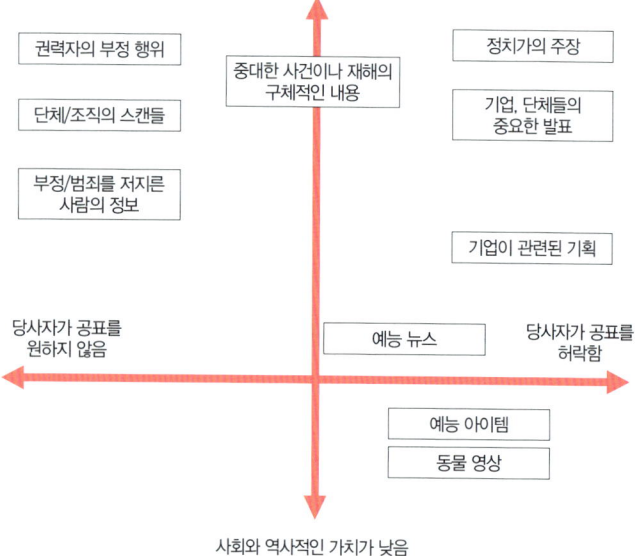

고, 보도 내용이 복잡해져 업무량이 늘거나 경제적으로는 손실이 될 수도 있다. 그럼에도 불구하고 언론이 실명 정보에 집착하는 이유는 무엇일까? 이는 보도하는 측의 '권리'보다는 '의무'라는 의식에 기반하고 있다는 것이 이해도 쉽고, 또 현실에 가깝다.

사건이나 사고에서 피해자가 누구인지 시민에게 공개되지 않고 비밀에 부쳐진다면, 경찰 외에는 사건의 배경을 조사하는 것이 어려워진다. 어떤 사실관계 조사나 탐문 조사도 결국 개인과 접촉해야만 가능하기 때문이다. 교토 애니메이션 사건이든 다른 사건이든 누가 사건의 사정을 직접적으로 알고 있는지 알 수 없다면, 연구자도 시민단체도 기자도 그 경위를 들을 수 없다. 하지만 무엇보다 애니메이션을 사랑하고 애니메이션 제작자 한 사람 한 사람을 존경해 온 사람들과 이 사건에 진지하고 간절한 관심을 가진 사람들 입장에서는 '누가 살해당했는가'라는 구체적 사실을 공개적으로 이야기하는 것이 사실상 터부시 된다. 따라서 교토 애니메이션 사건에 대한 논의 역시 중요한 퍼즐 조각이 빠진 채 추상적인 논의가 되었다.

교토 애니메이션 사건의 경우, 피해자들은 저명한 애니메이션 작품 제작에 관여한 사람들로 '공인'으로서의 역할이 컸다. 다만, 실제로는 어떤 사람이든 사회에 속해서 살고, 사회에서의 역할이 있는 이상 누구나 조금씩은 '공인'이라는 점은 짚고 넘어갈 필요가 있다. 공적인 부분이 전혀 없는 사람은 적어도 현대 민주주의 사회에서는 없다고 봐야 하기 때문이다. 그리고 또 예를 들어 '피해자는 용의자와 연결되어 있다'는 식의 무분별한 유언비어가 유포될 때 피해자의 신원이 밝혀지지 않으면 구체적인 검증과 반론이 어렵다.

1923년 관동대지진 당시 조선인 학살 사건이 발생하여 1천여 명에서 수천여 명 규모의 조선인이 학살됐다.(정부 중앙방재회의의 2008년 보고서는 관동대지진 사망자 약 10만 명 중 1% 이상이 학살로 희생됐다고 밝혔다) 그러나 이 '조선인 학살'

사실을 부정하는 사람들이 있기 때문에 한 저널리스트가 당시 신문에 보도된 피해자 이름 등을 단서로 자료를 조사하고, 관련 현장도 방문해 꼼꼼하게 분석과 추적하여 (학살이) 실재하는 피해임을 밝힌 사례도 있다(가토 나오키 『9월, 도쿄의 거리에서… 1923년 간토 대지진 대학살의 잔향』부터).

1963년 사이타마현 사야마시에 살던 16세 소녀 나카다 요시에(永田善枝)가 살해된 사야마(狭山) 사건[18]의 경우 유죄 판결을 받은 이시카와 카즈오(石川一雄)가 무죄일 수 있다는 문제 제기가 있자 지지자, 연구자, 기자를 포함한 많은 시민이 현지 조사 등 검증을 반복하여 부락 차별과 연관된 누명일 수 있다는(억울한 죄) 논의가 지금도 계속되고 있다. '관동 지방도시에서 16세 여성이 살해당하고 20대 남성이 유죄 판결을 받은 사건'이라는 익명의 정보로 검증과 조사, 그리고 무엇보다도 사회적인 논의가 충분히 이루어질 수 있었을까?

신문·잡지 기사나 뉴스 아카이브는 역사를 연구하는 데 있어 중요한 사료로 활용되고 있다. 확실히 '뉴스는 역사의 1차 사료'라고 할 수 있다. 정부의 공식 문서와 달리 민간의 목격담, 증언, 의견이 다양하게 기록되어 있다는 강점이 있다. 실명으로 작성되어야만 보도된 인물이 실존 인물인지 확인할 수

---

18 자세한 내용은 다음 링크를 참조할 것.
https://namu.wiki/w/%EC%82%AC%EC%95%BC%EB%A7%88%20%EC%82%AC%EA%B1%B4

있고, 그가 무엇을 했는지 등을 다른 사료와 대조하는 검증도 가능해진다. 익명 정보는 검증이 불가능하므로, 그저 '믿을 수밖에 없는' 정보일 뿐이다.

물론 실명 정보가 당사자의 의사에 반하여 깊은 상처를 주는 경우도 종종 있다. 정보를 악용해 괴롭힘이나 차별을 하는 사람이 나올 수 있기 때문이다. 이런 부분까지 부정해서는 안 된다. 보도하는 쪽의 책임이 무겁고, 기자도 편집자도 이를 반드시 깊이 인식할 필요가 있다.

그럼에도 한편으로는 보도에 실명을 기록하고 사회에 공유함으로써 시민의 토론과 검증 기회를 유지하려는 책임은 매우 크다. 내가 미국에서 엄하게 지적받은 것 역시 이런 까닭 때문이었다.

Unit 2.

누구를 위한, 무엇을 위한 '보도윤리'인가

2017년 6월, 저자는 미국 '탐사보도 기자 편집자협회'(IRE) 대회에 참가했다. 독자적인 취재로 권력의 부정과 사회문제를 폭로하는 탐사보도 기법을 기자들끼리 서로 가르치는 강좌가 200여 개나 열렸다. 정보공개제도 사용법, 인터뷰 요령과 취재의 기본 강좌와 '관공서 계약 자료에서 부패를 찾아내는 방법' 등과 함께 나는 '윤리 전문가에게 질문하자'라는 자리에 참가했다. 언론윤리를 이야기하는 자리였다. 10명 정도가 자유롭게 이야기하며 화기애애한 가운데, 좌장은 미국을 대표하는 저널리즘 연구교육기관 '포인터 연구소'의 크리스틴 헤어(Kristen Hare)였다. 미주리주 지방지 기자로 활약한 저널리스트이다. 미국 기자들의 다양한 의견과 질문 속에 저자도 한마디 던졌다.

"일본에서는 강간 피해자가 생존해 있는 경우 익명으로 보도하지만, 최근에는 익명의 영역이 확대되어 강간살인으로 사망한 사람도 익명으로 보도하게 되었다."

미국에서는 강간살인으로 사망한 피해자는 실명으로 보도한다. 매우 끔찍한 사건이지만, 이미 사망했기 때문에 피해자의 삶에 악영향을 줄 수 없다는 점을 고려한 것이다. 일본도 예전에는 비슷한 원칙으로 보도했지만 2010년대 무렵부터 성범죄 사건의 경우 사망한 사람도 익명으로 처리하는 경우가 많아지고 있다.

"그것은 보도 윤리에 어긋납니다."

헤어가 놀란 듯 단도직입적으로 말했다. 상당히 강한 어조여서 저자 역시 내심 놀랐다.

그녀가 '보도 윤리에 어긋난다'고 비판한 것은 실명 보도가 아니라 익명 보도였다. 석 달 후 일본에서 열린 연구회에 이 사실을 보고하려고 헤어 기자에게 자세한 이유를 묻는 이메일을 보냈다. 아래는 필자가 연구회에서 보고한 내용을 토대로 작성한 것이다.

헤어는 먼저 사건 뉴스에서 관련자의 실명을 명시하는 것은 저널리즘이 누군가의 말처럼 '역사의 초고'이기 때문이라고 강조한다. 이는 커뮤니티에서 일어난 일을 실시간으로 기록한 것과 같다. 그리고 무슨 일이 일어났는지 모두에게 알리는 것이 우리의 일이라고 설명한다.

이는 가해자의 실명 공개도 염두에 둔 것으로 보이는데, 실제로 헤어는 "죄를 지은 사람의 이름을 부르지 않으려는 문화적 관습도 이해한다."고 말했다. 그러나 독자들에게 이 일(필자 주: 가해자의 이름을 밝히는 것)이 불쾌하다는 것을 인정하면서도 독자들에게 "이 보도가 불쾌할 수 있음을 알지만, 공익을 위해 중요한 일"이라고 설명하는 방식도 있다. 이런 설명은 '이름을 공개하는 것 자체가 명예를 주는 행위'라는 인식에서 출발하여, 범죄자에게는 그런 명예를 주지 않겠다는 문화적 사고에 기반한 것으로 보인다.

2019년 뉴질랜드 이슬람 예배당에서 총격으로 인해 약 100명의 사상자가 발생한 사건에서 재신다 아던(Jacinda Kate Laurell Ardern) 총리가 총격범에 대해 "나는 총격범의 이름을 앞으로 일절 입에 올리지 않겠다."고 선언하고 "여러분도 많은 사람의 목숨을 앗아간 가해자의 이름이 아니라 목숨을 잃은 많은 피해자의 이름을 불러달라."고 호소한 것도 이런 설명의 한 사례이다.

문제는 강간 피해자나 강간살인 피해자가 생존해 있는 경우다. 헤어는 "(이런 경우는 판단하기) 복잡하다."며 "미국의 많은 언론은 동의가 없는 한 강간 피해자(필자 주: 생존 피해자)의 신원을 밝히지 않는다. 그 이유는 피해자에게 더 많은 2차 가해를 입힐 수 있기 때문이다."라고 말하면서도, 살인 사건의 경우는 예외라고 했다.

"우리는 살인사건 피해자의 경우 신원이 확인되면 실명을 보도한다. 가해자도 마찬가지지만, 이 일은 우리 사회에서 일어난 일이고, 모든 사람이 알 수 있도록 하는 것이 기자의 일이다."

사실, 닐 골드슈미트(Neil Edward Goldschmidt) 오리곤주 전 주지사가 과거에 14세 베이비시터 소녀와 성관계를 맺은 문제를 폭로해 2005년 미국 최고의 저널리즘 상인 퓰리처상을 수상한 지역 신문 「윌라메트 위크(Willamette Week)」는 이 보도에서 피해자를 가명으로 보도한 바 있다. 하지만 2011년 그녀가 사망하자 '엘리자베스 린 더넘'이라는 실명으로 장문의 부고 기사를 내보냈다. 이는 유족의 의사와는 무관한 결정이었다.

물론, 미국과 일본은 문화나 역사적 배경이 다르다. 가볍게 미국 언론의 보도 방법을 정답이라고 하는 것도 올바른 것은 아니다. 그래서 헤어도 실명 보도가 '복잡하다(어렵다)'라고 말한 것이다. 지역에 따라서, 사람에 따라서, 생각하는 방법이 다르다는 것을 염두에 두고 한 말일 것이다. 그렇지만 위의 설명과 같이 피해자가 사망한 경우 실명으로 보도한다는 확신은 미국 저널리즘의 입장이라고 생각할 수 있다. 헤어로부터 익명 보도가 '언론윤리에 반한다'라는 지적을 받은 후에 저자는 이 문제에 대해서 깊이 생각하게 되었다.

언론윤리는 누구를 위한 윤리인가? 일본에서 언론윤리라고 하면 '피해를 주지 않는 것', '보도 대상을 해치지 않는 것'을 중시하는 경향이 있다. 즉, 보도 대상에 대한 배려와 존중이다. 이는 매우 중요하고, 기자는 항상 자신의 가해성을 인식해야 한다. 하지만 기자는 누구를 위해 일하는가?

옴진리교라는 종교 단체는 1995년 도쿄 지하철에 맹독성 사린을 살포한 '지하철 사린 사건'을 일으켰다. 14명이 사망하고 6,000명 이상이 중경상을 입은 대형 사건이었다. 이 사건이 발생하기 6년 전인 1989년에는 교단을 비판하던 변호사 사카모토 츠츠미(坂本堤)와 그의 아내, 자녀까지 3명을 살해한 '사카모토 츠츠미 변호사 일가족 살해 사건'을 일으켰다. 옴진리교의 오카자키 카즈아키(岡崎一明) 등 6명이 새벽에 사카모토 변호사 자택에 침입해 살인을 저질렀는데, 범인들은 현관문이 잠겨 있지 않았기 때문에 침입할 수 있었다고 진술했고, 이는 판결에서도 사실로 인정되었다.

그러나 사카모토 변호사의 아내 사도코(都子)의 아버지 오오

야마 토모유키(大山友之)는 "문을 잠그는 것을 잊어버린 것은 절대 아니다. 있을 수 없는 일이다."라고 생각했다. 사카모토 변호사는 옴진리교와의 치열한 다툼 과정에서 교단으로부터 공격 받을 위험성을 인지하고 있었고, 그 때문에 아내 사도코도 늘 긴장감을 가지고 생활하고 있었다. 따라서 이 사실을 알고 있는 오오야마는 그들이 현관문 잠그는 것을 깜빡하는 일은 있을 수 없는 일이라고 확신한 것이다.

재판 판결에서 '문이 잠겨 있지 않았다'는 것이 인정되자 그는 큰 충격을 받았고, 그때의 심정을 "이런 내용을 몇 번이고 호소했었다. 문은 분명 잠겨 있었을 것이다. 재판이라는 것이 진실을 명백히 밝힌 다음 가해자를 심판하는 것이라고 믿어왔는데 '문이 잠겨 있지 않았다'고 재판부가 단정짓자 내 모든 것을 부정당하는 기분이었다고."라고 저서 『사도코 들리나요! 옴진리교 사카모토 일가 살인사건—아버지의 수기』에서 회고했다.

이런 일은 다른 사건의 재판 과정에서도 일어날 수 있다. 사건에 따라서는 피해자에게 불명예스러운 일도 있을 수 있다. 용의자나 피고인의 주장이 피해자의 존엄성과 관련된 내용을 담고 있을 수도 있다. 그럴 경우 만약 피해자나 유족 측에서 '사실로 믿을 수 없고, 또 피해자에게 상처를 줄 수 있으니 보도하지 말아야 한다'고 요청한다면 어떨까? 실제로 유족 측 변호사로부터 그런 요청을 받는 언론사의 사례가 최근 생겨나고 있다. 그렇다면 사건의 중요 내용을 유족이 간절히 바라기 때문에 또는 유족에게 상처를 주고 싶지 않다는 이유로 시민에게 알리지 않고, 역사로부터도 숨기는 것이 언론윤리상 가능한 것인가.

이런 경우에 취해야 할 일은 정보를 지우는 것이 아니라, 취재 대상과 독립적인 입장에서 진실을 전달하기 위해 노력해야 한다. 그렇기 때문에 유족 측의 목소리도 충분하게 그리고 정중하게 청취해서 균형 있게 전달하고, 시민의 판단과 토론에 도움을 주기 위한 최선의 자료를 제공해야 하는 것이다. 기자는 '무엇을 전달하지 말 것'이 아니라 '더 잘 전달하는 것'으로 사회에 기여하는 것이 본연의 역할이라고 할 수 있다.

Unit 3.

공직자의 익명 보도가 위험한 이유

사건, 사고, 재난 등은 사회적으로 중요한 일들이다. 이런 일들에 프라이버시는 있을 수 없다. 그래서 이런 일들은 역사의 일부가 되는 것이다. 공공성이 높은 이런 정보는 명확하게 검증 가능한 기록이 되어야 하고, 그 속에서 '누가(인물)'에 대한 정보도 기초적인 공공정보가 된다. 또한 '개인정보'나 '프라이버시'라는 개념은 살아있는 개인에게 적용되는 것이며 사망한 사람에게는 적용되지 않는다.

미국이나 영국에서는 사건 사고로 인한 사망자 정보는 공개 공공정보(Public Information)로 간주되어 경찰 발표문을 웹사이트에 게재하는 것이 일반적이다. 이러한 공개 공공정보는 회사 임원명이나 토지 건물 소유자 이름 등을 기록한 등기부, 의회 회의록, 공개 재판 기록 등처럼 일반적으로 본인의 의사와 관계없이 누가 알든 말든 알려도 무방한 것으로 간주된다. 개인 이름이 포함된 경우 앞서 언급한 '개인정보이면서 공공정보'가 된다. 따라서 공공 공개 정보라는 점에서 누가 사망했는지에 대한 보도도 통상적으로 이루어지고 있다. 언론사가 굳이 비밀을 공개하고 실명을 보도하는 것이 아니라 본래 공공 공개 정보인 것을 대중에게 보도하는 것이다.

영미권이든 일본이든 반대로 공공성이 높은 정보임에도 '보도하고 싶은지, 원하지 않는지'와 같은 당사자의 요구에 따라 보도 여부를 결정하는 것은 반대로 생각하면 저널리즘이라기보다 홍보활동에 가깝다고 할 수 있다. '본인이나 유족이 원하는 경우에만 실명을 보도한다'는 발상 뒤에는 자칫 잘못하면 저널리즘을 저널리즘답지 않게 만들 수 있는 심각한 문제도 숨어 있는 것이다.

취재에 응할 때 익명을 조건으로 한 사람의 경우를 생각해 보자. 물론 취재원과 합의한 취재 조건은 지켜야 할 책임이 있다. 이 책에서 이미 언급한 '비밀 정보원'이다. 다만 익명으로 증언한다는 것은 발언에 대한 책임을 묻지 않아도 된다는 의미이기도 하다. 증언 내용이 무책임하고 부정확하거나 자의적인 여론몰이에 악용될 위험도 배제할 수 없다. 익명 증언은 가급적 피하고 출처를 명시하는 원칙을 내세우고 있는 것도 이런 이유 때문이다. 예외적으로 비밀 정보원으로 취급할 경우는 보복이나 처벌이 우려되는 내부 정보 제공자, 증언으로 인해 차별·편견을 받을 가능성이 있는 사람 등 향후 인생에 큰 영향을 미칠 수 있는 경우에만 한정된다. 그리고 익명 보도는 '튀는 놈은 찍힌다'는 강력한 메시지도 동시에 발신하게 된다.

기자가 취재를 신청했는데 익명을 조건으로 한다면 그 사람에 대한 취재는 포기하고 실명 취재가 가능한 다른 취재원을 찾는 것이 영어권 언론에서는 상식이다. 상대를 설득하거나 다른 취재원을 찾는 수고를 아끼지 않으며, 쉽게 익명·모자이크 보도를 하는 것은 나쁜 선례를 남기는 일로 간주한다. 이런 경우가 많아지고 일반화되면 실명으로 얼굴을 내밀고 발언하는 시민이 점점 줄어드는 악순환에 빠질 우려가 있다. 공개적으로 말하는 것을 꺼리는 사회를 오히려 미디어가 만드는 아이러니가 발생하는 것이다.

그런데 일본에서는 오히려 권력이나 경제력, 영향력 있는 인물의 보도조차도 이유를 알 수 없지만 익명으로 처리되는 경우가 적지 않다. 이런 현상은 매우 위험하다. 예를 들어 수사기관의 문제다.

오사카 지방법원은 2021년 10월 부동산 회사 프레상스 코퍼레이션의 창업자 야마기시 시노부(山岸忍)에게 무죄를 선고했다. 야마기시는 2년 전 오사카지검 특수부의 수사를 받아 업무상 횡령 혐의로 체포, 기소되어 재판을 받고 있었는데, 법원은 수사에 문제가 있다고 판단한 것이다. 특검 수사에서는 야마기시의 부하 직원과 거래처를 조사해 '야마기시가 횡령 행위를 묵인했다'는 취지의 진술을 이끌어냈다고 한다. 이것이 사실이라면 야마기시도 횡령에 가담한 것이 된다고 할 수 있다. 재판부는 그러나 "이 진술은 무리한 심문에 의한 것으로, 사실대로 진술한 것으로 믿을 수 없다."고 판단했다. 재판에서 야마기시의 변호인단은 검사들이 부하 직원들을 심문하는 과정에서 큰소리를 지르기나 협박을 했다고 주장했다. 그렇다면 이번 무죄 판결이 시사하는 바는 검사가 난폭하고 조잡한 수사를 통해 관련 없는 야마기시에게 죄를 뒤집어씌우려 했다는 것이다.

무죄가 확정된 후, 야마기시는 검찰과 대립각을 세웠다. 문제의 조사를 담당한 두 명의 특검 검사, 다부치 다이스케(田渕大輔)와 수에자와 다케시(末沢岳志)의 수사 방식이 불법이라며 재판을 제기한 것이다. 수사기관의 실수나 권력 남용 의혹이 제기된 중요한 뉴스라고 할 수 있다.

그러나 주요 언론은 다부치와 수에자와의 이름을 보도하지 않고 있다. 다부치나 수에자와도 자기 주장과 명예가 있기 때문에 그들을 취재하고 그들의 주장과 유리한 사정을 전하는 것은 중요하다. 하지만 그런 측면과 '누가(관련 당사자)'라는 핵심을 지우고 보도하는 것은 전혀 다른 문제다. 비판을 받고 있는 특검 검사들이 누구인지 알려주지 않는다면 시민의 검증이나 감시도 불가능하다.

2022년 1월 오키나와시에서 17세 남자 고등학생의 오토바이가 순찰 중이던 경찰과 접촉해 오른쪽 안구가 파열되는 큰 부상을 입고 실명하는 사건이 발생했다. 고등학생 측은 "경찰봉으로 맞았다."고 말한 반면 경찰은 "오토바이를 막으려다 오른손이 부딪혔다."고 진술했지만 경찰봉에서 고등학생의 DNA가 검출됐다. 그렇기 때문에 경찰봉에 맞은 것으로 추정됐다. 실제로 현장에서 무슨 일이 일어났을까?

이 역시 사건 발생 단계에서는 경찰과 고등학생의 신원이 보도되지 않아 시민은 자세한 분석도 검증도 할 수 없다. 관련 경찰이 누군지 모르면 경찰의 공로도, 전보 과정도 알 수 없고, 배경을 논할 수 있는 방법도 부족하다. 발표되는 범위 내에서 믿을 수밖에 없다. 실명을 밝히지 않은 것은 경찰관들에 대한 인터넷상의 공격이 발생할 위험 때문이었지만, 그럴 경우는 온라인에 대한 공격을 문제 삼아야지 중요한 정보를 빼먹는다는 것은 본말이 전도된 것이다. 시민의 비판 능력을 키우지 못하게 하고 애초부터 시민에게 기초적인 공공정보조차 전달하지 않는 것은 '역사의 초고'라는 저널리즘의 역할을 다하지 않은 것이다 또한 아베 신조(安倍晋三)가 총리였을 당시 문제가 된 '벚꽃을 보는 모임'의 경우를 보자. '벚꽃을 보는 모임'은 매년 총리가 세금으로 각계 공로자를 초청해 꽃놀이를 하는 모임이었다. 그런데 아베 총리는 각계 공로자가 아닌 자신의 후원 회원 다수를 초청했었다. 그 전날 밤에는 호텔에서 후원 회원들과 만찬회를 열었고 그 비용 중 일부는 아베의 정치자금에서 지불되었다는 의혹이 제기되었다.

이 문제에서 중요한 역할을 한 사람은 후원회 대표이자 아베의 공설 제1비서관이었던 하이가와 히로유키(配川博之)였다. 정치인의 공설 제1비서는 국가공무원 특수직으로, 국가로부터 급여를 지급받으며 의회제 민주주의의 근간을 이루는 중요한 공직이다. 그런데 이를 다룬 보도에서는 그냥 '제1비서관'이라는 익명으로 줄곧 보도되었다. 이 수수께끼 속 '제1비서관'의 이름이 하이가와라는 것을 언론사가 보도하기 시작한 것은 2020년 12월 24일 도쿄지검 특수부가 수사 결과에 따라서 하이가와를 약식기소한 후부터였다.

하이가와의 공적 업무와 관련되어 있기 때문에 결코 프라이버시라고 할 수 없는 이 문제를 익명으로 보도하는 것이 어떻게 정당화될 수 있을까? 미국 포인터연구소의 크리스틴 헤어라면 "이런 경우는 윤리에 가장 반한다."라고 개탄했을 것이다.

'무분별한 익명'이라고도 할 수 있는 이런 익명 보도가 최근 들어 늘고 있다. 익명 보도는 보도된 쪽의 피해 경감보다는 언론에 대한 민원 발생 확률이 줄어들기 때문에 언론 현장에서는 그 편이 훨씬 편할 수도 있다. 다소 사실관계에 오류가 있더라도 익명 기사라면 당사자들도 관대하게 넘어갈 수 있다. 또 상세히 전하고 기록해야 하는 책임에서도 벗어날 수 있기 때문에 부담감이 적다.

TV에서 모자이크나 구비시타(首下, 인터뷰 대상자의 얼굴이 아닌 목 아래만 비추는 것[19]) 영상이 유독 많은 것은 일본 TV의 특징이라고 할 수 있다. 이에 대해 2009년 무렵, 검증되지 않은 무책임한 발언을 유발하고 인간으로서의 존재감을 느끼기 어렵게 만든다는 비판이 언론에도 등장했다. 2014년에는 방송의 질을 높이기 위한 자율기구인 방송윤리·프로그램 향상기구(BPO)의 '방송과 인권 등 권리에 관한 위원회' 위원장인 미야케 히로시(三宅弘志) 변호사가 '얼굴 없는 쉬운 인터뷰'를 피할 것을 요구하는 성명서를 발표하기도 했다. 하지만 상황은 변하지 않았고, 일본식 모자이크 '구비시타'[20] 영상은 오히려 자리를 잡아가고 있다.

예를 들어 기사에서 관공서나 기업의 입장을 전달할 경우 "총무과 스즈키 유리 과장은 '규칙에 따른 조치였다'고 말했

---

19 구비시타에서 일본어 구비(首)는 목을 의미하고, 시타(下)는 아래쪽을 의미한다.
20 일본의 방송 용어로 인터뷰나 뉴스 리포트 등에서 인터뷰이의 얼굴을 가리기 위해 사용하는 촬영 방식을 말한다.

다."가 아니라 '총무과는 ~했다', '총무과 담당자는 ~했다'와 같이 이름 없는 반응으로 끝내는 경우도 많아졌다. 조직을 대변하며 공식적인 견해를 발표하는 당사자가 불분명하면 공식 견해에 대한 책임이 누구에게 있는가가 불분명하고 애매모호하여 '연대 책임'으로 보인다. 외국 언론의 일본 관련 기사는 익명 견해에도 실명을 고집하기 때문에 양쪽을 비교해 보면 그 차이를 잘 알 수 있다.

시즈오카현에서 발생한 세 건의 강도살인 사건인 사치우라(幸浦) 사건, 후다마타(二俣) 사건, 고지마(小島) 사건의 수사에서 고문과 협박을 사용해 무고한 용의자에게 거짓 자백을 강요했다는 비판을 받은 구레바야시 아사오(紅林麻雄)의 이름이 사법사에 남아 있는 것은 당시의 보도가 사건의 현장 책임자였던 구레바야시의 실명을 제대로 남겼기 때문이다.

이런 실명 보도는 구레바야시라는 성을 가진 사람들에게는 여전히 무거운 짐이 될 것이다. 이런 경우 필요한 것은 구레바야시 아사오를 보도하는 것과 구레바야시 성을 가진 사람들에 대한 부당한 차별에 맞서 싸우는 것이지, 구레바야시라는 형사의 이름을 사법 역사에서 삭제하는 것이 아니다. 누군가의 편의에 따라 역사의 일부를 삭제하는 것은 독재자가 하는 일이다.

'무분별한 익명성'이 만연한 지금, 일본의 저널리즘은 역사로서 의미 있는 기록을 남길 수 있을 것인가.

Unit 4.

영국 BBC가 '잊혀질 권리'와 싸우는 이유

그렇지만 인터넷 시대가 되면서 한 번 보도된 내용은 순식간에 확산되고 삭제하기가 어려워지고 있다. 게다가 인명으로 검색하면 과거의 기사를 쉽게 검색할 수 있다. 이런 환경에서는 알려지고 싶지 않은 과거, 기억하고 싶지 않은 과거가 언제까지나 자신을 따라다니게 된다. 특히 범죄 경력 등을 포함한 과거의 잘못이 항상 알려진다는 것은, 예를 들어 범죄에 연루된 후 형을 받고 복역까지 마친 뒤 사회복귀를 하려는 사람, 또는 체포되었지만 처벌이 불필요해서 석방된 사람, 어떤 문제에 연루되어 보도되었지만 이후 해결된 사람 등등 그 후의 평온한 생활을 방해받는 것에 대해 강한 우려의 목소리가 있었다.

스페인의 마리오 코스테하 곤살레스(Mario Costeja González)도 그런 사람 중 한 명이었다. 1998년 아내와의 공유 부동산이 경매에 부쳐진 내용의 신문 공고가 「라 방과르디아」 디지털 판에 남아 있어 자신의 이름을 구글(Google)에서 찾아보면 해당 신문 공고가 언제까지나 검색된다는 것이 곤혹스러웠다. 곤잘레스의 주장을 받아들인 스페인 데이터보호청은 곤잘레스의 이름으로 검색해도 이 기사가 검색 결과에 나오지 않도록 조치하기를 구글에 명령했다. 구글은 이에 불복해 재판에서 다투었고, 스페인 법원을 거쳐 유럽사법재판소까지 가져갔으나, 유럽사법재판소는 이 조치 명령을 지지하는 판결을 내렸다. 이 사건은 2014년 5월 '잊혀질 권리(right to be forgotten)'로 전 세계적 화제가 되었다.

이 판결에 대해 유럽과 미국 언론 모두 문제를 제기하고 있다. 디지털 버전이라고 해서 기사 내용을 수정하는 것 자체가 역사를 수정하는 길을 열어줄 수 있다는 점에서 강한 경계심을 보인 것이다. 영국 일간지 「가디언」의 독자 담당 크리스 엘리엇(Chris Elliott)은 곤잘레스의 '잊혀질 권리' 판결이 나오기 약 1년 전부터 경고했다.

"「가디언」의 과거 기사는 역사의 기록이다. 삭제, 수정 요구를 모두 수용하면 과거 기사들은 내부가 빈 에어로(Aero, 내부가 기포로 가득 차고 구멍이 많은 초콜릿)처럼 되어 신뢰를 잃게 된다."

과거의 역사를 누군가의 편의에 따라 변경하는 것은 독재자들이 해오던 일이다. 한 번 공개된 기록을 조작하는 일은 있어서는 안 된다. 그래서 엘리엇은 과거의 사소한 범죄로 인해 취업에 지장이 있다는 이유로 삭제 요청이 있을 경우, 이를 받아들여서는 안 된다고 지적한다. 만약 체포 후 기소되지 않았거나 무혐의 처분을 받았다면, 체포 기사를 삭제할 것이 아니라 체포 기사에 그 사실을 부기해야 한다고 말했다.

영국 공영방송 BBC는 더 철저하다. 법원이 '잊혀질 권리'

를 인정해 구글에서 검색해도 볼 수 없도록 한 BBC의 과거 기사에 대해 독자 페이지를 제작해서 나열할 수 있도록 한 것이다. 독자 페이지의 리스트를 보면 확실히 그다지 큰 사건이 아닌 체포나 재판 기사가 많다. 이렇게 하면 오히려 그런 기사가 눈에 띄게 된다. 항의가 들어올 수도 있겠지만 '잊혀질 권리'는 '역사 수정주의로 가는 이정표'라는 입장에 서 있다면 독자 페이지 제작은 BBC식 투쟁 방식이라고 할 수 있을 것이다.

법원이 '잊혀질 권리'를 인정한 이 기사들을 BBC와 같은 언론이 계속 올리는 것이 법적으로 허용될 수 있을까? 사실 법원의 명령은 어디까지나 구글 검색에 대한 것이다. 스페인 곤잘레스 재판에서도 인정된 것은 구글 검색에 표시되지 않도록 하는 조치일 뿐, 언론사 자체의 웹사이트나 아카이브에서 과거 기사를 삭제하라는 요구까지는 인정되지 않았다.

검색엔진이 아닌 언론 매체가 정보를 기록하거나, 시민이 그 정보를 얻을 수 있는 길까지 법원이 차단하지는 않은 것이다. 그러나 과거 기사 자체를 수정해 익명화하거나 삭제해 달라는 움직임은 사라지지 않고 있다.

이러한 움직임에 대해 2021년 1월, 미디어 및 인권 관련 15개 단체-전문가들이 유럽인권재판소에 연명으로 의견서를 제출했다. 의견서는 구글 검색 결과에 표시되지 않도록 할 뿐만 아니라 과거 기사 자체가 익명화되면 과거 기사를 활용하여 부정행위의 배경이나 사회문제를 조사하는 탐사보도나 시민

단체의 활동이 불가능하게 된다는 점, 이러한 활동에 항상 법적 문제에 대한 두려움을 줄 수 있다는 점, 과거의 기사 아카이브가 역사의 '왜곡되고 불완전한 버전'이 될 것 등을 경고하고 있다.

의견서를 낸 15개 단체·전문가는 표현의 자유를 추구하는 국제인권단체 아티클 19(Article 19, 영국), 유엔 표현의 자유 특별 보고관을 역임한 미국 법학자 데이비드 케이, 겐트대학교 인권센터(벨기에), 유럽 언론 미디어 자유센터(독일), 가디언 뉴스 미디어(영국) 등이었다.

Unit 5.

용의자 실명 보도는 '사회적 제재'인가

의견서를 제출한 단체 중 하나인 아티클19의 데이비드 배니서 변호사는 필자와의 인터뷰에서 다음과 같이 말했다.

"대부분의 사건은 사람의 이름을 적는 것이 매우 중요하다. 특히 누군가가 유죄 판결을 받은 경우라면 더욱 그렇다. 사법부의 공개성은 매우 중요한 원칙이며, 누가 체포되거나 유죄 판결을 받았는지 알지 못하면 기소되어야 할 사람이 기소되지 않거나 다른 사람이 잘못 기소되어도 알 수 없게 된다. 이는 형

사사법의 근간과 관련 있다."

하지만 알려지고 싶지 않은 것이 알려지는 것은 고통스럽고, 괴롭힘이나 차별을 당하는 사람도 나타날 수 있다. 기자들은 그 점을 명심할 필요가 있다. 한편, 이 때문에 보도를 '사회적 제재'로 보는 시각도 있다. 언론 본연의 역할을 무시한 모욕적인 표현이지만, 적지 않은 사람들이 그렇게 생각하고 있다.

2022년 6월 24일, 대법원은 트위터에 게시된 범죄 용의자의 실명 정보 삭제를 인정했지만, 판결 이유의 본론과는 별도로 구사노 고이치(草野耕一) 판사가 '보충의견'을 추가했다. 그 내용은 눈에 띄는 '사회적 제재론'이라고 할 수 있다. 용의자 실명

실명보도 필요성을 둘러싼 2개의 입장

	제재형	검증형
시민(독자/시청자)	공격자	검증자
권력자	감시목적이지만, 반감을 살 가능성도	투명한 검증 리소스인 기록
셀럽	유명세	인푸루엔서의 배경 검증의 범위
용의자/피의자	유죄 확정 전의 보도에 의문도	무죄 가능성이 있기 때문에
열쇠가 되는 요소	악질, 사회적 반감	기록, 검증과 논의의 필요성
죄를 받은 후	삭제 필요성이 높음	삭제는 역사를 수정하는 것이 될 수도 있음
동정 여지가 있는 가해자	실명 보도의 이유가 적음	유리한 점의 검증에도 필요

보도의 기능을 ① 가해자에 대한 제재 ② 추가 가해 행위의 억제 ③ 시민이 타인의 불행을 기뻐하는 것 등의 독특한 견해로, 그렇게 되면 실명 정보는 시민에게 있어 정보의 의미는 없고 그저 욕이나 하는 소재에 지나지 않는다는 것이다. 저널리즘의 한 형태인 논픽션은 일본에서도 세계에서도 지적 재산이 되고 있다. 로버트 베르카이크의 『지하디 존(Jihadi John)의 생애』[21]의 주인공은 중동의 극단주의 조직 '이슬람국가'의 잔혹한 처형자다. 2015년 시리아에서 인질로 잡힌 유카와 하루나(湯川遥菜)와 고토 켄지(後藤健二)가 살해되기 전 두 사람 사이에 칼을 들고 서 있는 영상으로 일본인들에게 알려졌다. '지하디 존'은 쿠웨이트에서 태어나 영국에서 자란 이민자 모하메드 엠와지(Mohammed Emwazi)이며, 책은 그의 삶이 고난으로 가득 차 있었다고 소개하고 있다.

시미즈 기요시(清水潔)의 〈오케가와 스토커 살인사건 유언〉은 1999년 JR 오케가와역 앞에서 대학생 이노 시오리(猪野詩織)가 칼에 찔려 살해된 사건을 추적한다. 이노는 남자친구였던 코마츠 카즈토(小松和人)로부터 집요하고 잔인한 스토커 행위와 협박을 당하고 있었다. 집 주변에 비방 전단지가 붙는 등 괴롭힘을 당했고, 가족들은 코마츠를 경찰에 고소했다. 그러나 경찰은 움직이지 않았을 뿐만 아니라 고소가 없었던 것처럼

---

21 원제는 다음과 같다. *Jihadi John: The Making of a Terrorist*

서류를 조작하고, 사태를 방치하는 동안 코마츠의 사주를 받은 쿠보타 요시후미(久保田祥史)가 칼부림을 실행에 옮긴 경위 등이 기술되어 있는데, 책은 코마츠나 쿠보타 뿐만 아니라 경찰에도 중대한 책임이 있다는 점을 상세히 기술하고 있다.

리처드 로이드 패리(Richard Lloyd Parry)의 〈검은 미로 루시 블랙맨 사건 15년의 진실〉은 영국 여성 루시 블랙맨(Lucie Blackman)이 2001년 가나가와현에서 절단된 시신으로 발견된 사건을 다루고 있다. 음란 목적의 납치 및 사체 손괴-유기죄로 유죄, 준강간 치사죄로 무죄가 확정된 오바라 조지(織原城二)와 그의 삶, 일본 사회와 오바라의 관계, 경찰의 잘못을 자세히 검증하고 있다.

사와키 고타로(沢木耕太郎)의 〈테러의 결산〉 역시 1960년 17세의 야마구치 오토야(山口二矢)가 사회당 위원장 아사누마 이나지로(浅沼稲次郎)를 살해한 사건의 배경을 다룬 것으로, 야마구치의 아버지 신페이(晋平)와 형 사쿠오(朔生) 등 가족과 아카오 빈(赤尾敏) 등 우익 관계자와의 관계도 함께 추적하고 있다.

위의 사건들은 인명을 비롯한 고유명사를 빼고 작성해도 문장의 의미는 통하겠지만 현실 세계나 역사적 사실과의 연결고리가 끊어지게 되면서 기록이 아닌 우화나 교훈담에 가까운 기술이 된다. '익명이라도 (뜻을) 전할 수 있다'가 아니라 '익명으로 전할 수 있다'라고 밖에 말할 수 없을 것이다.

용의자의 실명을 보도하는 것이 '제재'라고 판결을 낸 대법관 구사노는 범죄자의 이름 등은 '정치인 등의 공적 지위'가 아니므로 사건의 사회적 의미와 상관없이 실명이 아니어도 보도 가치가 떨어지지 않는다고 말했다. 보도할 가치가 있다면 실명 보도는 제재와 응징의 의미라는 것이다. 그렇다면 논픽션에 관계자의 실명 등 고유명사가 기재되는 것 역시 제재와 응징이라는 뜻이 된다.

봉건시대에 '나쁜 놈에 대한 소문'을 내는 것이라면 몰라도 지금은 민주주의 시대다. 중대 범죄의 용의자나 피고인의 이름을 '나쁜 사람이라서 공개하는 것'이 아니라 '재판이나 수사라는 사회적으로 중대한 일'이기 때문에 사회의 운영 주체인 시민이 그 경과를 상세히 검증하고 논의하기 위해서, 그리고 역사를 극명하게 기록하기 위한 것이다.

실명 등 고유명사는 구사노와 같은 판사나 변호사가 사건이나 사건을 법의 이론적 측면에서 검토하는 데에는 불필요할 수도 있다. 하지만 자신의 업무에서 불필요하다고 해서 사회 전체에 불필요하다고 단정 짓는 것은 너무 일방적이다.

쿠사노의 의견은 전 세계적으로 통용되는 '뉴스는 역사의 초고'라는 이해와는 전혀 다른 독특한 해석이다. 그리고 역사의 초고에 '정치인 등 공적 입장이 있는 자'만 남으면 된다면, 역사는 엘리트들만 기록되는 '정사(政事)'로 충분한 것 아닐까.

Unit 6.
시민이 알게 되는 것과 알지 못하는 것, 무엇이 위험한가

국제인권단체 아티클19의 배니셔가 "대부분의 사건에서 실명을 기록하는 것이 매우 중요하다."고 말했듯이 실명 정보는 기록과 검증을 위한 것이다. 민주주의의 '운영자'로서 토론을 하려면 구체적인 정보가 필수적이다. 그리고 시민에게는 정보를 현명하게 다루고 좋은 토론을 할 수 있는 힘이 있다. 그것을 믿기 때문에 민주주의가 성립하는 것이다. 정보를 얻어내 비난하는 데에만 쓴다고 보는 것은 민주시민을 심하게 비하하는 것이고, 독재나 권위주의 정부에서나 하는 얘기다.

예를 들어 사형에 관한 정보를 생각해 보자. 사형의 실행은 잔인한 데 비해 범죄 예방의 실효성이 명확하지 않고, 잘못된 재판, 불충분한 재판의 결과로 집행될 위험성을 지적하는 논의가 지속되면서 사형제 폐지의 흐름이 전 세계적으로 진행되고 있다.

선진국에서 사형을 존속시키는 곳은 미국 일부 주와 일본뿐이다. 일본에서 사형 집행은 극비 사항처럼 취급되어 사형 집행 일정도 비밀로 하고, 집행 후 언론에 '오늘 누구에 대한 사형을 집행했다'고 발표할 뿐이다. 사형 집행 경위나 형장의 모습도 공개하지 않는 것이 일반적이다.

반면 미국의 사형 집행은 예정이 공개되므로 변호인단은 그 권리 안에서 대응 수단을 강구하고, 시민단체도 찬반 논쟁의 목소리를 낼 수 있다. 변호인단의 법적 조치가 다 끝나고 사형 집행이 결정되면 사형 집행에 기자도 입회할 수 있고, 사형수가 약물을 주입 받아 숨이 끊어지기까지의 과정도 보도할 수 있다.

이것은 민주적인 정보 공개인가, 아니면 야만적인 공개 처형인가. 이 둘은 형식만 놓고 보면 비슷하다. 차이점은 형식이 아니라 운영자가 시민에게 무엇을 기대하는지, 시민의 역할과 현명함을 어떻게 생각하느냐이다. 시민에게 알리는 것이 사형수를 조롱하고 오락화한다고 보는 것이면 공개 처형이고, 시민이 '운영자'로서 권력 행사를 감시하고 그 찬반과 문제점도 논의한다고 본다면 정보 공개라고 볼 수 있다. 시민이 아는 것이 위험한가, 시민이 모르는 것이 위험한가. 이는 사고방식의 차이라고 할 수 있다.

실명 보도를 '제재'라고 말하는 사람이 있다. 인터넷에서는 흔히 '폭로'라고도 부른다. 확실히 보도나 정보 공개가 당사자에게 상처를 주고, 보도 후에 당사자의 삶에 악영향을 끼치는 경우가 많다는 것을 언론인이라면 누구나 심각하게 인식해야 한다. 이것은 당연한 윤리이다. 그럼에도 우리의 자유와 민주주의를 위해 '운영자'인 시민에게 구체적이고 정확한 정보를 알릴 필요가 있다. 시민은 사회적 정보를 알아야 하고, 공개적으로 토론할 수 있어야 한다.

한편, 우리에게는 부당한 비난이나 괴롭힘, 차별을 할 권리는 없다. 우리가 해야 할 일은 정보를 통제하는 것이 아니라 차별과 편견을 없애기 위해 투쟁하는 것이다. 우리는 정보를 단속하지 말고, 정보를 더 소중히 여기는 시민이 되어야 한다. 눈에 띄지 않는 것을 좋게 여기고, 눈에 띄는 것을 징벌로 여기며 '모난 돌이 정 맞는다'고 비웃어서는 안 된다. 누구나 실명으로 살고, 실명으로 말할 수 있는 사회가 되어야 한다.

너무 이상적일 수도 있다. 취재나 보도로 인해서 불쾌감을 느끼는 사람이나 생활에 지장을 받는 사람도 있는데, 너무 이상론이지 않냐고 한다면 맞는 말일지도 모르겠다. 인터넷과 SNS의 욕설이 난무하는 시대에 그런 이상론은 더 이상 통하지 않는다고 보는 시각도 있을 것이다. 현실적으로 익명을 사용하는 것이 불가피한 경우가 많은 것도 당연하다.

하지만 적어도 '어느 쪽이 이상적'인지는 분명히 할 필요가 있다. 시민이 정보를 활용해 차별과 편견을 갖지 않는 사회인지, 아니면 평온과 질서를 위해 정보를 통제하는 사회인지 말이다.

기자는 왜 그렇게까지 하면서 정보를 전달하는가. 그렇게까지 해야 할 책임이 도대체 왜, 무엇을 위한 것인가.

Part 5

중립이 아닌 독립

Chapter 1

도와줄 것인가
보도할 것인가

Unit 1.

'독수리와 소녀' 사진이 바꿔 놓은 인생

1993년 3월 26일, 「뉴욕 타임스」는 아프리카 수단의 내전과 억압적인 정부, 식량 부족에 관한 기사를 보도했다. 그 기사에 사용된 사진은 심하게 마른 아이가 땅에 엎드려 앉아 있고, 독수리가 아이를 노리고 있는 것처럼 보이는 장면이었다. 이 사진은 큰 반향을 불러일으켰다. 마치 아이가 독수리에게 공격당하는 것을 구경하고 있는 것처럼 보였기 때문이다.

수단의 상황이 얼마나 끔찍한지 한눈에 알 수 있는 사진이었다. 사진은 사람들의 마음을 움직였고, 논쟁이 일어났다. 사진은 이듬해 1994년 퓰리처상을 수상했다. 하지만 불쾌한 사진이었다. 보통 사람이라면 이 경우 소녀를 도와주었을 것이다. 그런데도 기자는 렌즈를 들이대고 사진을 찍었다. 얼마나 무자비한가. 그렇게까지 해서 사진을 찍은들 무슨 의미가 있을까. 실제로 이 사진에 대한 독자들의 비판과 반향이 커서 「뉴욕타임스」는 게재 직후 '편집자 주'라는 해명 기사를 내보냈다. 독수리는 쫓겨났고, 아이는 이후 무사했다는 사진기자의 전언과 함께 아이가 독수리에게 공격당하는 장면도 아니었고, 촬영자가 가만히 지켜보고 있었던 것도 아니라는 설명도 덧붙였다.

이 사진을 본 일본인 중 당시 심장외과 의사였던 히라바야시

쿠니히코(平林国彦)는 한 인터뷰에서 다음과 같이 털어놓았다.

"「뉴욕 타임스」에 실린 한 장의 사진이 제 인생을 바꿨습니다. 당시 내전과 기근에 시달리던 수단에서 어린 소녀가 독수리의 표적이 된 것처럼 보이는 사진이었죠. (중략) 저는 이 사진을 보고 꼭 심장외과 의사가 될 필요는 없다고 생각했습니다. 가능하면 이런 아이들을 돕는 일을 하고 싶다는 생각이 들었어요."

히라바야시는 국제기구로 진로를 바꿨다. 이후 유엔아동기금(UNICEF) 직원이 되어 전 세계 어린이들을 돕고 있다. 즉, '독수리와 소녀'의 촬영자가 아이를 도왔는지 여부가 아니라, 바로 이 사진이 사람을 움직인 것이다. 그리고 많은 아이들을 돕는 일에 힘을 보태게 된 것이다. 히라바야시의 이 인터뷰는 유엔에서 활약하는 사람들의 이야기를 소개하는 웹사이트 '유엔 직원 NOW!'에 소개되었다.

'독수리와 소녀' 사진이 퓰리처상 수상작으로 선정되었다는 발표가 나온 지 약 3개월 후, 이 사진을 촬영한 남아프리카공화국 사진기자 케빈 카터(Kevin Carter)는 끝내 스스로 삶을 마감했다. 유서에는 생활고와 함께 여러 취재 현장에서 목격한 것으로 추정되는 살인, 시체, 분노, 고통 등등의 기억에 시달린다는 내용이 적혀 있었다. 사진에 대한 반향과 비난도 자살 동기로 이어졌는지는 이제 알 수 없다.

Unit 2.

세상에 알려진 가장 잔혹한 사진

 사진을 찍을 것인가, 아니면 도와줄 것인가. 그런 갈등의 현장에 있었던 저널리스트는 카터만이 아니었다.

 1963년 6월, 남베트남(당시)은 고딘 디엠(Ngô Đình Diệm) 정권의 불교 탄압과 이에 대한 항거로 흔들리고 있었다. AP통신 기자로 수도 사이공(현 호치민시)에 주재하던 말콤 브라운(Malcolm Browne)은 6월 10일 밤 한 통의 전화를 받는다. 불교사원 신도들의 전화였다. 지난달 군에 의해 살해된 9명의 불교도들을 추모하는 행사가 내일 아침에 열릴 것이라고 전하면서 다음과 같이 말했다.

 "브라운 씨, 내일 오시기를 꼭 부탁드립니다. 아주 중요한 일이 일어날 것입니다. 그러나 아직 무슨 일인지는 말할 수 없습니다."

 이를 무시할 수 없었던 브라운은 다음날 현장으로 향했다. 수많은 승려들이 도로를 가득 메우고, 곧 승용차의 인솔을 따라 걷기 시작했다. 추모 행사가 시작된 지 한 시간 조금 지난 오전 9시 17분. 승용차가 교차로에 멈춰 섰다. 참가자들이 그 주위를 둘러싸고 있었다. 승용차에서 60대 중반의 승려 틱쾅둑(釋廣德) 등 3명이 내렸다. 그리고 그들은 차에서 무언가를 꺼

냈다. 연료가 담긴 큰 통이었다.

브라운은 AP통신의 보도 역사를 되돌아보는 기사에서 이렇게 말했다.

"그때 나는 무슨 일이 벌어지고 있는지 분명히 알 수 있었다. 그리고 몇 초 후 사진을 찍기 시작했다."

전화로 전해진 '매우 중대한 일'이 눈앞에서 벌어지고 있었다. 틱쾅둑은 브라운의 눈앞, 교차로 한가운데에 다리를 꼬고 앉았다.

"그는 고개를 살짝 숙이고, 다른 두 승려가 가져 온 휘발유를 머리에 뿌렸다. 나는 틱쾅둑의 오른쪽 약 6미터 앞쪽에 서 있었다. 그가 무릎 위에 불을 붙이는 것을 분명히 볼 수 있었다. 아주 작은 움직임으로 승복 무릎 쪽에 불을 붙였다. 9시 35분, 틱쾅둑은 뒤로 쓰러져 경련을 일으키듯 몇 차례 몸을 뒤척인 후 움직이지 않은 채 새까맣게 타고 있었다. 그는 불길 속에 있었다."

브라운이 촬영한 사진은 앉아서 연료를 뿌리고 있는 틱쾅둑, 눈을 감고 불길에 휩싸인 틱쾅둑, 쓰러져 가고 있는 틱쾅둑, 검게 그을린 채 다른 승려들에게 무릎을 꿇고 예배를 드리는 틱쾅둑의 모습을 선명하게 담고 있다.

브라운은 함께 있던 AP통신 지국 직원 하바 트란에게 필리핀 마닐라행 항공편으로 급히 미국에 보내라며 필름을 전달했다. 이 방법은 인터넷은 물론이고 국제전화도 발달하지 않았던

1963년 베트남에서 가장 빠르게 뉴스를 전송하는 수단이었다. AP 마닐라 지국에는 미국으로 가는 해저 케이블이 있어서 샌프란시스코를 거쳐 뉴욕 본사로 사진을 전송할 수 있었다. 필름이 현장에서 사이공 지국을 거쳐 비행장까지 1시간 20분, 항공 화물로 사이공에서 마닐라까지 3시간, 마닐라에서 사진 현상 및 인화, 샌프란시스코로 전송하는데 5시간, 샌프란시스코에서 뉴욕으로 전송하는데 2시간, 뉴욕 AP 본사에서 편집 작업에 2시간, AP에서 신문사에 기사·사진 전송에 2시간… 총 15시간 20분이 지난 6월 12일자 각 신문에 틱쾅둑의 사진이 실렸다.

참으로 잔혹하기 짝이 없는 사진이었다. 그러나 승려가 정권에 항거해 아스팔트 위에서 분신자살을 했다는 잔인한 사실을 전 세계에 분명하게 알리는 사진이었다. 미국의 케네디 대통령은 "역사상 이보다 더 큰 감정을 불러일으킨 사진은 없었다."고 말했다. 틱쾅둑의 사진도 퓰리처상과 세계보도사진 대상을 수상했다. 하지만 인간적 갈등 없이 취재할 수는 없었을 것이다. 브라운은 이렇게 말했다.

"기자로서 우리는 우리의 일을 하고 있었다. 그 이상도 그 이하도 아니다."

Unit 3.
중립은 무책임, 중요한 것은 독립성

브라운이 말하는 '기자인 우리의 일'은 무엇인가. 그 일은 '전하는' 일이다. 그리고 그것을 '누구를 위해' 하느냐가 저널리즘과 다른 '전달'하는 일을 구분하게 된다. 저널리즘은 취재 대상으로부터 독립하여 시민을 위하고 시민이 사회의 '운영자'로서 생각하고 행동할 수 있도록 하는 것이 1차적인 목적이다. 이 '독립성'이 저널리즘의 중요한 개념이다.

'중립'이 아니다. 중립이 되면, 예를 들어 '여성 차별에 찬성하든 반대하든 중립적인 자세로 보도를 한다'는 식의 우스꽝스러운 태도까지 이어질 수 있다. 이런 식의 보도는 시민에게도 무책임하게 된다. 지금 내가 TV의 보도 책임자가 되었다고 가정해 보자. 그 방송사의 톱뉴스를 무엇으로 할 것인지를 결정해야 한다. '중립적'으로 뉴스를 선택한다는 것이 가능한가.

원래 보도란 모든 사회현상 중에서 무엇을 선택해서 취재하고 보도할 것인가를 항상 선택하지 않으면 안 되는데, 중립적인 입장에서 선택해야 한다면 그렇게 선택할 수 있는 방법은 없다. 그렇다고 해서 의견이 분분한 논쟁, 재판 중인 분쟁, 선거 쟁점에서 어느 한 쪽 입장에 치우치면 시민의 논의의 폭을 좁히고 시야를 좁게 만든다. 왜곡된 정보로 '운영자로서의 판단을 잘못하게 만든다. 그래서 영어권 저널리즘에서는 특정 정당에 편향되지 않는다는 의미의 '임파셜(Impartial)'이라는 단어를 '무색투명한 중립'이라는 뉘앙스가 강한 '뉴트럴(Neutral)'보다 더 많이 쓰고 있다.

이처럼 저널리즘에 있어서는 중립보다 독립이 더 중요한 키워드가 되고 있다. 권력으로부터는 물론이고 어떤 취재 대상으로부터도 독립성을 유지해야 한다. 도쿄의과대학 공식 홍보 담당자가 '파악하지 못했다'고 해도 이에 휘둘리지 않고 취재로 확인한 사실에 근거해 여성 차별 입시가 있었다고 보도한 것도 한 예라고 할 수 있다. 반대로 '국민의 사기'를 염려하는 군부를 배려해 군의 발표대로만 전한다면 그것은 독립적인 자세라고 할 수 없다. 독립성을 유지하는 것은 시민을 위해 보도하는 것이 목적이기 때문이다. 취재 상대에게 이익이 되게 하는 것이 아니라, 누구를 위해서도 아니라, 시민을 위해, 시민에게 가장 좋은 정보를 제공하기 위해서다.

앞서 소개한 책 『저널리즘의 원칙(The Elements of Journalism)』이 제시하는 보도 원칙 중 두 번째는 다음과 같다.

'저널리즘의 제1의 원칙은 시민에게 최우선적으로 충성하는 것이다.'

보도가 지향하는 것은 취재 대상의 이익이나 정부의 이익이 아니다. 물론 기자는 이런 원칙을 고려하면서 시민에게 충성을 맹세하고, 좋은 정보 제공을 목적으로 일하고 있다. 그래서 수단의 '독수리와 소녀'나 베트남의 '승려 틱꽝둑의 분신자살' 현장에서도 기자들은 취재 대상으로부터 독립된 시각을 갖고 사실 전달만을 최우선으로 생각했던 것이다. 따라서 무자비해 보이는 이런 장면들이 저널리즘의 역사 속에 어쩔 수 없이 등장하게 된다.

1960년 10월 12일, 야당인 사회당의 지도자 아사누마 이네지로(浅沼稲次郎)가 17세 우익 소년 야마구치 오토야(山口二矢)의 칼에 찔리는 순간을 포착한 사진이 있다. 당시 현장인 도쿄 히비야 공회당에서는 다음달 중의원 선거를 앞두고 자민당, 사회당, 민주사회당의 주요 3당 대표의 연설회가 열리고 있었다. 중요한 정치 행사였기에 각 언론사 사진기자들이 맨 앞줄에 자리를 잡고 있었다. 그리고 기자들의 눈앞에서 일어난 습격이었다. 사진기자들은 순간의 판단으로 범행 장면을 촬영했다. 「마이니치신문」 사진기자 나가오 야스시(長尾靖)가 찍은 사진은 아사누마와 야마구치 두 사람의 표정을 선명하게 포착해 퓰리처상과 세계 보도사진 대상을 수상했다.

눈앞에서 정치인이 괴한에게 습격당할 때 카메라를 들이대고 촬영을 하는 일. 브라운의 말처럼 '기자로서 우리의 일을 한 것이다. 그 이상도 그 이하도 아니다'라는 말을 이해할 수 있다. 아니, 어쩌면 생각하기도 전에 반사적으로 촬영 버튼을 누르는 것, 그것이 기자의 임무다. 그래도 사진 따위는 찍지 말고 도와줬어야 하지 않았을까.

사카이 료치(酒井良知)는 당시 아사누마의 비서로 이 자리에 있었던 사람 중 한 명이다. 언젠가 그를 취재했었는데 당시 상황에 대해 취재진의 행동을 그렇게 비난하지는 않았다. "다들 그게 일이니까요."라며 이해하듯 말했지만 눈가에 눈물이 조금 고였다.

"그때는 생각했어요. 누군가 (테러를 막기 위해) 카메라라도 던졌다면 좋았을 걸 하고요."

사카이의 회상에 따르면 야마구치가 단상으로 뛰어올랐을 때 아사누마를 보호하기 위해서 본인도 단상으로 올라가려고 했지만 폭도로 오인한 NHK 직원들에게 제지당했다고 한다. '나는 위원장 비서다'라고 외치며 뛰어 올라갔지만 그때는 이미 칼에 찔린 뒤였다. 즉, 폭도를 막으려는 취재진도 있었지만, 아사누마의 청년 비서인 사카이를 막는 혼란도 있었다는 것이다.

62년 후인 2022년 7월 8일, 나라시 긴테쓰 야마토니시다이지(大和西大寺)역 앞에서 참의원 선거 응원 연설을 하던 아베 신조(安倍晋三) 전 총리가 총격을 받아 살해당했다. 현장에 쓰러져 치료를 받고 있는 아베 전 총리의 사진을 각 언론사가 보도했다. 이런 가운데 「마이니치신문」 나라 지국 구보 사토시(久保聡)의 사진은 눈을 감고 있는 아베의 표정까지 선명하게 포착해 상황을 명확하게 전달한 것으로 2022년 신문협회상을 수상했다. 하지만 이 사진도 총에 맞은 아베 총리에 대한 구명작업이 한창인 상황에서 촬영한 것이다. 구보는 일본신문협회의

월간지 잡지 「신문연구」 2012년 10월호에 기고한 글에서 다음과 같이 회고했다.

"갑자기 발밑에서 진동이 느껴지는 '꽝'하는 폭발음이 울려 퍼졌다. (중략) 쓰러진 것은 아베 총리뿐이었다. 청중은 소란스러워졌고, 선거 참모들이 아베 총리를 부축하고 있었다. 무슨 일이 벌어진 것이지? 나는 그를 향해 달려갔다. (중략) 최악의 예감이 들었다. 눈앞에서 벌어지고 있는 일이 도저히 믿기지 않았지만 '이 상황을 기록으로 남겨야겠다'고 생각했다. 안전 펜스 바로 옆에 몸을 붙이고 팔을 뻗어 스마트폰을 최대한 아베 총리 가까이 가져가서 계속 찍었다. 침착하게 셔터를 눌렀다고 생각했지만, 손이 조금 떨렸는지 나중에 다시 보니 다소 흐릿하게 찍힌 사진도 있었다."

긴박하게 흘러가는 짧은 시간 동안 아베 총리에게 응원 연설을 부탁했던 후보자는 이 사태에 울음을 터뜨렸다고 한다.

"(아베 총리에게 응원 연설을 부탁한) 후보자는 '내 탓이다'라고 흐느끼면서 울고 있었는데, 나를 보고 '찍지 마! 사람으로서 그럴 수 있냐!'라고 강한 어조로 몰아붙였다. (상대방의) 심정을 고려하면 그렇게 말하는 것은 당연하다. 어쩔 수 없이 후보자의 얼굴을 보지 않고 '기자여서'라고 대답했다. 선거캠프 직원에게 팔을 잡히기도 했지만 취재를 멈추지 않았다. 기자로서 잘못했다고 생각하지는 않지만, 마음이 아픈 것은 똑같다."

기고문에 따르면 구보는 예전에 대형 열차 사고가 발생한 현장에서 부상자 구조 장면을 찍지 않고 구조를 도왔다가 '네가 기자냐'는 질책을 선배로부터 받은 경험이 있다. 또 의정활동비 부정수급에 대한 기자회견에서 울먹이는 현 의회 의원이 불쌍해서 사진을 찍지 않은 경험도 있다고 한다. 직업인으로서, 혹은 인간으로서 기자는 어떤 존재여야 하는가. 정답은 없고, 그저 무거운 질문만 반복되고 있다.

그럼에도 '시민에게 충성해야 한다'는 저널리즘의 제1원칙을 생각했을 때 구보 씨의 '기자여서'라는 말은 그 자리에 있는 분들에 대한 찢어질 것 같은 감정을 의식적으로 자제하고 시민을 위해 최선의 정보를 전달하는 데 전념한다는 책임감의 표현으로 들린다.

현장에서 쓰러져 있는 아베 총리의 사진은 훗날 교과서에도 소개될 역사적 사실 중 하나이며 시민에게도 중요한 기록이다. 이 현장을 취재한 언론사 기자들 중에는 사건 이후 정신적 트라우마 증세를 겪은 이들도 있다고 한다.

Unit 4.

의사이기도 한 기자의 딜레마

한편, 다음과 같은 경우에는 아무리 시민을 위해서라고 해도 취재 대상으로부터 독립성을 지킬 수 있을까?

2010년 1월 12일, 카리브해의 섬나라 아이티에 대지진이 발생했다. 아이티 인구의 3%에 가까운 30만 명 이상이 사망해 국제적으로 큰 뉴스가 되었다. 이웃 나라 미국에서도 수많은 취재진이 현지에 들어갔다. 그중에 ABC TV의 의료-건강 담당 기자 리처드 베서(Richard Besser)가 있었다. 원래 의사로 미국 정부기관인 질병통제예방센터(CDC)의 요직을 맡기도 했던 그는 2009년 ABC 기자로 전업해 건강 및 의료 관련 뉴스 전문기자로 활약하고 있었다. 덕분에 아이티 지진 현장에서는 응급의료와 위생 상태에 대해 전문지식을 바탕으로 재해 현장을 상세히 알릴 수 있었다. 당시 베서 기자는 현지 부상자 구호소에서 부상당한 아이들의 모습을 보도했다.

야외 바닥에 시트와 침대를 깔고 아이들이 치료를 받고 있다. "아픈 부위 좀 보여 줄래, 여기 피부가 까졌네."라며 아이들과 대화를 나누던 베서는 "어떤 부상을 입었는지 확인하려면 엑스레이가 필요한데, 여기에서는 그게 안되니 그냥 넘어갈 수밖에 없네요. 많은 아이들이 고통받고 있어요. 화상, 닫히지 않은 상처, 골절…"이라고 설명한다. 그리고 카메라는 무사한 아이들의 모습을 보여준다.

"아이들은 지진 피해는 입지 않았지만, 또 다른 위험에 노출되어 있습니다. 깨끗한 물도, 음식도 없는 상황입니다. 물과 음식, 화장실이 있는 안전한 장소를 확보해야만 이 아이들이 또 다른 피해를 입지 않게 됩니다."

장면이 바뀌면서 노란 티셔츠를 입은 젊은 여성이 누워 있는 모습이 비춰졌다. 머리를 다쳤는지 흰 천으로 머리를 싸매고 있다. 베서 기자는 카메라를 향해 리포트한다.

"이 젊은 여성은 내 손을 잡고 있습니다. 전국적으로 도움을 요청하는 가운데 그녀의 목소리는 가장 작은 목소리입니다. 가장 약한 사람의 목소리를 가장 많이 들어야 합니다."

여성은 목이 메는 목소리로 베서에게 물었다.

"무엇을 도와주실 수 있나요?"

의사이기도 한 베서 기자는 통역을 통해 여성에게 다음과 같이 대답했다.

"아니요, 도울 수 있는 것이 없어요."

도움이 필요한 이 여성에게 베서는 단호하게 말했다. 그리고 계속했다.

"이 뉴스가 전달되면 더 많은 사람이 돕기 위해 찾아올 겁니다. 희망을 가지세요."

베서 기자는 의사이기 때문에 이 여성을 직접 도울 수도 있었다. 돕지 않는 것은 의사의 의무와 모순된다. 하지만 베서는 기자로서 이 자리에 있는 것이고, 기자의 책무는 시민을 위해 사실을 알리는 것이다. 따라서 취재 대상과 일체화되지 않고 거리를 두면서 독립성을 유지했다. 만약 베서 기자가 그녀의 치료를 시작했다면 기자가 아닌 의료 자원봉사자가 되고, 피해 지역 관계자의 일원이 되는 것이다. 그렇게 되면 카메라를 향해 이야기하더라도 독립적인 제3자의 보도가 아니라 '의료 관계자의 입장에서 경험을 호소하는 것'이 된다. "지금 의료 인력이 부족하다."고 보도해도 의료인의 입장에서 말하는 것으로 받아들여지기 때문에 완전히 신뢰받지 못한다.

인기 유튜버가 무언가를 소개할 경우, 사실 그 '무언가'의 관계자와 은밀하게 연결되어 있다면, 그것은 홍보 목적을 숨긴 홍보 행위, 즉 '스텔스 마케팅'으로 비난의 대상이 된다. 저널리즘은 그런 뒷거래가 없는 것을 전제로 하기 때문에 우리는 보도를 신뢰할 수 있는 것이다. 그래서 기자는 어떤 현장이든 원칙적으로 취재 대상과 선을 그어야 한다.

베서 기자가 현장의 처참한 상황을 목격하고도 여전히 "아니, 안 돼요."라고 진지하게 말하는 것은 바로 그 때문이다. 기자이기 때문에 눈앞에 고통 받는 사람이 있더라도 손을 내밀지 않고 취재에 전념해야 한다.(명분은 그럴지 모르지만 현실은 그렇지 않은 경우도 당연히 있다. 실제로 베서 기자는 이 장면과는 별개로, 취재 중 여성의 출산을 도운 적이 있다.)

다른 미국 방송사인 CNN, NBC, CBS에서도 의사인 기자들이 각각 현장에 들어갔고, 모두 의료 행위에 참여했으며, 그 모습도 보도됐다. 그리고 이에 대한 비판도 일어났다. 의료 행위를 보도에 이용했다는 비판이었다.

이런 경우는 매우 어려운 문제다. 역시 의사이자 노스캐롤라이나주립대 채플힐 저널리즘 교수인 톰 린든은 미국 미디어 「일렉트로닉 뉴스」에서 의사 겸 기자의 세 가지 행동 기준을 제시했다.

① 응급 상황에서는 의료를 우선시하면 된다. 이 경우 자신의 의료 행위는 보도하지 않는다. 자기중심적인 이야기가 되기 쉽기 때문이다.

② 어린이를 취재할 경우 보호자의 동의를 받는 것이 미국 언론의 보도 규범이며, 이는 피해 지역에서도 마찬가지다.

③ 의사 겸 기자가 직접 의료 행위를 한 환자는 보도 대상으로 삼지 않는다. 보도 동의를 구하게 되면 환자 입장에서는 '거절하면 의료 서비스를 받을 수 없는 것 아니냐'는 딜레마에 빠지게 되기 때문이다.

Unit 5.

기자가 피해자일 때 어떻게 취재했는가

재난을 보도하는 기자 자신도 피해자가 되는 경우가 있다. 피해 지역에 위치한 지역 언론 기자는 특히 그렇다. 「구마모토 니치니치신문(熊本日日新聞)」의 기자 우에키 타이시(植木泰士)

는 기자가 된 지 3개월 만에 2012년 규슈 북부 호우를 겪었고, 2016년에는 구마모토 지진, 2020년에는 구마모토 호우 등 많은 재난을 취재했다. 그중 구마모토 지진 당시에는 아소시(阿蘇市)의 시민이면서 동시에 큰 피해를 입은 피해 지역의 주민이기도 했다. 그렇기에 기자로서 구조가 필요한 피해 현장의 다양한 상황 속에서 피해 주민들을 '도울 것인가, 아니면 보도를 위해서 취재할 것인가'를 고민한 적은 없었을까.

"기본적으로 당연히 (피해자를) 돕습니다. 하지만 기자이자 시민이기 때문에 취재와 도움을 동시에 할 수 있다고 생각해요. 기록하는 것도 중요하고, 돕는 것도 중요하죠. 눈앞에 있는 한 사람의 목숨도 중요하고, 이런 사실을 전달함으로써 지켜질 수천 명의 목숨이 중요할 수도 있고, 그 부분은 그때그때 현장에서 판단하고 있습니다."

역시 상황에 따라서, 케이스 바이 케이스(Case by case)다. 명확한 기준은 없다. 그래서 매우 어렵다.

"목숨이 오고가는 현장이므로 이것(잔해 등)을 이렇게 들어올리면 사람들을 살릴 수 있는 상황에서 '나는 제3자인 기자이기 때문에 사진만 찍는다'라는 생각은 절대 하지 않을 것 같아요. 다만 그런 내용도 기사화해야겠다고 생각합니다."

의사이자 기자가 자신의 의료 행위를 보도하게 되면 기자 중심적인 보도가 된다고 경계하지만, 피해자인 기자가 현장에서 다른 피해자와 함께 힘을 모아 피해 구제를 하는 것이라면 자신의 이야기가 아닌 현장 르포의 일부분이 된다. 이 또한 현장마다, 기사마다 성격이 다름을 보여주는 한 사례일 것이다.

이재민이나 구호자 입장에서 보면 기자가 방해꾼이라는 시각도 있을 수 있지만, 지역 언론인이기에 이재민도 되는 「구마모토니치니치신문」 기자들에 대한 불만은 별로 없었다고 한다.

"실제로 「구마모토니치니치신문」이라면 들어와도 되지 않겠느냐는 말을 듣는 현장도 있어요. 우리 신문을 구독하고 있기 때문에 신뢰받는 거죠. 재해가 발생한 뒤 일주일 정도 지나면 진흙투성이에 제대로 목욕도 못해 너덜너덜해집니다. 그런데 그것만으로도 피해 주민들에게 신뢰를 주는 거죠."

재해민과 기자 사이에 마음의 공감이 형성되는 것이다.

"종종 어느 신문사인지 알아볼 수 있는 완장을 차고 피난소 등 현장을 다니다 보면 '이런 상황을 보도해주세요'라며 말을 걸어오는 경우도 있습니다. 인터넷에서 흔히 보듯 미디어에 대한 비판만 있지는 않고, 기자에 대한 애정도 있어요. 그렇게 '이 마을의 참상을 전해주세요'라는 말을 들으면 열심히 해야겠다는 생각이 듭니다."

하지만 요즘 같은 시대에 재해의 심각성을 알리려면 SNS로도 충분하지 않을까.

"트위터가 더 빠르기도 하고, 미시적인 정보 전달에는 SNS가 특화되어 있다고 생각하지만, 실제로 그곳에 사는 당사자의 목소리를 전할 수 있는 것은 역시 종이 신문 만한 것이 없다고 생각합니다. 게다가 사건의 해설이나 앞으로의 전망, 즉 왜 이런 재해가 일어났는지, 피난은 적절했는지 등을 분석하고 검증하는 역할은 SNS와는 비교할 수 없는 영역입니다."

한편, 현장을 취재하는 기자들에게도 피해자로서 지원이 필요한 경우가 있을 것 같다.

"저도 이재민이기 때문에 음식이나 연료가 없는 상황은 이재민과 동일하죠. 다만 하루 이틀 지나면 도시락이나 과자 등 공적 지원이 현장에 들어오는데, 이건 전혀 손을 대지 않았어요. 저는 일을 하러 갔기 때문에 그곳에 있는 분들이나 주민들의 식량을 줄이면 안 된다고 생각했거든요. 언론사는 스스로 준비해야 합니다."

기자도 현지 주민으로서 이재민이니 공적 지원은 받아도 크게 나쁠 건 없지 않을까.

"재해 지역의 주민이기도 하지만 평소 취재활동으로 인해 시민 사이에서 '기자'로 알려져 있습니다. 아내는 시청 직원이라 공무원이기도 하고요. 배식을 받거나 공적 자원을 받기 위해 줄을 설 수 없었어요. 남으면 먹겠다는 마음이었습니다."

Chapter 2

미디어 스크램블(media scramble)을 없애자

Unit 1.

피해자와 가해자, 그리고 다수의 기자들

우에키 기자와 같은 지역 언론인의 경우 평소 상당한 신뢰를 얻고 있었기 때문에 독자나 시청자인 시민으로부터 더 진실에 가깝고 더 깊이 있는 정보를 제공받을 수 있었다. 그러나 우에키 기자에 따르면 재해가 발생했을 때 도쿄 등 멀리서 달려온 기자들 중에는 무성의한 행동을 보인 사람도 있었다고 한다.

드라마나 영화에서 기자들은 종종 사건의 피해자나 가해자에게 몰려가서 카메라와 마이크를 들이대며 '어떻게 생각하느냐'는 식의 조잡한 질문을 던지는 사람으로 묘사된다. 실제로도 그렇다. 큰 뉴스의 현장에 다수의 기자와 카메라맨이 몰려들어 취재를 시도하는 '미디어 스크램블(media scramble, 과열 취재)'은 현실에서도 문제를 야기한다.

1995년 3월 20일 아침, 도쿄 지하철에 맹독성 사린가스가 살포된 '지하철 사린 사건'이 발생했다. 이때 사망한 카스미가세키역의 부역장 다카하시 카즈마사(高橋一正)의 아내 시즈에(志津江)는 소식을 듣고 병원으로 달려갔다. 남편은 이미 사망한 뒤였다. 그날 밤 '몸도 마음도 찢어지는 듯한 하루'를 보내고 집에 돌아오니 집 앞에서 기다리고 있던 것은 취재진이었다. 다카하시 시즈에와 「아사히신문」 기자 가와하라 미치코(河原理

子)가 엮은 책 『범죄 피해자가 보도를 바꾼다』에 따르면 그때의 모습은 이렇다.

"도착한 집 앞에서 내가 본 것은 나를 비추는 조명과 그 앞에 검은색으로 떠오른 카메라와 사람, 사람, 사람, 사람이었다. 나는 곧바로 그곳을 빠져나온 뒤 인적이 끊긴 한밤중이 되어서야 겨우 집으로 돌아갈 수 있었다."

그 후 취재에서도 무례한 기자, 난폭한 취재는 적지 않았다. 『범죄 피해자가 보도를 바꾼다』에는 그 외에도 90년대부터 2000년대 초반에 걸쳐서 역사적인 대형 사건·사고의 피해자가 된 후, 많은 기자들이 한꺼번에 몰리는 취재 현장에서 상처를 입은 사람들의 글이 실려 있다. 살인사건이 발생한 초등학교로 서둘러 가는 부모들을 막고 이야기를 들으려는 기자, 이미 만들어 놓은 스토리에 끼워맞추는 식의 취재를 하는 기자, 사건에 대한 사전 조사도 없이 지식 제로(zero)로 취재하는 기자, 사건 후 열린 위령제에 화려한 셔츠와 청바지를 입고 오는 카메라맨, 사실관계가 틀린 기사를 쓴 기자 등 이러한 현실은 참으로 심각한 문제이고, 도망칠 수 없는 언론의 실수다. 그저 미안한 마음뿐이다. 필자를 포함해 기자들이 진지하게 반성하고 재발 방지를 위해 노력해야 한다.

이러한 비판이 한창이던 2001년 12월, 일본신문협회 편집위원회와 일본 민영방송연맹 보도위원회는 각각 다수의 기자에 의한 난폭한 취재를 막기 위해 대응책을 마련했다. △(취재를) 꺼리는 당사자나 관계자를 집단적으로 둘러싼 상태에서 취재해서는 안 되며 △장례식 취재는 유족과 관계자의 심정을 존중하고 복장과 태도에 유의할 것 △취재 차량의 주차 매너와 주변 정숙에 주의할 것 등이 거론되고 있다. 당연한 내용이지만 가이드라인이 만들어진 것은 개선의 여지가 생긴 것이니 다행스럽다.

이후 미디어 스크램블 방지는 미디어계의 공통된 인식이 되었다. 그도 그럴 것이 2019년 교토 애니메이션 사건에서는 상당히 강력한 미디어 스크램블 방지책이 취해졌다. 지역 기자클럽(신문사·통신사·방송사로 구성) 소속 기자들은 피해자의 신원이 밝혀졌을 때 유족에게 대규모로 몰려가는 대신 기자클럽을 대표한 두 명의 기자가 방문해 취재에 응할 것인지 여부를 확인하는 방식을 취했다. 그래서 69명이 한꺼번에 사망한 범죄 규모에 비하면 피해자 측의 혼란을 상당히 줄일 수 있었다.

다만 대표 취재 방식이 도입된 것은 취재 도중이었다. 사망자 36명 중 신원이 확인된 10명의 이름이 처음 발표됐을 때 각 언론사가 독자적으로 움직이다 보니 피해자 가족으로부터 민원이 제기되었고, 이를 수용하고 개선할 수 있는 방법을 생각해낸 것이다.

기자는 어쩔 수 없이 '자유로운 취재야말로 진실 발견의 길'이라고 생각하기 마련이다. 좋은 것이 좋다는 식으로 취재를 축소하게 되면 보도는 당국의 발표나 겉치레로만 채워질 뿐이다. 보도 규제가 되면, 설령 자율규제라 할지라도 제2차 세계대전 중 일본에서 벌어진 정보 통제의 축소판이 되지 않을까 하는 직업적 경계심이 앞선다. 게다가 자율규제를 하려면 각 언론사로부터 공식적인 동의를 얻어야만 실효성이 있는 것이다.

그런 이유로 미디어 스크램블 대책은 후순위로 밀리기 쉽다. 예를 들어 2022년 4월 홋카이도 시레토코 반도 부근에서 유람선 '가즈 1호(KAZU1)'가 침몰해 14명이 사망하고 12명이 실종됐을 당시 사고 현장과 피해자 가족에 대한 주변 취재가 문제가 되어 유족들이 언론에 엄중히 항의한 적이 있었다.

이 같은 취재 방식은 지금도 심각한 문제이며, 이 점은 몇 번이고 반복해서 자각할 필요가 있다. 언론에 종사하는 사람이라면 항상 성실한 사람이 되기 위해 끊임없이 고민하고 구체적인 방안을 마련해야 할 막중한 의무가 있다고 할 수 있다.

Unit 2.

피해자 유족들이 느끼는 취재 불쾌감

현장 취재에 대한 기자들의 태도는 개선되고 있는 것일까.

과거 1990년대를 보면 1992~1994년 사이 연구자 그룹이 실시한 조사에서 살인, 강도살인, 상해치사 등의 범죄로 가족을 잃은 피해자 유족 246명 중 '언론의 취재-보도로 인한 불쾌감'에 대해 '있었다'는 응답이 58.5%, '없었다'가 41.5%로 응답자의 60% 정도가 불쾌감을 느꼈다고 한다.[22]

2000년대 들어서는 개선되었을까. 내각부가 2009년 피해자 단체나 피해자 지원 단체를 통해 시행한 조사(피해자 관련 단체를 통한 우편 조사)에서 115명에게서 응답을 받은 결과, 살인이나 상해 등 폭력 범죄의 피해자·가족(유족), 그리고 언론관계자와 접촉한 사람 중 피해를 본 적이 '많았다' 또는 '조금 있었다'고 응답한 비율이 합계 42.8%로 여전히 높았다.

다만, 접촉한 적이 있는 다른 관계자로부터 피해를 입었는지 여부를 살펴보면, 가해자 측 관계자(75.0%), 경찰관·검사·판사 등(57.2%), 병원 등 의료기관 직원(43.5%), 언론 관계자(42.8%), 친구·지인(36.4%) 순서로 나타났다. 이런 결과를 보면 사건 피해자가 받는 '2차 피해'를 줄이기 위해서는 언론뿐만 아니라 다양한 사람들의 노력이 필요한 것을 알 수 있다.

한편, 내각부가 2008년에 실시한 또 다른 범죄 피해자 조사에서는 사건 후 심경에 대해서 피해자 본인의 10.1%, 가족의 11.7%가 '전혀 보도되지 않아 외로웠다'고 응답했다. 피해자

---

22 미야자와 코이치(宮澤浩一) 외 『범죄피해자 연구』에서 인용

본인이 '불안했다', '우울했다'는 응답이 70%를 넘는 것에 비하면 상당히 적은 비율이고, 22개 선택지 중에서 가장 낮은 비율이지만, 범죄 피해자와 가족의 10%는 '사건을 보도해줬으면 좋겠다'고 아쉬워하고 있다.

앞서 언급한 『범죄피해자가 보도를 바꾼다』에도 그런 목소리가 소개되고 있다. 큰 사건의 피해자 유족 중에는 다른 사건의 피해자 가족들로부터 '우리한테는 (기자가) 오지 않았어요. 당신은 많이 보도되어 좋았겠네요' '좋겠네요, 우리 사건은 전혀 보도되지 않았어요'라는 등의 말을 들은 경험을 털어놓고 있다.

'보도해 주기를 바라는' 사람도 있다. 그리고 오케가와 스토커 살인사건(桶川ストーカー殺人事件)처럼 피해자의 유족과 친구들을 세심하게 취재하고 보도했기 때문에 피해자에 대한 경찰의 배신 행위가 밝혀진 사례도 있다. 만약 '경찰이 발표한 이야기'만을 보도하고, 기사에 피해자 측의 정보나 의견이 소개되지 않는다면 시민은 결함이 있는 정보를 얻게 될 것이다. 무엇보다 민주주의 사회라면 시민의 목소리와 발언을 소중히 여기는 사회가 되어야 한다.

한편으로 조잡하고 난폭한 취재 방식으로 인해 깊은 상처를 입은 사람들도 있다. 이를 무겁게 받아들여야 한다. 요점은 취재 보도를 중단하라는 것이 아니라, 취재로 타인에게 상처를 주지 않도록 절제하면서 시민에게 좋은 정보를 제공하려는 균형을 지키고자 진지하게 고민하는 것, 그리고 '어떻게 하면 상대방의 마음을 헤아려 무리하지 않고 더 잘 취재하고 더 잘 보도할 수 있을까'가 관건이다. 어려운 목표이기는 하지만 반드시 지향해야 한다.

Unit 3.
꼭 언론에 이야기해야 해?

참고할 수 있는 것이 호주 뉴사우스웨일스주의 법무부가 피해자를 위해 정리한 '범죄 피해자를 위한 미디어 가이드'이다. 도입 부분에 '공익에 대하여'라는 설명이 있다.

공익(公益)은 까다로운 개념이다. 언론 보도나 정보 공개는 당사자에게 이익이 되지 않는 경우가 많다. 그렇다면 누구의 이익인가. 이때 '공익'이라는 단어가 사용되기도 한다. 공익은 'Public Interest'의 일본어 번역이지만, 좀 더 친근한 말로 표현하자면 '모두의 이익'으로 번역하는 것이 영어의 어감에 더 가까운 것 같다. 이 책에서도 강조하는 운영자, 즉 '시민 전체의 이익'이라고 보면 된다.

'왜 이런 것을 보도하느냐'는 질문에 '공익성이…'라고 기자들은 말한다. 하지만 기자들 스스로도 '공익성'이 무엇인지 명쾌하게 설명하지 못하는 경우가 적지 않다. 공익성이란 사실 상당히 모호한 개념이고, '특정한 사람의 이익'이 되는 것을 의미하는 것은 아니다. 게다가 일본어의 경우 '공(公)'이나 '공공(公共)'이라는 말의 어감이 '관(官)', 즉 정부와 혼동되기 쉽다. 퍼블릭(Public)은 원래 그 반대인 '민(民)'을 의미한다. 호주의 '미디어 가이드'는 다음과 같이 설명하고 있다. (내용은 발췌)

당신은 '공익성'이 있다고 보도되는 것을 보고 들은 적이 있을 것이다. 공익성이란 그 정보가 세상 사람들에게 안전과 행복의 측면에서 도움이 된다는 것을 의미한다.

언론에 종사하는 사람들은 중요한 사건을 지역사회에 알리는 것이 그들의 의무이다. 지역사회 전체가 주민의 안전과 행복에 관심을 갖고 있기 때문에 안전에 대한 위협이나 공격은 어떤 것이든 '공공의 이익에 관한 것'으로 간주될 수 있고, 사회 구성원 모두의 관심사가 될 수 있다.

폭력이나 공격을 당하거나 살해당한 개인에 대한 자세한 내용을 보도하는 것은 공공의 이익에 기여하는 것으로 설명될 수 있다. 이러한 사건들이 경찰과 사법 시스템에 의해 어떻게 처리되고 있는지도 마찬가지이다.

만약 당신이 기사화할 정보를 찾는 언론인에게서 연락을 받았다면, 그들은 당신에 관해 보도하는 것이 공익에 도움이 된다고 말할 지도 모른다. 당신이 그들에게 상세한 내용을 밝힐 것인지, 인터뷰에 응할 것인지는 당신이 독자적으로 판단할 문제이다. 그들과 대화할 의무가 있는 것은 아니다. 기자의 요청에 대해서 생각해 보고 실제로 언론에 이야기하고 싶은지 아닌지 결정하라. 당신이 결정할 문제이다.

'당신이 결정할 일', 즉 미디어와 어떻게 소통할 것인지는 '당신이 결정할 일'이기 때문에 시민이 생각하고 행동할 수 있도록 판단할 수 있는 자료를 제공하는 것이다.

■ 언론에 이야기하지 않으면 안 되는 건가요?

아니, 그건 전적으로 당신이 결정할 문제이다. 다만 언론은 매우 끈질긴 존재이다. 최대한 좋은 기사를 쓰는 것이 언론인의 임무이다. 가족 중 누군가를 대신해 언론에 대응하는 것도 괜찮고, 드물게 경찰로부터 수사를 진전시키기 위해서 언론에 이야기해 달라고 요청받는 경우도 있다.

■ 언론에 이야기하면 어떤 이점이 있나요?

중요한 사건의 경우 많은 사람들이 관심을 가지고 있다. 언론은 기사를 올바르게 보도하고 싶고, 피해자와 사건에 대한 정확한 정보를 제공하기 위해 많은 도움이 필요하다. 보도는 범죄에 대한 인식을 넓히고 재발 방지에 기여할 수 있다. 만약 아무도 기소되지 않은 경우 가해자를 찾는 데 도움이 될 수 있다. 경찰은 가해자를 찾기 위해 사회에 도움을 호소하는데 이때 여러분의 도움이 필요하다. 사망한 사람이 있다면, 사회 전체가 그들을 추모할 수 있는 방법이기도 하다.

■ **언론에 제보하면 어떤 위험이 있나요?**
언론에 전달된 사진은 지속적으로 사용된다. 처음 몇 주 동안은 별다른 문제가 없을지 몰라도 6개월, 혹은 그 이후에도 반복적으로 슬픔을 불러일으킬 수 있다. 이 경우 자신이 가장 좋다고 생각하는 사진이 나온다는 것을 알고 있다면 안심할 수 있을 것이다. 친척이 제공한 사진이 아니라면 언론은 SNS 등을 통해 사진을 찾게 된다. 그렇지만 이는 위험할 수 있으며, 어떤 사진이 보도될지 통제할 수 없게 된다. 신문, 라디오, TV에는 인터뷰와 사진 영상 기록을 저장하는 보관소가 있다. 향후 조사 자료로 활용될 수 있다.

미디어 스크램블이 발생할 수 있는 상황, 혹은 불시에 취재를 당할 수 있는 상황에 대해서는 다음과 같이 설명하고 있다.

■ **공공장소에서 촬영당하는 경우**
여러분이 법원에 있을 때나 경찰서에 갔을 때 촬영될 수 있다. TV 기자들은 공공장소에 있는 사람을 촬영할 정당한 권리가 있으며, 이를 피하기는 어렵다. 특히 논란이 되고 있는 사건의 경우 더욱 그러하다. 여기에는 범죄 현장이 공공 도로 또는 공공 장소인 경우 현장 촬영도 포함된다. 미디어는 또한 당신의 거주지나 집에 드나들고 있는 장면을 집에 들어가지 않고 촬영할 수 있다. 만약 당신이 법정에서 촬영을 당할 것 같다면 누군가와 함께 동행하는 것이 도움이 될 수 있다. 이것이 얼마나 도움이 되는지 겪어보면 놀랄 것이다. 쫓기는 느낌이 줄어들고, 카메라맨과의 거리도 유지할 수 있다.

■ 취재 내용을 어느 정도 통제할 수 있나요?

만약 인터뷰 요청을 받는다면 어떤 질문을 하고 싶은지 파악해야 한다. 어떤 발언이든 미리 생각해 볼 수 있도록 질문 내용을 사전에 알려달라고 요청할 수 있다. 그러면 인터뷰를 받을지 여부를 판단하는 데 도움이 될 수 있다.

언론은 종종 뉴스에 감정이입을 시도하는 경우가 많다. 그리고 고인과 가까운 가족들의 인터뷰 내용은 매우 영향력이 있다. 그런 취재에 동의한 경우, 특히 범죄가 발생한 직후라면 기자들은 이를 최대한 활용하려고 하는 것이 일반적이다.

언론은 범죄 현장에서 피해자나 목격자를 취재하려고 하므로 피하는 것은 어렵지만, 특히 슬픔에 빠져 있는 상태에서 취재에 응하는 것은 피하는 것이 바람직하다. 경찰은 현장에 미디어 전문관을 배치하고 이들의 미디어 대응을 도와줄 수 있다.

사건 후 취재에 동의한 경우에도 당황하거나 울음을 터뜨릴 가능성은 충분히 예상할 수 있다. 만약 당신이 슬픔에 빠진 모습을 보여주고 싶지 않다면, 그런 영상이나 사진을 사용하지 않았으면 좋겠다는 의사를 전달하거나 해당 부분은 다시 촬영해 달라고 요청하는 것이 필요하다. 따라서 마음의 준비가 될 때까지는 인터뷰에 응하지 않는 것이 바람직하다. 간혹 기자들 중에는 당신이 인터뷰의 일부에 대해서 삭제를 요청해도 촬영한 영상을 그대로 사용하려는 사람도 있을 것이다.

활자 매체 기자와 대화할 때 만약 당신이 쓰고 싶지 않은 말을 했다면 '이 부분은 보도를 위해서 발언한 것이 아니다'라고 분명히 말해야 한다. '이 부분은 보도하지 않겠다'라고 기자에게 복창하도록 요청해야 한다. 그래서 대답하기 전, 어떻게 대답할 것인지 정리하는 시간을 가지는 것이 바람직하다. 기자가 그 정보를 사용하지 않으리라는 보장이 없기 때문이다.

기자들은 이런 상황에 처한 사람들을 대하는 데 매우 익숙해져 있고, 그들이 친근하고 친절하다고 느끼는 경우가 매우 많을 것이다. 그들은 당신의 생각을 잘못 전달하고 싶지 않다고 말할 수도 있으니, 그 정도는 지켜달라고 부탁할 수 있다. 당신이 전달하고 싶은 것을 확실히 전달하고 보도되고 싶지 않은 내용도 기자들이 반드시 기억하도록 해야 한다.

호주 법무부 가이드는 '무슨 일이 생기면 좋지 않으니'라고 금지하거나 그만두게 하는 '금지집'이 아니라 시민이 의견을 말할 권리를 소중히 여기는 '조언집'이다. 수사하는 측의 가이드여서 "당신이 말하는 것이 수사에 영향을 미칠 수 있습니다.", "의문이 있으면 경찰관에게 자문을 구하세요."라고 거듭 확인하는 표현도 곳곳에 나타나지만 시민의 의견 표명이나 소통의 정보를 훼손하지 않겠다는 인권 존중의 자세가 깔려 있다. 피해자와 언론이 더 나은 관계를 만들어가는 것은 사회에도 좋고, 시민에게도 좋다는 관점을 엿볼 수 있다.

Chapter 3

누구의 이익을 위한 보도인가

Unit 1.
고교 신문에 실어서는 안 되는 기사

저널리즘에는 중립보다 독립성이 중요하다는 점이 미국 저널리즘 교육에서도 강조된다. 민주주의의 '운영자' 측인 시민에게 필요한 정보를 제공하는 것이 저널리즘이라고 배우는 것이 주권자 교육, 시민 교육의 한 축이 된다. 『뉴스를 쫓는 고등학생을 위한 저널리즘 입문』은 고등학생을 위한 저널리즘 교과서 중 하나로, 실제 '고등학교 신문' 기사를 쓰는 학생 기자들을 주인공으로 삼아 그들이 겪는 고민과 문제를 저널리즘의 원리를 통해 설명하고 있다.

그중에 '편집 체크리스트'라는 항목이 있다. 고등학교 신문사 편집부에서 동료들의 기사를 점검할 때 사용하는 포인트다. '그 기사에서 서로 무관한 세 명 이상의 취재원을 통해 이야기를 들었는가', '익명의 취재원을 사용하지 않았는가, 만약 사용했다면 그 이유를 기사에 명시했는가'와 같은 프로페셔널한 관점이다. 그중 다음과 같은 항목이 있다.

"필자는 자기 학교를 응원하는 내용을 피하고 있는가?"

고등학교 신문은 자기 학교가 출전한 스포츠 경기를 보도할 것이고, 독자들은 '우리 학교'의 승리를 기대할 것이다. 하지만 미국 고등학생용 저널리즘 교과서는 고등학교 신문에 '우리 학교 응원 기사'를 싣지 말라고 경고한다. 그러면 저널리즘에 필수적인 독립성을 잃고 만다는 것이다. 고등학교 신문 편집부는 고등학교를 위한 것이 아니라 독자, 즉 그 고등학교라는 공동체에 사는 시민을 위한 것이다. 그런데 고등학교를 위해, 혹은 응원을 위해서 선수들에게 약점이나 실수가 있더라도 '좋아하는 기사'를 우선시할 수밖에 없다. 그렇게 되면 고등학교 신문의 독자 그리고 시민은 진실에서 멀어지게 될 것이다.

'우리 학교를 응원하는 기사'가 NG라면, 한 나라의 언론사가 '우리나라 응원 기사'를 내보내는 것도 NG라는 뜻이 된다. 이런 저널리즘의 기본을 실제로 철저하게 지키고 국가 지도자를 화나게 한 곳이 영국 공영방송 BBC다. 그것도 나라가 큰 위기에 처해 있고, 다른 나라와 전쟁을 일으키고 있는 와중이었다.

1982년 4월, 아르헨티나 군사정권은 아르헨티나에서 약 500km 떨어진 대서양 포클랜드 제도(스페인어명 말비나스 제도)를 무력으로 공격해 점령했다. 이곳 포클랜드는 19세기부터 영국이 지배했고, 20세기 후반 식민지가 속속 독립하는 와중에도 본국으로부터 멀리 떨어진 영국의 남미 지배지로 남아 있었다. 여기에 아르헨티나가 갑자기 쳐들어오면서 시작된 것이 포클랜드 전쟁(포클랜드 분쟁, 말비나스 전쟁이라고도 한다)이다.

영국 최초의 여성 수상이자 '철의 여인'으로 불린 마가릿 대처(Margaret Hilda Thatcher)가 지휘하는 영국군은 약 2개월에 걸쳐서 섬을 다시 점령하고 아르헨티나군을 항복하게 만들면서

이 전쟁은 영국의 승리로 끝났다. 영국 입장에서 이 전쟁은 전시체제를 구성하고 원거리에 다수의 함선과 항공기를 출동시켜 2,000명 이상의 전사자가 발생한 가혹한 시련이었다.

"나를 포함한 많은 사람이, 무엇보다 BBC의 태도를 마음에 들어 하지 않았고, 나(대처)는 BBC에 대해 상당히 우려하고 있었다."

"그들(BBC)은 영국과 아르헨티나 사이에서 마치 중립을 지키듯 보도하고 있다. 다음 작전에 대해 담당자와 나눈 이야기를 알아내는 등 적을 이롭게 하고 있다는 생각을 강하게 한 적이 있다."

"내가 항상 걱정하는 것은 우리(영국)군의 안전이다. 하지만 그들(BBC)이 신경 쓰는 것은 뉴스뿐이다."

이 내용은 2015년에 밝혀진 대처의 메모 중 일부이다. 영국 공공방송 BBC가 영국에 대한 응원 보도를 하지 않는 것에 대해 짜증을 내고 있다. 대처를 짜증나게 한 사람 중 한 명이 헤럴드 브릴리이다. 당시 BBC의 아르헨티나 주재 기자이자 전쟁을 최전선에서 취재했던 사람으로, 그는 이렇게 회고한다.

"BBC는 '국가 반역자의 태도'라는 비난, 국가를 사랑하지 않는다는 중상모략에 분개하며, 영국과 침략자를 중립적이고 동등하게 취급할 수 없다고 말하고 있다. (중략) 그럼에도 불구하고 BBC의 세계적 명성의 이유인 '객관성과 신뢰성'을 지키는 것은 곧 '진실을 지키는 것'이었다. BBC는 역사적 지침을 지키는 것을 고집해 왔다. 우리는 '영국의'라는 뜻으로 '우리'라는 말을 피하도록 노력해야 하는 것이다. 단지 영국군의 사기를 높이는 것이 그 일이 아니었다.

BBC의 보도는 포클랜드 제도 주민들로부터도 '포클랜드 제도와 남대서양에서 일어나는 일에 대해 유일하게 신뢰할 수 있는 뉴스 매체'라는 찬사를 받았다고 한다. 영국을 지지하는 언론도 아니고, 아르헨티나 군사정권의 통제를 받는 아르헨티나 언론도 아닌, 독립성을 유지하며 시민 모두를 위한 자세를 철저히 견지해 왔기 때문이다."

Unit 2.
공공방송이란 시민에 의한 시민의 방송

그렇다고 해도 BBC는 공공방송이다. 공공의 이익을 위한 방송국이라면 국가를 위해 봉사한다고 해도 괜찮은 것 아닌가 하고 생각할 수 있다. 그런데 '공공'이라는 말에 함정이 있다.

흔히 '공공도서관'이라고 하면 현(縣, 한국의 도(道)에 해당)이나 시(市)가 운영한다. 공공(公共) 공사라고 하면 도로나 교량을 건설하는 것으로 중앙정부나 지자체가 진행하는 것이다. 그래서 '공공'이라고 하면 관청과 같은 공적인 주체, 즉 정부기관이라고 생각하기 쉽다. 그렇지만 '공공'이라는 말은 원래 영어의 'Public'에 해당된다. 여기서 public은 '공공의', '사람들의'라는 의미이다. 즉 '시민(民)'을 의미한다. '정부기관'과는 다르다. 퍼블릭 인포메이션(public information)이라는 말 역시 공공정보라는 말로 '시민을 위한, 공개적으로 누가 보아도 괜찮은 것'이라는 의미를 가지고 있다. '퍼블릭 인포메이션'에는 정부기관의 공적인 서류도 포함되는데, 이때에도 퍼블릭은 '공적인'것을 의미하는 것은 아니고, 시민에게 공개되거나 공개되어야 하는 정보를 의미한다.

따라서 '공공방송'은 시민에 의한, 시민을 위한 방송국을 말한다. 정부나 특정 조직으로부터 독립되어 있음을 뜻한다. 재정적인 면에서도 정부에 의존하지 않도록 BBC 역시 NHK(한국의 KBS)와 같이 수신료 제도를 통해 독자적인 재원을 가지고 있다. 정부의 눈치를 보지 않기 위한 장치다. 광고를 내고 광고료를 받는 민간방송은 광고주의 눈치를 본다는 지적을 받고, 시청률이 떨어지면 광고 수입이 줄어들지만 공공방송은 그런 걱정은 없다. 즉 시청률을 위해서 프로그램을 만들 필요가 없는 것이다. 예를 들면 BBC나 NHK와 같은 공공방송의 프로그램을 보지 않는 사람에게도 수신료를 징수하는 것의 장점은 적지 않다. 정부나 대기업의 눈치를 보지 않고 자유롭게 주장할 수 있기 때문이다.

다만, 이런 이상이 현실에서 실현될 수 있도록 공공방송이 권력이나 기업을 제대로 감시하기 위해서는 시민이 보도 내용에 관심을 갖고 질타하거나 격려하는 것이 중요하다. 여기서도 시민은 운영자가 되어야지 단순한 소비자가 되어서는 안 된다.

Unit 3.
취재원이라도 보도 전 원고는 볼 수 없다

2012년 3월 14일, 미국 「워싱턴 포스트」는 "대학들, 대학 학습 평가에 불안"이라는 제목의 기사를 게재했다. 미국 대학들은 4년간의 교육으로 학생들의 실력이 얼마나 늘었는지를 확인하기 위해 민간 단체의 '성장도 테스트'를 도입하는 경우가 적지 않다.[23] 1학년과 4학년에게 논술형 시험을 실시해서 점수를 비교하는 방식인데, 이 시험이 얼마나 유의미한지 의문을 제기하는 내용이다. 기사는 1학년과 4학년의 점수가 크게 다르지 않다는 텍사스대학의 예를 들었다. 즉, 4년간의 교육에도 불구하고 학생들의 역량이 별 차이 없다고 해석할 수 있는 결과가 도출됐음을 소개하고 있다. 하지만 텍사스대학은 미국 대학 랭킹에서도 상위권에 이름이 올라 있는 학교다. 텍사스대학

---

23 이 시험은 미국 대학학습평가(Collegiate Learning Assessment)를 말한다.

학생들의 실력이 늘지 않은 것이 아니라 학생들이 너무 우수해서 1학년 때 높은 점수를 받았기 때문에 4학년 때의 시험에도 점수가 늘어날 여지가 많지 않을 가능성이 있다. 이 대학 교육 부문 책임자인 폴 우드래프(Paul Woodruff)는 기사에서 "텍사스대학 학생들에게 조금 쉬운 시험"이라고 말했다. 텍사스대학 4학년인 20살의 소 랜드는 입학 당시의 시험에서 36점 만점에 34점을 받았는데 "얼마나 더 늘릴 수 있겠느냐?"며 고개를 갸웃거렸다. 기사는 성장도 테스트 자체가 단순해서 이런 것으로 대학의 역량을 측정할 수 없다는 지적도 하고 있다.

기사가 보도되고 4개월이 지난 시점에 이 기사가 다시 문제가 되었다. 텍사스 잡지 중에서 인종차별, 총기 규제, 여성의 권리 등을 적극적으로 다루는 「텍사스 옵저버」가 '워싱턴 포스트 기자, 대학 당국자에게 기사 수정 허용, 논란의 시험 관련 보도에서'라는 기사를 실었기 때문이다.[24]

기사에 따르면 대학학습평가 기사를 쓴 「워싱턴 포스트」 다니엘 도비세 기자는 텍사스대학을 취재한 후 홍보 담당자에게 기사 내용의 확인을 요청하며 이메일을 보냈다. 하지만 보도가 나가기 전에 취재 상대에게 원고 전문을 보여주지 않는 것은 저널리즘계의 관례이다.

---

[24] 해당 기사는 다음 링크에서 확인할 수 있다.
https://www.texasobserver.org/washington-post-reporter-allows-college-officials-to-alter-story-on-controversial-test/

원고를 본 사람은 마음에 들지 않는 내용에 대해서 당연히 수정을 주문할 것이다. 그렇게 되면 취재 대상이 보도 내용에 개입하는 결과를 초래한다. 시민에게 최선이 되는 보도, 시민에게 알려야 할 것을 알리는 기사가 아니라 취재 대상에게 최선인 정보를 전달하는 홍보성 기사에 가까워진다. 그런 것을 공정한 보도라고 생각하고 읽게 되는 손해는 고스란히 시민의 몫이다.

 이런 일이 벌어질 것이 뻔하기 때문에 원고 자체를 사전에 보여주지 않는 것은 보도의 독립성을 지키기 위한 관례로 굳어졌다. 세계적으로 명망있는 「워싱턴 포스트」 기자가 저널리즘의 원칙을 위반했다는 의혹을 언론 윤리적인 측면에서 「텍사스 옵저버」가 문제 삼은 것이다.

 「텍사스 옵저버」에 따르면 「워싱턴 포스트」의 보도 전 원고를 받아 본 대학 측은 당황했다고 한다. 텍사스대학이 대학 학습 평가 결과에 비판적인 것처럼 쓰인 것은 바라던 바가 아니었기에, 대변인 게리 서스와인(Gary Sasswine)은 「워싱턴 포스트」 도비세 기자에게 "기사 내용이 끔찍하다.", "경우에 따라서는 편집자에게 대응할 것", "싸움을 걸고 있다."고 전하면서 대학 학습 평가에 반대하는 것처럼 작성된 문구는 "근본적으로 사실과 다르다."고 항의했다고 한다. 그리고 서스와인은 기사 원고의 많은 부분을 직접 수정해서 돌려보냈다. 일부이긴 하지만 보도 당사자가 자신에 대한 기사를 직접 쓰는 경우가 발생한 것이다. 이것이야 말 그대로 홍보용 PR 기사가 아닌가.

보수주의자인 릭 페리(James Richard 'Rick' Perry) 텍사스 주지사 주변에도 대학학습평가 테스트 추진파가 있다. 주립대인 텍사스대학이 대학학습평가 테스트에 비판적이라는 뉴스가 나간다면 주지사 입장에서는 그렇게 유쾌하지 않을 것이다.

결국 텍사스대학에 관한 「워싱턴 포스트」 기사는 대학 측의 여러 가지 요구를 수용한 후 게재된 기사가 되고 말았다. 이를 지적한 「텍사스 옵저버」 디지털판 기사에는 대학 측과 도비세 기자가 주고받은 이메일 원문도 첨부되었고, 다운로드도 가능했다. 교환된 이메일 정보는 「텍사스 옵저버」 기자가 정보공개 제도를 이용해서 입수한 것이다. 텍사스대학교는 주립대학이므로 교직원이 처리한 이메일은 공문서로서 공개 대상에 포함된다.

「워싱턴 포스트」 도비세 기자의 행위는 단순히 옳다, 그르다라고 단정할 수 없는 부분이 있다. 사전 점검을 통해 기사의 사실 오류를 발견하고 정확하게 수정할 수 있다면 독자들, 즉 시민에게는 플러스가 되기 때문이다. 기자가 취재 대상자의 말뜻을 잘못 이해했다거나 뉘앙스가 크게 다르다 등의 오류가 수정되는 것도 마찬가지일 것이다. 하지만 사실 뿐만 아니라 뉘앙스, 뉘앙스 뿐만 아니라 기사의 톤까지 취재원이 수정에 개입하게 되면 기사의 비판을 누그러뜨리고 진실과 거리가 먼 기사로 왜곡될 위험도 있다. 이렇게 된 기사를 시민에게 그대로 제공한다면, 취재 대상은 만족할지언정 시민에게는 심각한 배신이 될 것이다. 독립성을 잃고 시민이 아니라 취재 대상에게 충성하는 꼴이 될 수 있다.

보도의 독립성을 위해 취재원에게 원고 내용을 사전 보여주지 않는다는 규칙은 최근 들어 미국에서조차 미묘하게 변화하고 있으며, '정확성을 위해서'라는 엄격한 조건하에 보도 내용의 일부에 대해 사전 설명을 허용하자는 논의가 진행되고 있다. 그런데 '사실의 정확성 확인을 위해서'라는 전제 조건은 생각보다 쉬운 문제가 아니다. 「워싱턴 포스트」의 사례처럼 원고 전문을 전달하면 이를 받은 쪽에서는 사실 관계뿐 아니라 비판이나 부정적인 논조까지 수정하려 드는 것이 오히려 자연스럽다고 할 수 있다. 이렇게 되면 보도의 독립성은커녕 취재 상대를 감수자나 공동 집필자의 입장에 서게 만들고, 문제가 생기면 그 책임을 지게 하는 결과를 초래할 수 있다.

미국 기자 단체인 '프로페셔널 저널리스트 협회(The Society of Professional Journalists, SPJ)'가 정리한 책 『미디어 윤리(Code of Ethics)』는 기자의 독립성을 지키면서 정확성을 추구하기 위해 사전 확인을 요청하는 경우에도 설명 범위는 기사 전체가 아닌 상대방과 관련된 부분으로 한정하고, 이메일로 요점을 알려주거나 자세한 내용은 전화로 하는 방법을 권장한다. 원고의 통제권은 기자가 갖고, 기사 작성 여부는 기자가 독자적으로 판단해야 한다고 강조한다.

일본도 보도 과정에서 원고를 그대로 취재원에게 전달하는 경우는 극히 드물다. 그렇지만 인용부호를 사용하는 취재원의 발언이나 미묘한 사실관계, 전문지식과 관련된 부분, 차별이나 편견을 유발할 수 있는 내용을 구체적으로 설명하고 사실을 확인하는 경우는 많지만, 상대방이 권력자인가 약자인가에 따라서 대응은 달라진다.

어느 나라든 보도 전에 원고 확인을 요구하면 갈등이 일어난다. 취재원 입장에서는 기사 내용을 알게 되지만 사실 이외의 내용에는 기자가 응하지 않기 때문이다. 상대방은 기자에 대해서 괘씸하고, 오만하다고 느낄지 모른다. 취재 상대가 기업이나 단체의 공보담당자라면 상사로부터 "사전에 보도 내용의 줄거리를 알려줬는데 아무런 수정도 못했는가."라고 지적 받을지도 모르기 때문이다.

텍사스대학이 기사 원문을 취재원에게 보내준 사례로, 「워싱턴 포스트」의 편집주간 마커 브로클은 원고를 상대방에게 보냈다고 해서 기사의 톤이 변했다거나 약해진 것은 아니라고 변명했다. 그러나 「워싱턴 포스트」는 해당 기사에 대한 문제 제기가 있은 후 사전 확인에 대한 규칙을 더욱 엄격하게 적용했다.

사전 확인은 정확성을 유지하기 위한 목적에 한정한다. 예를 들어 과학 담당 기자가 내용에 오류가 없는지 확인하기 위해 취재원에게 원고의 일부만 읽게 하는 등 원고를 통째로 넘겨주는 것을 원칙적으로 금지했다. 온 더 레코드(on the record, 실명

인용 가능)로 들은 이야기는 발언한 대로 작성하고, 수정할 수 없다는 점도 명시했다. 예를 들어 기자가 "이런 내용으로 말씀하신 걸로 할게요."라고 할 때 취재원이 "그러면 '실명'으로 나가는 것은 곤란하니 '정부 고위 관계자'로 해달라."고 요청해도 인정해서는 안 된다는 것이다. '정부 고위 관계자'와 같은 익명 발언, 익명 브리핑 간담회처럼 익명을 조건으로 한 취재를 영어 저널리즘 용어로 '백그라운드(back ground)'라고 말하며, 취재 시 사전에 명확하게 약속하는 것이 일반적이다.

텍사스대학 기사 문제가 발생하기 얼마 전에도 「월스트리트저널」의 지나 천(Gina Chon) 기자가 취재 상대인 미국 정부 고위 관료 브렛 맥거크(Brett McGurk)에게 신문 발행 전에 기사 원고를 보여줬다는 이유로 사퇴한 바 있다.[25] 사실 천 기자와 맥거크는 불륜 관계였다. 하지만 퇴사 이유는 불륜 문제가 아니고 보도 전에 원고를 보여줬다는 것이다. 물론 회사 측은 천 기자가 이 관계를 회사에 보고하지 않은 것도 문제 삼았다. 기자가 취재 대상과 특별한 관계를 맺게 되면 보도 내용이 대상에게 호의적으로 변질될 우려가 있다. 천 기자 입장에서는 특별한 관계인 정부 고위 관료에게 관대해지고 정부 편향적인 기사를 쓸 위험이 생기게 된다. 어쩌면 그런 의심을 받아서 신뢰를

---

[25] 천 기자는 한국계로, 바그다드 주재 기자 시절에 맥거크와 관계를 맺었던 것으로 알려지고 있다. 관련 기사는 링크를 참조할 것.
https://www.hani.co.kr/arti/international/america/538500.html

잃는 문제가 생기는 것이다.

영어 저널리즘 격언에 '서커스 취재를 담당하지 않는 한 코끼리와 함께 자든 말든 상관없다'는 말이 있다.[26] 기자가 어떤 연애를 하든 상관없지만, 서커스 기사를 쓰는 기자가 서커스단의 코끼리와 연애를 하는 것은 허용되지 않는다는 것이다. 왜냐하면 이런 상황에서 기자는 독립적인 입장을 취할 수 없기 때문에 코끼리의 연기에 대한 기사는 편파적이 될 것이고, 시민은 왜곡된 기사를 읽게 되기 때문이다. 결국 사회의 '운영자'인 시민에게 좋은 정보를 제공할 수 있느냐 없느냐가 관건이다.

Unit 4.

당사자 이익을 둘러싼 변호사와 미디어의 대립

저널리즘은 독자와 시청자인 시민을 최우선으로 하고, 취재 대상의 이해관계에도 얽매이지 않도록 독립성을 유지해야 한다. 보도되는 쪽의 이익을 위해 보도 여부를 결정하는 것이 아

---

26 '로젠탈 규칙'이라고 한다. 원문은 다음과 같다.
"I don't care if my reporters are fucking elephants, as long as they aren't covering the circus."—Abe Rosenthal

니다. 그러다 보면 보도 대상자의 이익을 대변하는 변호사와 언론이 충돌하는 경우도 있다. 이런 경우에 변호사들은 취재나 보도에 대해 '사생활 침해에 해당한다'고 주장하거나, 기사나 프로그램의 내용이 부당하다며 항의서나 정정 보도 요구서를 보내기도 한다. 경우에 따라서는 언론사를 상대로 소송을 제기하기도 한다.

변호사는 언론과 반대 입장에서 당사자의 이익을 위해 당사자를 대변하고 옹호하는 법률 전문가이다. 언론 입장에서 본다면 변호사는 당사자의 홍보담당자로 치부된다. 변호사의 역할은 당사자(의뢰인)에게 최대한 유리한 정보가 보도되도록 하고, 불리한 정보는 최대한 보도되지 않도록 노력하는 것이다.

한편, 적지 않은 언론사들이 제3자 위원회를 두고 있고, 여기에 변호사가 참여하는 경우도 적지 않다. 표현의 자유나 미디어법에 정통한 전문가의 입장에서 보도의 역할을 논하면 저널리즘의 질을 높일 수 있지만, 여기에 당사자 이익을 중시하는 입장이 개입되면 저널리즘의 역할이 모호해지고 보도를 당사자에게 종속시키는 '홍보화' 요소가 개입될 위험도 있다.

더욱이 변호사 단체로서 고도의 공공성을 가진 변호사협회가 언론과 보도에 관한 의견을 표명할 때 당사자의 이익을 대변하는 변호사의 역할, 즉 '당사자의 요구에 부합하는 보도'를 추구하는 입장인지, 공공단체로서 저널리즘의 원칙인 '당사자의 이해관계로부터의 독립과 원칙을 지켜지는가'를 추구하는 것인지에 대해서는 충분한 논의가 이루어지지 않은 것 같다.

그럼에도 기자와 변호사는 모두 시민의 이익과 사회문제에 깊은 관심을 가지고 있고, 실제로는 서로 강하게 협력할 수 있는 관계이다. 미국의 비영리단체인 '언론자유를 위한 기자 위원회'를 지원하는 것은 다수의 변호사들로, 예를 들어 기자가 정보공개제도에 따라 정부 문서 공개를 청구하고 거부당했을 때 공개를 요구하는 소송을 지원한다. 보도를 달갑지 않게 여기는 기업이나 유력자가 괴롭힘을 목적으로 기자를 상대로 소송을 제기하겠다는 의사를 내비치거나, 실제로 소송을 제기하는 경우가 있는데, 이럴 때 기자 측의 변호를 맡는다.

영국에서 미디어를 변호하는 변호사 단체인 '미디어 변호사 협회'는 개인정보보호를 명분으로 저널리즘을 견제하려는 움직임에 반박하거나 법정 취재권을 확립하고, 제3장에서 소개한 것처럼 SNS상의 괴롭힘에 기자들이 반격할 수 있도록 법적 수단을 조언하는 등 고군분투하고 있다. 즉, 모든 관계자의 법적 압력으로부터 저널리즘의 독립성을 지키고 시민에게 전할 정보가 위축되지 않도록 변호사의 힘을 발휘하고 있다. 이러한 협업은 앞으로 일본에서도 필수불가결한 일이 될 것이다.

Part 6

뉴스에 비용을
지불하는 것의 의미

Chapter 1

무료가 아니면
뉴스를 읽지 않는다?

Unit 1.

뉴스 제작에도 비용과 인력이 필요하다

과거에는 대중을 향한 정보 전달이 신문 출판, 방송 전문가들에게 거의 한정되어 있었다면, 인터넷 시대에는 누구나 전 세계로 정보를 전달할 수 있게 되었다. 2021년 13~69세의 일본인 1,500명을 대상으로 한 총무성의 조사에 따르면 유튜브 이용자는 88%에 달하며, 인스타그램은 49%, 트위터는 46%가 사용하고 있는 것으로 나타났다. 실제로 콘텐츠를 게시하는 사람은 인스타그램 20%, 트위터 16%로 낮아지지만, 그래도 5~6명 중 한 명은 전 세계에 정보를 발신하고 있는 셈이다.

정보 전달에도 여러 종류가 있다. 그렇다면 보도, 저널리즘은 다른 정보 전달과 무엇이 다른 걸까? 이 책에서는 지금까지 저널리즘이 어떤 역할을 하고 있는지, 어떤 과제가 있는지를 서술해 왔다.

부당한 여성 차별 입시와 같은 사회 문제와 숨겨진 비리가 취재와 보도를 통해 드러나게 되었고, 만약에 보도가 없었다면 알려지지 못한 채 비리가 반복되고 있을 수도 있었을 것이다. 디지털 기술 시대에 보도 기자들도 SNS를 활용하는 한편, SNS를 악용한 공격에 시달리기도 한다. 뉴스는 역사의 초고이며, 그 중심에 서 있는 역사와 사회의 주인공은 한 사람 한 사람의 시민이라는 것이다. 광고와 선전이 '보도되는 당사자'들의 이익을 최우선시 한다면 보도는 그렇지 않고, 이해당사자들이 아닌 시민의 이익을 위해 움직인다. 기사를 뒷받침하는 근거를 취재해 사실을 확인하고, 사실 뿐만 아니라 진실을 찾으려고 노력하는 것이다. 이 모든 것은 민주주의 사회의 운영자인 시민이 스스로 생각하고 행동할 수 있는 근거를 마련하기 위해 오랜 시간에 걸쳐서 만들어진 원칙이다. 이런 것들이 디지털 시대의 다양한 정보 발신과 명확히 차별화되는 보도의 특징이다.

한 건의 보도가 완성되기까지는 정말 많은 사람들의 수고와 노력이 투입된다. 예를 들면 2021년 4월 1일자 「아사히신문」은 "남녀 격차 해소를 도모하는 지자체"라는 제목으로 보도를 냈다. 기사에는 이토 미도리(伊藤緑), 미시마 아즈사(三島あずさ), 이토 에리나(伊藤恵里奈), 아키야마 노리코(秋山訓子)라는 4명의 기자 이름(by-line, 바이라인)이 명시되어 있다.

이 기사는 일본 전국의 지자체가 양성평등을 위해 어떤 도전을 하고 있는지 정리한 것으로, "젊은 여성이 마을에서 사라지고 있는데 이는 도시가 너무 남성중심적이기 때문은 아닌가"라는 위기감을 제기한 효고현(兵庫県) 도요오카시(豊岡市), 그리고 시의 심의회와 위원회 위원 중 45% 이상을 여성으로 구성하기로 결정하고 여성 등용을 추진하고 있는 이와테현(岩手県) 가마이시시(釜石市), 공공직책의 남녀 비율 데이터를 만들고 있는 아이치현(愛知県) 닛신시(日進市) 등의 사례를 소개하고 있다. 또 지자체의 이러한 움직임을 조사하고 있는 비영리단체(NPO)들까지 취재해 기사에 담았다. 실제로 전국의 지자체를 취재하려면 명시된 4명의 기자만 투입해서는 기사를 쓸 수 없다.

기자 이외에도 보도의 방향성을 고민하고 아이디어를 취합하는 편집자(일명 '데스크'라고도 한다)가 있어야 한다. 또 신문의 경우 방대한 분량의 기사를 내보내기 때문에 전체적으로 정리 역할을 할 사람도 필요하다. 이밖에 문자나 숫자, 표현의 오류를 바로잡고 기초적인 사실관계를 확인하는 편집부 기자, 지면이나 웹페이지의 레이아웃을 담당하는 편집자, 별도의 사진을 찍기 위한 사진기자, 그림이나 그래프 등을 만드는 디자이너도 있다. 기사 하나에 10명 이상의 인력이 투입된다고 해도 이상하지 않다. 그리고 종이 신문이라면 인쇄, 배송, 배달을 하는 사람들의 손을 거쳐야만 독자들에게 전달되는 것이다.

2020년 6월 20일자 「마이니치신문」에는 남미 콜롬비아에 대한 르포 기사가 실렸다. 콜롬비아에서는 좌익 무장조직이 일부 지역을 장악하고 조직 간 분쟁이 끊이지 않는데다가 종종 일반 주민들까지 살해당하는 경우가 적지 않았다. 르포는 기자가 직접 게릴라들의 지역에 들어가 주민들과 이야기를 나눈 내용을 담고 있다. 총격과 납치가 계속되는 곳에 나카무라 소야(中村聡也) 기자가 특수 방탄차를 타고 들어가 취재를 했다.

일단 거기가 어떤 곳인가 알아보자. 기사에는 그 지역 출신인 운전병의 설명을 담고 있다.

"이곳부터 좌익 게릴라인 '민족해방군(ELN)'의 지배 지역이다. (중략) 오후 6시까지 이 검문소로 돌아와야 한다. (돌아오지 않으면) ELN의 명령에 불복종한 것으로 간주되어 최악의 경우 납치되거나 살해당할 수도 있다."

나카무라 기자는 「마이니치신문」 상파울루 지국장이다. 브라질에 주재하며 중남미를 취재하고 있다. 주요 언론사에는 나카무라 기자와 같은 해외 주재 기자들이 있는데 이를 '특파원'이라고 부른다. 특파원은 해당 지역의 전문가로, 그 지역의 사회적 배경에 정통한 기사를 주로 작성한다. 하지만 특파원을 두려면 (해외 지국)사무실 임대료, 현지 직원 인건비 등 막대한 비용이 든다. 또 현지에서 일어난 뉴스 현장을 직접 찾아다니다 보면 이동 경비도 만만치 않다.

2004년 미국 루이지애나주립대학의 존 해밀턴 등이 실시한 연구에 따르면, 신문사는 해외 특파원 한 명당 25만 달러(약 3억 6천만 원)의 경비를 지불하고 있는 것으로 나왔다. 텔레비전의 경우 다수의 스태프가 필요하기 때문에 그 두 배 이상의 경비가 든다고 한다.

TV 보도 업무는 큰 시설과 최첨단 장비를 사용하며, 이를 다루는 전문 인력도 필요하다. 기자뿐만 아니라 카메라, 편집, 조명, 음향, 기술, 송출 관리 등 다수의 전문가들이 한 팀이 되어 움직인다. 그렇게 하면서 보도의 품질을 유지하고, 안정적인 영상을 만드는 데 심혈을 기울이고 있다. 보기 싫은 장면이 방영되지 않도록 세심한 주의를 기울이며, 세세한 부분까지 꼼꼼히 점검하여 방송의 질을 높이기 위해 노력한다.

보도 기자에서 니혼TV 앵커로 변신한 코니시 미호(小西美穗)의 말실수(?) 역시 정확한 보도가 시민에게 전달되기 바라는 제작진들의 노력을 반증한다. 코니시의 회고이다.

2007년경 밀가루 가격이 전 세계적으로 폭등하여 이것이 생활에 미치는 영향을 보도할 때였다. 가격 인상의 직격탄을 맞은 제빵업계에 대해 설명하며 '빵집'(일본어로는 '팡야상')의 악센트를 잘못 발음한 것이 문제가 되었다. 일본 표준어 억양에서 '팡야상(パン屋さん)'은 '팡'음이 높고 '야상'은 낮다. 그런데 효고현(兵庫県) 가코가와시(加古川市) 출신(오사카 인근)의 앵커 고니시가 평탄한 억양으로 발음한 것이다. 오사카 「요미우리TV」에서 오랫동안 기자로 일했던 코니시는 아나운서가 아니기 때문에 발음이나 억양에 대한 전문 교육을 받은 적이 없었다. 역시나, 프로의 세계에서 사소한 일이라고 그냥 지나칠 리가 없었다.

"광고가 나가는 도중에 보도국장이 심하게 화를 내면서 뛰어왔어요."

보도국장은 단순히 억양 실수를 문제 삼은 것이 아니었다.

"'빵집(팡야상)'은 뉴스의 핵심 키워드야. 그 말의 악센트가 이상하면 시청자는 내용보다 악센트에 신경을 쓰게 되고, 그렇게 되면 뉴스가 제대로 전달되지 않게 돼!"

뉴스 앵커의 발음이 조금이라도 이상하게 들리면 시청자들은 "지금, 발음이 이상하지 않았어?"라고 느끼면서 주의를 빼앗기게 된다. 결국 정작 중요한 뉴스 내용에는 집중할 수 없게 되고, 그러면 뉴스가 잘 전달되지 않아 보도의 역할을 다 할 수 없으니 프로페셔널한 보도에서는 사소한 것 하나도 용납되지 않는 것이다. 보도국장은 이를 코니시에게 알려주려고 한 것이다. 이런 사소한 것조차 지키기 위해 직원을 엄선하여 채용하고 교육과 훈련을 반복하며, 시간을 들여 회의와 조정을 반복한다. 그렇게 하면 할수록 투입되는 비용 역시 더 늘어나는 것이다.

Unit 2.

취재비용 삭감으로 잃어버리는 것

시간과 정성을 들여 사람의 손과 눈으로 만들어내는 보도는 수공예품과 크게 다르지 않다. 제작비용을 충당하기 위한 수입 창출 방법은 신문과 TV가 다르다.

신문사의 주요 수입은 크게 신문 구독료(판매 수입)와 광고주로부터 받는 광고 수입의 두 가지이다. 일본신문협회의 조사에 따르면, 2020년 현재 89개 신문사의 총매출액은 약 1조 4천억 엔(약 13조 7천억 원)으로, 2005년 96개사의 총매출액 약 2조 4천억 엔(약 23조 5천억 원)과 비교하면 15년 만에 40% 가까이 감소한 셈이다.

이 15년간은 디지털 미디어가 급격하게 발전한 시기와 겹친다. 총무성의 조사에 따르면 스마트폰 보유 가구는 2010년에는 10%에 미치지 못했지만, 2020년에는 86.8%로 늘어났다. 같은 시기에 SNS도 보급되었다. 부피가 큰 종이 신문보다 스마트폰의 SNS 앱이 더 편리하고 자극적이라고 생각한다.

일본신문협회에 따르면 2005년 일본 신문 발행 부수는 총 5,257만 부였지만, 2020년에는 3,509만 부로 약 3분의 2가량 줄어들었다. 줄어든 것은 신문 판매 부수만이 아니다. 구독자 수가 줄고, 고령 독자들이 많아졌기 때문에 광고 효과가 이전 같지 않아 광고 수입까지 줄어들게 되었다. 도서관에 보관 중인 옛날 신문의 축소판인 '축쇄판'을 보면, 2005년 무렵의 신문에는 자동차 새 모델, 신작 영화 등과 같은 기세 좋은 광고가 많이 실린 반면, 2020년에는 노인 건강식품 등의 광고가 늘어났다.

신문 발행 부수는 해마다 줄어 2022년 3,085만부까지 감소했다. 2020년부터 2년간 400만부 이상이 감소한 것이다. 비율로 따지면 13%나 줄어든 셈이다. 이런 속도로 감소한다면 2040년경에는 1,000만부를 밑돌게 될 것이다. 다른 나라에 비하면 아직 규모가 크지만, 독자의 고령화도 진행되고 있어 현역 세대에 대한 영향력은 점점 떨어지고 있다. 결국 미디어로서의 존재감도 우려된다.

이에 신문사들은 디지털 유료 구독자를 늘려 수익과 영향력을 보완하려 힘을 쏟고 있다. 하지만 광활한 인터넷 바다에서 주목도를 유지하고 콘텐츠로 승부하는 것은 쉽지 않다. 신문은 무엇보다 보도 전문, 저널리즘에 특화된 미디어라 현재 매우 고군분투하고 있는 상태이다.

TV 방송국 역시 갈림길에 서 있다. 일본 광고 대리점 업체 덴츠(電通)가 매년 발표하는 일본 지상파 TV의 총 광고비 데이터를 보면, 2005~2007년에 약 2조 엔(약 19조 5천억 원)이었던 것이 2008년 세계 경제 위기였던 '리먼 쇼크' 시기에 감소해 1조 7천억 엔~1조 8천억 엔(16조 6천억~17조 6천억 원) 사이를 오가면서 성장세가 둔화되고 있다. 젊은층의 TV 이탈이 큰 요인으로 거론된다. TV 마저 노년층만 보는 미디어가 되어 TV 광고의 매력 역시 떨어지고, 광고료 수입은 감소하게 된다.

수입 감소는 비용 절감으로 이어진다. 디지털 기술의 발달로 미디어의 일자리는 다양해지고 경쟁은 심화되는 가운데, 민영 방송사는 2005년 이후 직원 수를 거의 늘리지 않고 있다. 신문사들은 오히려 인력 감축에 힘을 쏟고 있으며, 2005년과 비교하면 2020년에 전국 신문사의 직원 수는 25% 감소했다. 그럼에도 불구하고 기자 감소는 13%에 그쳐, 제2장에서 설명한 '이상한 일이 있으면 기자가 알아차리고 뉴스가 되는', 말하자면 그래도 아직은 시민을 위한 감시망이 유지되고 있다고 볼 수 있다. (인원 데이터는 일본민영방송연맹, 일본신문협회 자료)

그렇다고 해서 기자 수를 전혀 줄이지 않을 수는 없다. 전국지 중에는 지방의 취재망을 축소하는 곳도 있다. 전국지에 입사한 신입 기자는 몇 년 동안 지방에서 일하며 실력을 쌓은 후 도쿄나 오사카 중심부로 진출해 취재력을 발휘하는 것이 일반적이었지만, 지방 취재망이 축소되면 이 역시도 재검토될 것으로 보인다.

보도의 질을 유지하면서 인력을 줄일 방법은 지금과 같은 '모든 것을 갖춘' 종합 미디어에서 '중요한 것을 명확히' 하는 미디어로 전환하는 것이다. 다만, 중요한 보도 이외의 취재를 중단하게 되면 보도 감시망에 구멍이 생겨 제 역할을 다 할 수 없게 된다. 그래서 '통신사'의 기사로 이를 보완하는 방안을 생각해 볼 수 있다.

통신사란 국내외의 뉴스를 시민에게 충분히 전달할 수 있도록 모든 미디어에게 뉴스를 일괄적으로 전달하는 회사다. 일본에는 공동통신사(共同通信社)와 시사통신사(時事通信社)가 있다. 통신사 기자들은 국내외에 전진 배치되어 있는데, 예를 들어 공동통신사는 일본의 모든 지자체에 거점을 두고 있으며,

해외 취재망은 일본 언론사 중 최대 규모다. 그곳에서 취재한 뉴스는 지방지, 전국지, TV 방송국 등 각 매체에 전달한다.

국내외 취재망을 모두 자체적으로 구축하는 것보다 통신사를 이용하는 것이 운영비 면에서 훨씬 저렴하다. 그러나 비용 절감을 위해 자체 기자를 많이 줄이고 통신사 기사만 활용하게 되면, 자사가 그동안 보도로 쌓아온 문제의식이나 노하우 등의 강점을 살린 보도는 할 수 없게 된다. 결국 보도 매체로서의 매력이나 활력도 잃을 우려가 있다.

취재 비용 절감을 위해 디지털 기술이나 통신 앱을 활용하는 방법도 활발하게 이루어지고 있다. 특히 2020년부터 시작된 신종 코로나 바이러스로 사람 간 접촉이 제한됐던 것을 계기로 줌(ZOOM)처럼 화상회의 시스템을 이용한 취재가 급증했다. 이런 취재는 이동 시간도, 교통비도 들지 않는다.

다만 취재는 '소통' 그 자체라 해도 과언이 아니다. 취재를 통해 진실을 숨기고 싶은 사람의 양심에 호소해 진실을 말하게 할 수도 있고, 때로는 거침없는 질문으로 상대와 부딪히기도 한다. 반대로 어려운 처지에 있는 사람이 용기를 내어 사회에 호소할 수 있도록 격려하고 공감하며 대화할 때도 있다. 그러나 화상 통화로는 이런 미묘한 느낌을 전달하지 못할 수 있다.

필자가 2021년 발표한 '코로나19 사태가 초래한 기자의 커뮤니케이션 위기' 조사에 따르면 기자들은 대면 커뮤니케이션

이 제한되면서 진실에 다가가기 어려워졌다고 밝히고 있다. 조사 결과를 인용하면, 공동통신 편집국 사회부 담당 부장(직책은 조사 당시. 이하 같음)이었던 사이조 다카오(西條高生)는 동료의 목소리를 다음과 같이 전하고 있다.

"(코로나 대책으로 사람과의 접촉이 제한되어) 새로 사람을 만날 수 있는 상황이 아니다." "코로나 대책을 이유로 야간 취재(비공식 취재를 위해 밤에 자택을 방문하는 등 접촉하는 것)도 NG(안 된다는 의미)인 취재원도 늘어났다."

"(취재에) 줌과 같은 화상회의 시스템을 사용할 경우 홍보 담당자 등 관계자가 동석하는 경우가 많아지면서 동석한 임직원들의 대화를 통제하려는 경향이 강해졌다."

"심포지엄의 줌 취재 역시 일방통행이다 보니 종료 후 패널들과 명함을 주고받으며 얼굴을 익히거나 참석자들과 관계를 맺기 힘들어졌다. 본래 심포지엄 등은 인맥을 넓힐 수 있는 기회인데, 그런 자리를 잘 활용하지 못해 답답했다."

후지TV 보도국 사회부에서 코로나19 감염 상황 취재를 총괄한 지노 유스케(知の雄介)는 병원 취재를 부득이하게 화상회의 시스템 통화와 영상 제공으로 대신했지만, "상대방이 '이것은 방송하지 말아 달라'고 하면 기자가 취재하고 카메라에 담은 것과는 내용이 달라진다."고 토로한다. 취재 상대가 '알리고 싶은 것'만 알리게 되고, 그렇게 되면 보도로서의 임무를 다할 수 없다는 고민이다.

'대면으로 취재했으면…' 이라고 아쉬워하는 것은 「공동통신」 삿포로 지사 편집부 하세가와 토모카즈(長谷川智一) 차장도 마찬가지다. 하세가와 기자는 간사이전력 임원들이 '다카하마 원자력발전소'가 위치한 지역 후쿠이현(福井県) 다카하마정(高浜町)의 모리야마 에이치(森山栄治)로부터 거액의 금품을 받은 문제를 독자적으로 보도한 기자다.

취재 당시, 많은 관계자 가운데 결정적이었던 한 사람을 직접 만나지 않고 전화로 취재했다. 그 사람은 통화하는 동안 기자의 설득에 마음이 움직여 '넘어가는'(협조해 주는) 것 같았지만, 전화로는 표정을 읽을 수 없고, 마음의 동요도 파악하기 어려워 결국 설득되지 않은 경험이 있다고 했다. 사람 간의 커뮤니케이션은 복잡하다. 직접 만난다면 서로를 이해할 수 있지만, 전화기 너머로는 잘 안 될 때도 있다. 이메일이나 라인(LINE)[27]에서는 더더욱 그렇다.

미묘한 내용까지 정확하고 세밀하게 시민에게 전달하려면 좋은 취재, 좋은 소통이 필요하다. 그렇게 되기까지는 인력도 시간도 많이 필요하다. 언론은 사회의 '운영자'인 시민에게 최선의 정보를 제공해야 하는데, 그런 비용은 어떻게 충당할 수 있을까. 디지털 시대에 맞는 새로운 수입원을 찾을 수 있을까?

---

27 카카오톡과 같은 일본의 국민 소통 어플이다. 현재는 한국의 네이버와 일본 야후가 50 대 50으로 지분을 가지고 있는 지주회사가 소유하고 있다.

Unit 3.
언론은 인터넷 광고로는 이익을 낼 수 없다

인터넷 광고로 취재비를 충당하자는 것도 하나의 아이디어이다. 실제로 인터넷 보도 매체에는 광고가 붙어 있다. 지금까지 종이 신문이나 잡지는 광고로 큰 수입을 얻고 있었다. 민영방송도 광고가 주 수입원이다. 하지만 인터넷 광고로는 신문이나 잡지 광고만큼 수익을 낼 수 없다.

전통 있는 경제주간지 「동양경제신문」 디지털판 편집장이었던 사사키 노리히코(佐々木紀彦)는 지난 2013년 미국 미디어의 예를 들며 '광고료와 관련 종이 대 온라인 대 모바일은 '100:10:1의 법칙'이 있다고 소개한 바 있다.[28]

많은 사람들이 보는 신문이나 잡지의 광고 공간은 한정되어 있는 만큼 귀중하다. 그래서 비싼 가격을 지불하더라도 광고를 내겠다는 사람이 있다. 반면 인터넷 공간은 무한하기 때문에 '장소 비용'으로는 오히려 더 낮아질 수밖에 없다. 게다가 스마트폰에서 광고가 노출될 확률도 높지 않은 편이다.

종이 신문이나 잡지 광고의 강점은 '많은 독자가 볼 수 있다'는 것이다. 반면 인터넷에서는 '보일 것이다' 아니라 실제로 몇

---

[28] 사사키 노리히코, 『5년 후, 미디어는 돈을 벌 수 있을까? MONETIZE OR DIE2』, 東洋経済新報社

번 보았는지, 몇 번 클릭했는지가 측정된다. 단순하게 생각하면, 굳이 유명 매체의 공식 웹사이트에 광고를 싣지 않더라도 수천, 수만 개의 개인 웹사이트나 블로그에 광고를 게재하면 얇고 넓게 클릭을 받아 총 클릭 수는 비슷하게 얻을 수 있다. 결국 유명 미디어가 광고 지면을 제공하는 장점은 사라진다. 게다가 이렇게 낮아진 광고료에서 인터넷 광고 송출 업체들은 가차 없이 수수료를 떼어간다. 영국 옥스퍼드대학 로이터-저널리즘 연구소는 인터넷 광고비는 구글이나 메타(Meta, 이전 페이스북)와 같은 대형 플랫폼으로 흘러 들어가기 때문에 미디어의 수익이 되기 어렵다는 점을 지적하고 있다.

인터넷 광고는 여러 시스템이 얽혀 있는 거대한 구조로 되어 있다. 구글 등 검색엔진, 페이스북이나 트위터 등 SNS, 광고 입찰 시스템(광고 공간에 어떤 기업의 광고를 게재할지를 광고비에 따라 순식간에 선정하는 시스템), 클릭 수나 조회 수를 집계하는 시스템 등이 그것이다. 이를 판단하기 위해 애드테크놀로지(ADTechnology)라고 불리는 기술이 사용된다. 한편, 컴퓨터 프로그램을 이용해 실제가 아닌, 형식적 클릭 수를 만들어 광고 효과를 부각시키는 사기 행위도 횡행하고 있다.

일본 정부가 디지털 세상을 공정하게 만들기 위해 설치한 '디지털시장경쟁회의'가 2021년 4월 발표한 보고서에 따르면 인터넷 광고 시스템은 너무 복잡하고 변화가 빠르기 때문에 광고주나 미디어 측도 실상을 파악하기 어려워 '블랙박스 같은 상태'라고 경고했다. 여기서 블랙박스는 속을 전혀 알 수 없는 상자나 장치를 말한다. 즉, 광고를 내는 기업과 광고를 게재하는 매체 모두 인터넷 광고의 구조와 요금 체계를 잘 모른 채 모든 것을 맡기고 있다는 것이다. 그나마 알고 있는 곳은 인터넷 광고 집행에 관여하는 검색엔진, SNS, 광고 대행사들이다.

디지털시장경쟁회의 보고서에 따르면, 광고 공간을 제공하고 광고비를 받는 매체 측에서는 오히려 "우리가 적정 수익을 얻고 있는지 잘 모르겠다.", "체감상 우리가 가져가는 몫은 광고주가 지불하는 비용의 30%도 안 되는 것 같다. 수수료를 너무 많이 지불하고 있는 것 같다."라는 볼 멘 소리를 낸다. 즉 광고주가 지불한 광고비의 대부분이 검색엔진이나 SNS를 비롯한 인터넷 광고 시스템을 다루는 기업에게 '중간 착취'되어 매체에 지불되는 비용은 일부에 불과하다는 한탄이다.

인터넷 광고비의 대부분이 '중간 착취'되는 것은 비단 일본뿐 아니라 전 세계적으로 공통된 현상이다. 영국의 유력 일간지 「가디언」의 편집장 캐서린 바이너(Katharine Viner)는 "인터넷 광고가 성장할 것이라는 기대와는 달리 광고비를 거의 통째로 구글과 페이스북에 빼앗겼다."고 말한다. 자사의 보도 웹사이트에 광고를 싣고 광고료를 받아 수입을 올리려고 해도 인터넷 광고비는 원래 저렴하고, 그 싼 광고비마저 '중간 착취' 당해 언론이 받는 광고비는 쥐꼬리만큼밖에 되지 않는 것이 현실이다. 뉴스를 제대로 취재하려면 인터넷 광고비로는 전혀 수지가 맞지 않는다. 그렇다면 어떻게 해야 할까.

이 문제는 언론사뿐만 아니라 광고를 내는 기업조차도 고민하는 문제다. 디지털시장경쟁회의 보고서에 나온 기업 측 의견이다.

"우리가 지불한 광고비 중 콘텐츠(기사나 영상) 제작에 쓰이는 비용은 극히 일부밖에 되지 않는다. 이런 상황은 결국 양질의 콘텐츠가 나올 수 없는 구조를 만들고 있다. 결국 콘텐츠를 제작하는 미디어의 설 자리까지 없어질까 걱정이다."

"디지털 시대에는 미디어가 그다지 수익을 내지 못하고 있다. 광고비는 중간에서 수수료로 빠져나가고 있으며, 결국 40% 정도만 콘텐츠 제작에 사용되고 있다."

심지어 미디어를 불쌍히 여기는 목소리도 있다. 그리고 이렇게 우려한다.

"수익률이 높은 매체만 남게 될 것이다. 수익률이 높다는 것은 제대로 된 취재도 없었고 콘텐츠 제작에 비용을 들이지 않았다는 뜻이다. 하지만 그런 미디어가 살아남게 될 것이다."

"복사하고 붙여넣기하는 미디어가 승리하게 될 것이다."

콘텐츠에 비용을 들이지 않는 미디어. 시민을 위한 정확한 취재 보도에는 관심이 없고, 적당히 재미있는 기사나 SNS 포스팅을 어디서인가 복사해서 붙여넣기 하고 '어떻게 되어 가는지 보자', '어땠어요?' 등으로 읽을거리나 만들고, 언론사 기사의 일부를 잘라내어 자극적이고 하찮은 흥미를 유도하며 '제목

장사'나 하는 웹사이트를 말한다.

현장 취재도, 사실 확인도, 현실적인 소통도 필요 없다. 전문가의 고집도 필요 없고, 개인이 혼자서도 할 수 있다. 이런 식이라면 비용을 극단적으로 저렴하게 할 수 있기 때문에 광고비가 많지 않아도 이익을 낼 수 있다. 기자를 고용해 월급을 줄 필요도 없고 취재 경비도 들지 않지만 약간의 용돈을 벌 수 있는 정도라면 괜찮을 것이다. 그런 매체만이 살아남을 수 있는 환경을 인터넷 광고라는 블랙박스가 만들어내고 있다.

Unit 4.

각국 미디어는 디지털 유료 구독으로 전환 중

인터넷 광고로는 제대로 된 수입을 얻지 못하기 때문에 각국 언론은 기본으로 돌아가기 시작했다. 기사에 대한 열람료를 받는 것이다. 오랫동안 '뉴스 기사는 무료로 읽기만 하면 된다'는 것이 일반적이었다면, 이를 중단하고 유료 회원만 기사를 읽을 수 있도록 하고 있다.

그 성공 사례로 미국 「뉴욕 타임스」가 있다. 2011년 3월 이 제도를 만든 이후 디지털 유료 구독자 수는 계속 증가하여 2022년 8월 917만 명에 이르렀다. 2027년까지 1,500만 명으로 확대하려는 목표를 세우고 있다. 반면 종이 신문의 구독자는 계속 줄어들어 76만 명 선이다. 「뉴욕 타임스」를 미국 대표 신문이라고 하지만 종이판 신문이 배달되는 영역은 주로 뉴욕 주변이었다. 하지만 디지털판은 미국 전역, 아니 전 세계에서 구독하고 있다. 디지털 유료 구독을 시작하기 전에는 경영이 어려웠던 시기도 있었지만 지금은 완전히 활기를 되찾았다.

다른 지방지들은 「뉴욕 타임스」보다 늦게 디지털 유료 구독 전략에 뛰어들었고, 2020년 전후로 연간 수십 퍼센트(%)의 높은 구독자 증가율을 기록한 곳도 있다. 하지만 오랜 기간 지속된 종이 신문의 부수 감소에 따른 매출 감소를 만회하는 데는 시간이 더 걸릴 것으로 보인다. 다수의 지역 신문을 보유한 미디어 그룹 가넷(Gannett)도 2022년 디지털 유료 구독자가 급증했지만, 당분간은 인력을 감축하고 비용을 절감하는 고육지책이 계속될 것으로 보인다.

반면 영국 「가디언」은 유료 구독자와는 다른 '기부 회원'을 늘리고 있다. 인터넷에 모든 기사를 무료로 공개하고 있는 「가디언」은 귀중한 수입원이었던 종이판의 부수가 점차 감소하면서 경영에 어려움을 겪고 있었다. 이에 디지털판을 유료화하는 대신 「가디언」의 팬들에게 '이 신문을 살리려면 돈이 필요하다'고 설명하고 정기기부 회원으로 가입하도록 유도하는 기발한 방법을 택했다.

돈을 안 내도 기사를 읽을 수 있는데 기부할 필요를 느끼겠느냐는 반문에도 2019년에는 정기기부 회원 65만 5000명, 1회성 기부 30만 명을 기록하며 적자를 탈피하는 데 성공했다. 이후에도 호조세를 이어가자 2022년 7월에는 편집장 캐서린 바이너의 연봉이 40% 인상된 약 51만 파운드(약 9억 4천만 원)로 올랐다고 라이벌 신문 「데일리 텔레그래프」가 보도한 바 있다. 보수적 성향의 「데일리 텔레그래프」의 기사는 자유주의 성향의 「가디언」을 향해 "「가디언」은 그동안 기업 경영진의 과도한 급여를 여러 차례 비판해 왔다."고 비아냥거렸다.

'디지털 유료 구독자와 기부자를 늘리는 것으로 저널리즘 업계가 회생할 수 있지 않을까?'

'민주주의를 운영하는 시민에게 정보를 안정적으로 계속 공급할 수 있지 않을까?'

전 세계 언론 관계자들이 뜨거운 시선을 보내고 있지만, 시민이 뉴스에 돈을 지불할 것인지 여부는 나라마다 온도차가 있다. 옥스퍼드대학 로이터-저널리즘 연구소의 2022년 세계 조사에 따르면, '디지털 구독' 구조가 확산된 20개국 중 인터넷 뉴스에 돈을 지불한 적이 있는 사람의 비율이 눈에 띄게 높은 나라는 노르웨이(41%)와 스웨덴(33%)이다. 핀란드, 미국, 호주, 네덜란드 등 9개국은 19~15%였고, 일본은 두 번째로 낮은 10%, 가장 낮은 나라는 영국으로 9%였다.

로이터-저널리즘 연구소는 조사 후, 뉴스의 유료 구독자가 중장년층에 편중되어 있는 것이 우려된다고 말했다. 보고서는 미국 27세 남성이 "나는 「뉴욕 타임스」가 기사를 읽고 싶다면 구독하라고 요구하는 것이 싫다. 사기꾼이다. 뉴스는 무료여야 한다."고 주장한 목소리를 소개하며 "이는 인터넷에 게재된 정보가 거의 무료인 시대에 자란 많은 사람들의 태도를 반증한다."고 지적했다.

일본은 신문 보급률이 매우 높은 것으로 알려져 왔다. 하지만 인터넷 유료 구독에는 월등히 뒤쳐지고 있다. 일본은 여전히 종이 신문 부수가 다른 곳보다 많기 때문에 단순히 디지털 전환이 늦어지는 것일 수도 있다. 하지만 일본의 신문 보급은 원래 시민이 뉴스나 사회문제에 관심이 많아서가 아니라 과열된 신문사의 방문 판매 경쟁, '남들도 신문을 다 보니까'라는 동조 압력의 영향이 컸을 수도 있다. 만약 그렇다면 향후 디지털 신문의 구독 여부는 예측할 수 없다. 종이매체 시대에는 집이나 전철에서 신문을 읽는 모습이 일상적이었고, 다른 사람이 관심을 가짐으로써 신문을 읽게 하는 동기도 되었다. 그러나 스마트폰이 보급된 지금의 시대는 그렇지 않다.

스마트폰 시대에는 작은 모니터를 통해 무수한 콘텐츠, 즉 게임, 동영상, 만화, 음악, LINE(혹은 카톡), 애니메이션, 이메일, SNS 등이 이용자(User)의 시선을 빼앗는다. 온통 즐겁고 흥미로운 것들뿐이라 눈을 뗄 수 없다. 콘텐츠 제공자들은 사용자가 앱을 열어두는 시간을 늘리기 위해 경쟁한다. 조금이라도 더 유저(User)의 관심을 끌기 위해 감정에 호소하며 자극의 강도를 높인다. 컴퓨터가 고속으로 계산한 알고리즘 카드로 유저가 '좀 더 보고 싶다'는 생각이 들도록 새로운 콘텐츠를 끝없이 제공한다. 이런 치열한 경쟁 속에서 뉴스는 무색무취의 평범한 콘텐츠다. 유일한 경쟁력이라면 자꾸 보고 싶어지는 예능이나 스포츠, 충격 고백 같은 기사들뿐 아닐까.

뉴스는 시민이 사회의 '운영자'로서 사회가 지금 어떻게 돌아가는지 알고, 의견을 갖고 토론하고 행동할 수 있도록 하기 위해 존재한다. 자동차로 치면 운전자인 우리 시민이 지금 어떤 도로를 운전하고 있는지, 어떤 위험이 있는지 정확히 알 수 있는 네비게이션이라고 할 수 있다.

지구 온난화로 도쿄가 물에 잠길 위험은 없는가? 일본은 전쟁을 할 수 있는 나라가 될 것인가, 우리가 전쟁터에 갈 가능성은 얼마나 되나? 위기에 처했을 때 의지할 수 있는 사회 보장은 충분한가? 성적 소수자가 자부심을 가지고 살 수 있을까? 육아는 쉬워질까? 직장 내 괴롭힘에 대항할 수 있는 제도는 무엇인가?

위에서 열거한 바와 같이 물음표(?)를 사용하여 사회에서 일어난 문제, 비극, 논쟁을 연결해 보자. 뉴스를 통해 시민끼리 서로가 서로에게 관심을 가지게 되고, 모든 것이 사회의 지도가 된다. 시민으로서, 사회에, 인간에게, 서로에게 관심을 갖는 우리로 남을 수 있을까? 뉴스 미디어가 살아남을 가능성도, 살아남는 의미도 결국 거기에 있다.

Unit 5.
내 갈 길 간다! '생존시청률' 전략

인터넷 광고가 돈이 되지 않는 반면, 인터넷이 아닌 광고료 수입은 미디어 운영을 지탱해 주는 버팀목이다.

대표적인 것이 민영 방송(줄여서 민방)이다. 민방은 NHK(한국의 KBS)와 같은 공영방송과 달리 시청자로부터 돈(수신료)을 받지 않는다. 대신 수입은 광고로 벌어들인다. 기업의 광고를 방송하고 그 기업으로부터 광고비를 받는다. 인기 프로그램에 광고를 끼워 넣으면 많은 사람들이 시청하고 그 홍보 효과 역시 높기 때문에 높은 광고료를 받을 수 있다. 미디어도 오락거리도 적었던 1960년대에는 시청률이 60% 이상(TV가 있는 집의 60% 이상이 시청한 셈)되는 프로그램도 있었다. 거기에 광고를 내보내면 그만큼 많은 사람의 관심을 광고에 집중시킬 수 있다는 점이 TV 광고의 매력이었다. 그래서 고가의 광고료가 가능했고 수신료 없이 방송을 제공할 수 있었다.

수입 증가를 위해서는 광고 효과가 높아지도록, 즉 많은 사람이 프로그램을 보도록 해야 한다. 그 지표가 시청률이다.

어떤 프로그램이라야 많은 사람이 볼까? 무료로 볼 수 있다면 어떨까? 특히 그것이 뉴스인 경우라면? 컴퓨터나 스마트폰으로 볼 수 있는 인터넷 무료 뉴스의 순위는 다양한데, 대체로 연예, 스포츠, 자극적인 정보가 높은 순위를 보인다. 그렇다면 무료 미디어인 민방 뉴스도 화제성 있는 뉴스의 비율을 높임으로써 높은 시청률을 기록하며 인기 프로그램이 될 수 있을까? 반대로 셀럽과 관련된 화제 거리나 재미있는 동영상을 다루지 않고 딱딱한 주제로만 구성된 프로그램이라면 사라질까?

일본 TBS가 매주 일요일 아침 방송하는 '선데이 모닝'은 정치, 경제, 사회, 국제 문제를 다루며 해설자들이 토론하는 보도 프로그램이다. 예능은 다루지 않고, 해설자도 학자나 베테랑 저널리스트 등 전문 지식을 가진 사람들로 구성돼 있다. 이런 구성이라면 너무 '진지해서' 구성에 예능을 포함하고 있는 다른 방송사 프로그램에 밀릴 수 있다.

그런데 '선데이 모닝'은 1987년부터 방송을 계속하고 있는 손꼽히는 장수 프로그램이다. 어떻게 오랜 기간 장수할 수 있었는지 그 의문을 이 프로그램의 수석 프로듀서인 가네토미 타카시(金富隆)씨에게 물었다.

"정말로 예능 관련 뉴스는 취급하지 않는 것인가?"

가네토미가 회상한 것은 2016년 8월의 SMAP 해산 발표였다.

"예능 관련 뉴스는 다루지 않아요. SMAP(인기가 높았던 일본 아이돌 그룹) 해산 소식이 일요일 새벽에 발표되자 다른 방송사들의 프로그램은 일제히 'SMAP 결성부터 지금까지' 등을 한 시간 내내 대서특필했습니다. 그럴 수밖에요. 새벽에 발표된다는 것은 아침에 일어나자마자 SMAP 해체를 처음 알게 되는 것이고, TV 화면에 'SMAP 해체!'라는 자막이 나온다면 다들 깜짝 놀랄 테니까요. 하지만 저희는 그렇게 하지 않았어요. 프로그램 초반에 잠깐 언급했을 뿐입니다."

일본 최고 인기 그룹인 SMAP의 해산 발표 정도라면 당연히 일반 뉴스로도 보도해야 할 사안이었다. 그런데 '선데이 모닝'은 사회 뉴스 중 하나로만 다루고, 나머지는 원래대로 정치나 사회 이야기를 이어갔다. 반면 다른 방송사의 정보 프로그램들은 일제히 SMAP 해산 소식을 대대적으로 방송한 것이다.

"당연히 '선데이 모닝'의 그 주 시청률은 포기해야 하는 거죠. 하지만 그래도 상관없다는 생각이었습니다. 연예 뉴스는 다루지 않겠다는 자세를 이런 때일수록 지켜야 한다는 것이 프로그램 MC(진행자) 세키구치 히로시(関口宏)의 생각이었는데, 이번 주 시청률은 떨어질지언정 '선데이 모닝'이 그런 프로그램이라는 것만 알아준다면 그만한 가치가 있다고 생각했어요."

시민이 신뢰하는 프로그램, 신뢰하는 TV가 되고 싶은 자존심과 열정이 느껴진다. 그러나 한편으로는 궁금증이 생긴다. 그렇게 해서 운영이 가능한가?

"'생존 시청률'이라는 말이 있어요. 츠키지 테츠야(築地哲也)가 만든 말입니다만…."

츠키지는 자유주의적이면서 진지한 태도로 신뢰와 인기를 얻었던 일본 TBS의 뉴스 캐스터였다(2008년 사망). 전 직장이었던 「아사히신문」 기자 시절부터 합치면 50년 경력의 언론인이었기에 언론계에도 그를 흠모하는 사람이 많았다.

"재미삼아 시청률 좀 높이는 것쯤은 자극적인 소재만 활용하면 되죠. 유명 연예인의 스캔들 같은 소재들이요."

즉, 예능이나 충격 영상 등 사람들의 입에 오르내릴 만한 것이다. 이런 것들은 인터넷 클릭 순위에도 상위권으로 올라간다.

"하지만 그런 것으로 프로그램 내용을 채우게 되면 그 주에는 시청률이 높게 나올지 몰라도 장기적으로 프로그램 자체에 대한 신뢰는 떨어지지 않을까요. 일시적인 숫자는 얻을 수 있을지 몰라도 프로그램은 오래가지 못한다고 생각합니다."

더 높은 시청률을 추구하기보다 프로그램이 폐지되지 않고 살아남을 수 있는 정도의 시청률을 유지할 수 있다면, 그 다음부터는 오히려 프로그램의 질을 더 생각하게 된다. 이때 '살아남을 수 있는 정도의 시청률'이 바로 '생존 시청률'이다.

"정치 관련 뉴스나 경제 관련 뉴스는 그림(자료 화면)이 없다고 하는데요…"

이 '그림이 없다'는 말은 TV 방송 관련 일을 하다 보면 자주 듣는 말이다. 이는 영상으로 만들기 어렵다, 함께 사용할 영상이 없다는 뜻이다. 정치나 경제는 말과 숫자의 뉴스이다 보니 영상으로 만들 수 있는 중요한 장면이 없는 경우가 많은 것이다.

"예능처럼 그림이 곁들여지는 것도 좋지만, 그것보다 정치나 경제, 사건·사고, 우크라이나 침공과 같은 중요한 뉴스로 프로그램을 구성하면 결과적으로 시청자의 신뢰도 얻고, 프로그램이 오래 살아남는 길이라고 생각해요. 실제로 그런 프로그램들이 더 오래 살아남고 있습니다."

그렇다고 해도 미디어 간의 경쟁이 점점 더 치열해지고 있는 인터넷 시대에 과연 살아남을 수 있을까.

"앞의 말과 모순되는 것 같지만, 재미있는 것을 계속 만들어야 한다고 생각해요."

앞에서는 분명 예능을 하지 않고, 진지하고 중요한 뉴스를 하는 것이라고 했는데….

"아니요, 딱딱한 뉴스도 '시작'을 어떻게 만드는가에 따라 재미있게 만들 수 있다는 것이 제 지론입니다. 예를 들어 러시아의 젊은이들이 이웃 나라 조지아 등으로 탈출하는 움직임이 있을 때였어요."

그 무렵 러시아가 우크라이나 침공을 위해 징병제를 강화한다는 방침이 전해지면서 러시아 젊은이들이 자국을 떠나려는 움직임이 있었다.

"(일본 시청자들 입장에서) 자신들도 언젠가 이렇게 될지도 모른다고, 자기 일처럼 볼 수 있다면 절실하게 받아들일 거라고 생각했어요. 딱딱한 뉴스를 어떻게 하면 부드럽고 재미있게 볼 수 있을까, 계속 궁리했어요. 시청자들도 방송이 '공부' 같다면 싫어하지만 (방송이) 재미있다고 생각하기 때문에 보는 것이니, 제작자로서 뉴스의 재미가 어디에 있는지 찾아내는 거죠."

즉, 가네토미 PD는 '재미있다'는 말을 '웃기다', '신기하다'가 아닌 '흥미와 관심을 끌 수 있는' 재미의 의미로 사용하고 있다. 그렇다. 미디어는 의무감이 아니라 보고 싶어서 보는 것이다. 영양이 필요해서가 아니라 맛있어 보여서 밥을 먹는 것과 같다. 양질의 음식을 맛있게 만드는 것이 '딱딱한 뉴스를 부드럽고 재미있게 만드는 것'에 해당하는 것이다.

"이노우에 히사시(井上ひさし)의 말을 빌리자면 '어려운 것을 쉽게, 쉬운 것을 심도 깊게, 심도 깊은 것은 재미있게'라는 말이 있습니다. 그것을 목표로 삼고 싶습니다."

시민에게 신뢰받는 TV 프로그램, 그럼 우리는 이런 금쪽같은 소망에 부응할 수 있는 시민이 될 수 있을까.

TV만큼 시청률에 민감한 매체는 없다. TV가 시시하다고 쉽게 말하는 것처럼 그 내용을 바꾸게 하는 것도 사실 어렵지 않다. 좋은 프로그램의 시청률이 올라가면 모든 방송국이 따라갈 것이기 때문이다. 프로그램이나 방송국 공식 홈페이지에는 '의견 제출 양식'이 마련되어 있어 방송을 제작하고 있는 사람들에게 의견을 전달하기도 쉽다. 지금은 SNS를 통한 미디어 비평이 활발한 시대이니 더욱 그렇다. 좋은 미디어를 격려하지 않으면 해당 프로그램이 외면당할 수 있고, 동의할 수 없는 미디어에 이의를 제기하지 않는 것은 소극적 용인이 될 수도 있다. 그 미디어를 만드는 사람에게 정면으로 목소리를 내는 것은 인터넷 시대를 사는 시민이기에 할 수 있는 책무일지도 모른다.

　인터넷 시대에는 시민도 더 나은 보도를 위해 언론과 의견과 정보를 교환해야 한다고 촉구한다. 역시 시민은 '운영자'이기 때문이다.

Chapter 2
'운영자' 시민을 위한 정보활용술

Unit 1.
잘못된 정보로부터 자신을 보호하는 7가지 방법

내가 살아가는 사회에 대한 관심과 이해가 높고, 논점의 핵심을 정확하게 짚어낸 뒤 나름대로의 의견을 말할 수 있는, 그런 '정보의 달인'이 되기 위해서는 어떤 방법이 있을까? 이 책에서 '사회의 운영자는 곧 시민'이라는 개념을 지속적으로 언급했듯이 사회 운영자로서, 그리고 무엇보다 삶을 풍요롭게 가꾸며 이 시대를 살아가기 위한 정보 활용법에 대해 생각해 보자.

현재 우리 삶에서 '정보'라고 하면 단연 인터넷이다. 따라서 살아가는 데 필요한 수많은 정보를 제공하는 무수한 정보 사이트가 생성되고 있다. 뉴스 정보를 제공하는 사이트도 많다. 그것들은 다시 SNS를 통해서 확산된다. 이런 과정을 통해 인터넷상에는 다양한 정보가 넘쳐난다. 이렇게 차고 넘치는 정보의 홍수에 휩쓸리지 않고 효과적으로 활용하기 위해서는 정보의 질을 판단할 수 있는 '안목'이 필수적이다.

앞서 제3장에서 구마모토 지진과 미국 대통령 선거의 잘못된 정보, 가짜 정보를 소개했었다. 또 2020년 신종 코로나19 감염증 백신에 관한, 사실에 근거하지 않은 채 거부감만 불러일으키는 정보도 등장했었다. 잘못된 정보, 즉 가짜뉴스는 지금도 계속해서 만들어지고 확산되고 있다.

우리는 어떻게 잘못된 정보, 가짜 정보로부터 스스로를 지킬 수 있을까? 혹은 그것을 퍼뜨리는 가해자가 되지 않으려면 어떻게 해야 할까? 다양한 정보원 중에서 오염도가 높은 것을 피하고 안전도가 높은 것을 선택할 방법은 무엇일까?

미국 애리조나 주립대학 연구진은 '잘못된 정보로부터 당신을 보호하는 7가지 방법'을 제시하고 있는데 주요 요점을 요약하면 다음과 같다.

1. 뉴스의 출처에 주의를 기울일 것. 누가 발신했는지를 생각할 것. 그 정보의 근거가 되는 것이 있는가? 누군가를 나쁘게 말하는 내용이라면 그로 인해 이득을 보는 사람은 없는가?
2. SNS 정보는 출처를 확인할 것. 정보 출처를 묻는 말에 '트위터'라고 답하기 전에 잠시 기다릴 것. 트위터 자체는 아무것도 말하지 않는다. 여러 사람이 쓴 글을 보여주고 있을 뿐이다. 트윗된 정보는 원래 어디에서 작성된 정보인지, 누가 말하는 것인지, 그는 어떤 사람이고 어떤 인물인지 확인할 것. 신뢰할 수 있는 미디어인가? 트위터 프로필을 살펴보자.
3. 보도 기사라면 기사 내의 정보원에 주의할 것. 신문이나 TV 등 레거시 미디어 기자라면 정보 출처를 명시하는 보도 윤리를 지켜야 한다. 기사 내에서 해당 정보를

'~에 따르면' 등 누구의 말을 인용했는지 이름을 밝히고 있으면 가장 좋다. 정보원 보호를 위해 숨기는 것은 차선책이다. 하지만 누가 한 말인지 명확하지 않고 근거가 없는 기사는 의심해 봐야 한다.

4. 제목뿐만 아니라 내용도 읽어 볼 것. 제목만 읽고 기사 내용을 오해하는 경우가 종종 있다. 제목은 클릭을 유도하거나 신문을 사게 하거나 자신의 채널로 끌어들이기 위한 목적이 있기 때문이다.

5. 복수의 정보원을 활용할 것. 만약 읽고 있는 기사가 당신에게 격렬한 감정, 분노나 강한 기쁨과 같은 반응을 일으킨다면, 그것은 명백하게 주의가 필요하다는 신호다. 그럴 경우 깊이 있게 읽어야 한다. 연구에서 밝혀진 대부분의 가짜뉴스는 당신에게 정보를 알려주기 위해서가 아니라, 당신이 강한 분노나 두려움의 반응을 일으키도록 만들어졌다. 다른 정보원도 살펴볼 필요가 있다.

6. 친구나 가족이 잘못된 정보를 공유했다면 반드시 정정해 줄 것. 단 상대를 비난하지 말고 항상 친절하게 정정해 주어야 한다. 수정할 때는 "올바른 정보는 ○○이다."라고 말하고, "△△△는 사실이 아니다."라는 표현은 피하는 것이 좋다. 왜냐하면 '△△△'라는 잘못된 정보를 반복하게 되면 오히려 잘못된 정보에 대한 인상을 강화하는 역효과가 날 수 있다.

7. 트위터에서 본 정보가 '재미있다. 사실일까'라고 생각되면 구글에서 검색하여 뉴스 기사를 찾아보고 거기에 어떻게 쓰여 있는지 확인하는 전문가도 있다. 이런 확인에는 시간이 걸린다. 하지만 이를 통해 패닉이 발생하는 것을 방지하고 정말 중요한 정보를 확신시킬 수 있다.

한편, 일본 미디어 전문가이자 전직 TBS 아나운서이고 현재 하쿠오대학(白鴎大学) 특임 교수이기도 한 시모무라 켄이치(下村健一)는 인터넷에서 '놀랄 만한' 정보를 발견했을 때 '소오카나(そうかな)[29]'를 체크하라고 당부한다.

소──성급하게 판단하지 않는다(한숨 돌리고 잘 생각해 보자).
오──있는 대로 받아 들이지 않는다(사실을 본 것인지, 추측이나 의견인지).
카──편파적으로 보지 않는다(가급적 다수의 출처를 통해 확인한다).
나──특정 시점에서만 보지 않는다(다른 관점이나 정보가 없는지 생각해 본다).

애리조나 주립대나 시모무라의 조언처럼 인터넷 정보에서 특히 주의해야 할 점은 정보 사이트의 운영 책임자가 공개되어

---

29 '소오카나'는 일본어로 '그럴까?' 라는 의미이다. 뒤에 나오는 4개 문장의 일본어 첫 발음을 모아서 만든 것.

있는지 여부이다. 겉모습이 뉴스 사이트처럼 보여도 운영 책임자가 불분명하다면 콘텐츠에 대한 책임의식이 명확하다고 할 수 없다.

이를 파악하는 핵심은 '사이트의 최종 책임자에게 도달할 수 있는 정보가 명시되어 있는가'이다. 예를 들어 운영자의 실명이 공개되어 있다면 콘텐츠에 당당하게 책임을 지겠다는 자세를 엿볼 수 있다. 운영하는 법인(○○주식회사, 사단법인 ○○, NPO법인 ○○등 법이 정한 절차에 따라 설립되어 법무부에 등록된 법인)의 이름을 명시하고 있다면, 등록을 통해 대표자 이름이 공개되어 있기 때문에 최종 책임자를 찾아낼 수 있다. 문제는 단체명이나 프로젝트 이름만 공개되어 있는 경우다. 등록되어 있지 않고 일개 그룹에 불과한 단체는 책임자가 공개되어 있지 않을 수 있다. 연락처가 있다면 모를까, 연락처가 이메일 주소뿐이라면 문제가 발생해도 연락이 닿지 않는 사태가 발생할 수도 있다.

그런 웹사이트의 허술함이 문제라고 할 수는 없다. 성실한 곳도 많이 있을 것이다. 하지만 신분을 숨기려는 의도를 가지고 있는 웹사이트는 이런 형태를 취한다는 점에 주의할 필요가 있다. SNS에 소개된 기사가 그런 사이트의 것이라면 퍼나르기 전에 잘 생각해 볼 필요가 있다.

Unit 2.

시민을 속이는 '주변 관계자'는 대체 누구?

애리조나 주립대 연구진도, 시모무라도 주의를 촉구하는 것은 '정보원'이다. 실제로 기자들이 취재 중에 귀가 솔깃할 만한 이야기를 들었을 경우 가장 먼저 확인하는 것은 '그 정보가 어디서 왔는가'이다.

"신종 코로나19는 중국 우한의 한 연구소에서 나온 것이다."라는 식의 이야기가 2020년 봄쯤 자주 나왔다. 만약 중국 정부가 이를 밝혔다면 이 정보는 조작이나 허위라고 보기 어려웠을 것이다(하지만 중국 정부는 실제로 그런 말을 하지 않았다). 또 당시 세계보건기구(WHO) 테드로스 아드하놈 사무총장이 이런 사실을 단정해 말했다면 신뢰할 만한 정보였을 것이다(테드로스 사무총장도 실제로는 그런 말을 하지 않았다).

그렇다면 미 국무부 고위 관계자가 증언했다고 하면 어떨까. '미국 정부가 정보 분석을 통해 얻은 어떤 사실이 있지 않을까?'라고 추측하는 것은 무리가 아니다. 다만 이 '고위 관료'가 궁금하다. 고위 관료가 당시 미 국무부 수장인 마이크 폼페이오(Mike Pompeo) 국무장관이었다면 이야기는 더 달라질 것이다. 트럼프 정권의 유력 각료이자 대 중국 강경파로 유명한 폼페이오라면 근거가 약해도 정치적 효과를 노리고 이런 정도의 발언을 할 수도 있을 것이다. 그렇다면 어디까지 믿어야 할까. 실제로 폼페이오 장관은 당시 이런 발언을 했다가 철회하기도 하고 다시 꺼내기도 했다.

2022년 2월부터 시작된 러시아의 우크라이나 침공은 당사자들이 의도적으로 정보전을 벌이고 있기 때문에 더욱 주의가 필요하다. 러시아 정부가 발표한 내용인지, 우크라이나 정부가 발표한 정보인지, 서방 언론의 보도인지, 러시아 언론의 보도인지 출처를 확인하고 정보의 신뢰도를 잘 따져볼 필요가 있다.

저널리즘은 '출처 명시'가 대원칙이라고 제1장에서 언급했다. 하지만 세상에 넘쳐나는 정보 중에는 누구의 발언인지, 출처가 어디인지 명시되어 있지 않은 것도 많다. 이럴 경우 정보의 신뢰도를 가늠할 수 없고, 발신자의 의도도 논할 수 없다. '누가 말했는지'에 대한 실명 정보가 없으면 최종 발언 책임도 물을 수 없고, 몰래 여론을 조작하려는 행위도 막을 수 없다.

미국 오바마 대통령 재임기였던 2009년 3월, 「뉴욕 타임스」 칼럼니스트 데이비드 브룩스(David Brooks)가 기사에서 '네 명의 행정부 간부'라고 쓴 익명의 정보원 중 한 명이 실제로는 오바마 자신인 것으로 밝혀졌다. 「뉴욕 타임스」의 신문비평 담당 옴부즈맨 클라크 호이트(Clark Hoyt)는 이를 비판하며 「뉴욕 타임스」의 규칙상 취재원의 익명 보도는 '최후의 수단'일뿐, 안이하게 '정부 고위 인사', '행정부 간부'라는 식의 익명이 난무하는 것을 지적하고 개선을 요구했다. 출처가 불분명하면 여론

조작이 가능함은 물론이고 발언 내용이 틀렸어도, 아니 오히려 발언자뿐만 아니라 발언 내용까지 허구일지라도 사실을 정확히 알 수 없는 것이다.

미국에서 일어난 최악의 날조 보도 중 하나는 1980년 「워싱턴 포스트」에서 보도된 르포 〈지미의 세계〉이다. 마약이 만연한 빈민가에 사는 여덟 살 소년 지미. 어린 나이에도 헤로인을 상습적으로 사용하는 지미의 꿈이 '마약 딜러가 되어 돈을 버는 것'이라는 사실이 큰 반향을 불러일으키며 퓰리처상을 수상하기도 했다. 그러나 이 르포는 완전히 꾸며낸 이야기였다.

르포가 조작된 것이 밝혀지자 「워싱턴 포스트」는 퓰리처상을 반납했고, 기자 자넷 쿡(Janet Cook)은 퇴사했다. 이 기사는 지금도 「워싱턴 포스트」 웹사이트에서 과거 기사 중 하나로 읽을 수 있으나 첫머리에 '이 기사는 조작된 기사입니다'라는 주석이 달려있다.

일본에서는 스가 요시히데(菅義偉) 당시 총리가 2021년 '히로시마 원폭의 날' 평화기념식에서 인사말 일부를 생략하는 실수를 저질러 비판을 받았다. 연설 직후 인사말 원고가 풀로 붙어 있어서 제대로 넘길 수 없었다는, '총리 주변' 익명의 관계자 발언이 보도되었다. 그러자 페이지를 넘기며 읽으면서도 이를 알아차리지 못한 스가 총리에 대한 비난보다 '페이지가 풀로 달라붙어 있었다면 어쩔 수 없었던 불운한 사고'라는 여론이 형성됐다.

그런데 프리랜서 저널리스트인 미야자키 소노코(宮崎園子)가 그 원고의 실물을 확인한 결과, 풀이 붙은 흔적 등이 전혀 없었다. 미야자키는 웹 미디어 「인팩트」에 이를 상세히 보도했다.[30] '총리 주변'이 기자들에게 거짓말을 했던 것이다. 만약 실명 보도였다면 과연 '총리 주변'의 정보원들이 이런 위험한 거짓말을 했을까? 아니면 「뉴욕 타임스」의 브룩스 기사처럼 '총리 주변'이 사실은 스가 총리 자신이었을 가능성은 없는 것일까. 이런 것들을 검증할 수 없는 것이 '익명의 발언'이다.

같은 해 또 다른 익명의 발언이 시민을 모욕한 사건이 일어났다. 12월 26일 밤 방송된 NHK 프로그램 '가와세 나오미(河瀨直美)가 바라본 도쿄올림픽'이었다. 이는 도쿄올림픽 공식 기록영화 감독인 가와세를 다룬 다큐멘터리로, 코로나 감염 확대에 따른 불안감 때문에 시민 사이에서 올림픽 개최에 대한 찬반이 엇갈리는 상황의 올림픽을 어떻게 찍을지를 추적했다. 다큐에는 익명으로 얼굴을 가린 한 남성이 등장하고, 자막에는 '올림픽 반대 시위에 참가하고 있는 남성', '사실은 돈 받고 동원됐음을 실토'라는 자막이 나왔다.

그러자 '올림픽 반대' 운동은 돈으로 사람을 동원할 뿐 '정말 반대하는 의견은 없는가?'라는 반향과 함께 '돈으로 사람을 동원한 올림픽 반대 시위는 말이 안 된다'는 의구심도 제기됐다.

---

30 https://infact.press/

실제로 올림픽 반대 등의 다양한 시민운동은 참가자에게 돈을 줄 여유는커녕 참가자들끼리 비용을 분담할 만큼 대부분 검소하게 운영된다. '저런 운동(올림픽 반대운동)은 돈으로 움직인다'는 식의 말은 시민운동에 대한 모욕으로 강한 반발을 불러일으키기도 했다.

비판이 거세지자 NHK가 내부 조사를 벌인 결과, 해당 남성은 애초에 올림픽 반대 시위에 참여하지 않은 것으로 밝혀졌다. '올림픽 반대 시위에 참가했다는 남성', '돈 받고 동원됐음을 실토'라는 자막 역시 사실이 아니었던 것이다. 제작진도 사회운동에 대해 별다른 관심이 없었고, '시위 참가자에게 돈이 지급된다'는 사실에 거부감도 없었다고 한다. 시위란 민주주의의 '운영자'인 시민이 사회를 보다 나은 방향으로 움직이도록 하는 활동이다. 그런데 민주주의의 자원을 제공해야 할 언론인들이 이런 일에 무관심하고 냉담한 민낯을 보여준 것이다. 동시에 익명(얼굴을 흐리게 처리)으로 했기 때문에 사실과 다른 방송이 만들어진 것 또한 틀림없다. 출처(발언자)를 시민에게 알리는 저널리즘의 기본을 지키며 실명을 거론했다면 말하지 않은 것을 자막으로 내보낼 수 없었을 것이다. 만약 그랬다면 당사자가 분명 문제 제기를 했을 테니 말이다.

제1장에서도 언급했듯이 부득이하게 보호해야 할 익명의 정보원도 있다. 내부 고발자나 비밀 정보 제공자, 발언으로 인해 차별이나 편견을 받을 수 있는 사람과 익명 취재를 약속했다

면 정보원을 철저히 보호해야 한다. 하지만 그것은 어디까지나 예외일 뿐, 대원칙은 시민을 위해 출처를 명시하는 것이다.

영국 BBC는 취재원의 익명 처리를 엄격히 제한하고 있으며, '중대한 주장을 하는 익명 취재원'에게 의존해야만 하는 방송일 경우 고위 간부에게 허가를 받도록 하고 있다. 간부는 판단을 내릴 때 실제 신원을 파악할 권리가 있고, 한편으로는 익명 취재원에 대한 비밀 유지 의무도 있다. BBC뿐만 아니라 영국과 미국의 TV는 원칙적으로 모자이크 처리를 피한다. 시청자에게 본래의 모습 그대로 보여주는 것을 중요하게 여긴다. 일본 TV가 흐릿한 그림으로 가득 찬 것과는 사뭇 다르다.

'신문이나 TV 등 레거시 미디어 기자라면 정보원(출처)을 명시해야 하는 보도윤리가 있다'라는 내용이 애리조나 주립대학의 '잘못된 정보로부터 당신을 보호하는 7가지 방법'에 기술되어 있다고 소개하지만, 여기서 언급한 윤리, 나아가 흔들리기 쉬운 신뢰성 등은 일본 저널리즘의 약점이라고 할 수 있다.

Unit 3.

종이 신문 넘기듯 제목만 볼 수 있다면

시민으로서 정보의 질을 판단하는 능력을 키우고자 한다면 현명하게 뉴스를 접할 필요가 있다. 그렇다면 정보가 넘쳐나는 이 시대에 어떻게 해야 할까. 하나는 스마트폰 등 디지털 기기를 잘 사용해야 한다. 잘 사용한다는 것은 단순히 많이 사용하는 것이 아니다. 중독되지 않고 거리를 두는 법을 익혀야 한다. 제3장에서 소개한 것처럼 스마트폰과 SNS에는 슬롯머신과 같은 유인력이 있다. '자꾸만 보고 싶어지는' 장치가 가득하다. 숨겨진 기능이라고도 할 수 있는 그런 장치들을 알지 못하면 '무의미하게 스마트폰을 계속 만지작거리는 사람'이 될 우려가 있다. 그리고 불쾌감이나 짜증을 유발하는 정보에 주의를 빼앗기고 만다.

디지털 미디어는 빠르고 편리해서 어쩔 수 없이 자주 사용해야 하는 시대이다. 하지만 위험성을 모르고 사용하는 것은 무면허로 고성능 스포츠카를 타고 도심을 질주하는 것과 같은 공포가 있다. 올바른 지식으로 자신과 타인을 보호하면서 디지털 미디어를 잘 활용하려면 그 단점을 잘 보완해야 한다.

한 가지 방안은 디지털과 함께 종이 매체를 병행해 활용하는 것이다. 간편하면서도 효과가 높은 활용법은 종이 신문의 '헤드라인 스캔'이다. 스캔이라고 해서 스캐너나 카메라로 디지털 사본을 찍는 것이 아니라 직접 눈으로 지면을 훑어본다는 의미다. 종이 신문의 1면(제호가 인쇄된 첫 페이지)부터 마지막 면까지 제목만 훑어보는 것이다. 제목만 보면 5분이면 충분하다. 그것으로 충분히 구독료를 회수할 수 있다. 종이 신문의 큰 가치는 그날의 모든 뉴스를 한눈에 볼 수 있다는 데 있다.

제2장에서 언급했듯이 신문사에서 일하는 뉴스 장인들은 '뉴스 밥상'을 차려내는 데 심혈을 기울인다. 정치, 경제, 국제, 문화, 스포츠, 사회 등 각 분야를 망라하고, 각 분야별로 톱기사, 두 번째 기사처럼 '추천 메뉴' 순으로 정렬되어 있다. 최신순도 아니고 인기순도 아닌, 중요하다고 생각하는(각 신문사 나름대로 생각하는) 순서로 배치되어 있어 '내 입맛에 맞는 기사만'으로 편중되는 것을 방지한다. 이와 함께 국회에서 큰 논란이 되고 있는 주제 등 사회 전체가 공통으로 알아야 할 중요한 정보는 누구나 알 수 있도록 한다.

'오늘의 뉴스'를 한눈에 보면서 자신이 원하는 속도로 시야에 담을 수 있는 기능은 이 책을 집필하고 있는 이듬해인 2023년 현재, 아직 디지털 툴로는 구현되지 않아 종이 신문만의 강점으로 남아있다. 헤드라인을 훑어보다가 마음에 드는 뉴스가 눈에 띄면 편하게 읽으면 되기 때문이다.

신문 한 부는 글자 수로 따지자면 20만 자 정도, 신간 서적 두 권 분량의 정보량이지만, 기사 한 건은 길어야 800자 정도이다. 예외적으로 긴 특집 기사도 2,000자 정도다. 게다가 중요한 것부터 작성하므로 어느 단락에서 읽기를 멈춰도 의미가 통하는 글쓰기('역삼각형 글쓰기'라고 부른다)가 철칙이다. 그래서 첫 단락(리드)만 읽어도 된다. 그것만으로도 뉴스 내용은 대충 파악할 수 있다.

기자들은 기사를 쓸 때 '중학교 2학년이 읽어도 이해할 수 있도록'이라는 말을 주입 받는다. 실제로는 그렇게까지 작성되지 않은 기사도 있지만, 어디까지나 목표는 '중학교 2학년이 알아듣는 것'이다. 종종 강의 중에 대학생들에게 신문 읽기를 과제로 내주면 "처음 읽었는데 어렵지 않아서 놀랐다."는 소감을 자주 듣는다. 그리고 "처음 관심을 가졌던 기사를 읽다가 옆 기사로 눈을 돌려서 읽었다. 어느새 전혀 관심 없던 분야의 뉴스를 읽고 있었다."는 감상도 있었다. 인터넷 서점만 이용하다가 실제 서점에 가서 돌아보면 관심도 없던 책을 만나고 새로운 분야의 책에 흥미를 갖게 되는 것과 비슷하다.

디지털 미디어는 '알고 싶다'는 마음을 파고드는 '추구 미디어'로서의 기능은 탁월하지만, 종이 미디어의 경우 새로운 세계를 알게 되는 '발견 미디어'라고 할 수 있다. 트위터의 일본법인 사장 나가츠마 레이코(永妻玲子)도 「산케이신문」과의 인터뷰에서 뉴스는 디지털과 지면을 병행해서 얻고 있다면서 "지면에서 객관적인 시각으로 정리된 정보를 먼저 접한 후, 좀 더 세세한 것을 알고 싶고 심층적으로 알고 싶을 때 인터넷으로 뉴스를 찾아보는 등 구분해서 사용하고 있습니다."라고 말했다.

필자 역시 1990년대 초반 PC통신 시절부터 디지털 기기, 디지털 미디어를 애용하는 사람이지만, 그래도 뉴스는 종이 신문으로 봐야 확실히 폭넓은 안목을 가질 수 있다. 향후 디지털 미디어도 '헤드라인 스캔'이나 관심 없던 분야와 우연히 만날 수 있는 기능이 구현될 가능성은 있다. 하지만 현 단계에서는 종이와 디지털을 같이 이용하는 것으로 장점은 살리고 단점은 보완하는 것이 현실적이다.

사실 뉴스 초보자라면 '종이 매체'가 적합하다. 뉴스에는 어떤 분야가 있는지 폭넓게 안정적으로 파악할 수 있고, 한 분야에만 치우치지 않게 되기 때문이다. 스마트폰을 통한 정보 수집에 종이 매체가 결합된 '종이+디지털의 하이브리드형 뉴스'를 익힌다면 매우 강력한 정보 수집 전략이 될 것이다.

문제는 종이 뉴스 미디어에 공짜는 없다는 점이다. 신문을 구독하면 매달 구독료를 내야 한다. 잡지 역시 구독료가 든다. 1년 구독료를 생각하면 만만치 않지만 그래도 정보와 지식을 얻는다면 일정 정도의 비용 지불은 당연하다고 생각해야 한다. 프로 운동선수가 장비나 복장에 돈을 쓰는 것에 비유하면 좀 과장스럽지만, 시민이 사회의 '운영자'로서 잘못된 정보나 과도한 '정보 편식'으로부터 스스로를 보호하는 도구로서는 나쁘지 않다. 게다가 인터넷상의 가치 있는 정보 역시 유료화되고 있는 만큼 무료 정보만 유통시키려고 한다면 홍보성 정보나 저비용 정보가 중심이 될 것이다. 그런 정보만으로 살아가는 것은 위험하다.

언론 매체 활용법을 학교에서 가르치는 'NIE'(엔-아이-이: Newspaper In Education, 신문 활용 교육)라는 교육 방법이 있다. 1930년대 미국에서 시작해 청소년과 사회와의 연결, 민주주의 발전 등을 목표로 전 세계에서 활용되고 있다. 세상을 알아야만 젊은 시민으로서 사회와 정치에 대한 의견을 가질 수 있고, 행동도 할 수 있다. 일각에서는 NIE를 '성적 향상 도구'로 보는 시각도 있는데 이는 뉴스와 저널리즘 교육의 가치를 과소평가하는 것이다.

우리는 사회나 정치, 행정의 '고객'이 아니라 '운영자'이다. 자동차로 치면 운전자이기 때문에 제대로 운영하기 위해 정보를 얻고, 자신의 의견을 가져야 한다. 시민은 뉴스를 통해 사회를 알게 된다. 거기서부터 논의가 시작된다. 시민은 의견을 갖고, 발언하고 행동한다. 거기서 민주주의의 에너지가 생긴다. 그때 뉴스는 시민을 위한 것이 되고, 시민이 민주주의를 운영하는 데 필요한 것이 된다.

에필로그

전 세계에서 생성된 디지털 정보 총량은 국제 조사기관 IDC의 추산에 따르면 2022년 현재 총 101 제타바이트(ZB)에 달한다고 한다. 101 제타(Zetta)는 101 뒤에 제로(0)가 21개 붙는 숫자이다. 이는 본서(약 15만 자=약 30만 바이트)의 34경 분의 분량(경은 조 다음의 숫자 단위, 1만 조에 해당)에 해당한다. 책 한 권의 두께를 1.5센티미터로 하고 이를 높이로 쌓으면 약 5조 킬로미터, 즉 0.5광년으로 태양과 지구 사이 거리의 3만 배 이상에 해당된다.

이 디지털 정보 총량은 2000년에는 2022년의 1만 6000분의 1에 불과했다. 물론 이 수치에는 기업 내 보관 등 비공개 데이터도 포함되어 있지만, 그럼에도 지난 20년 동안 디지털 기술과 인터넷 정보가 지속적으로 확대되었고, 모바일 기기의 보급으로 문자나 사진, 동영상 등을 어디서든 주고받을 수 있게 되면서 정보의 흐름 또한 가속도를 더해가고 있다.

그렇다면 우리의 정보 환경은 1만 6천 배나 풍요로워졌을까? 이 기간은 인터넷상의 잘못된 정보와 허위정보, 비방과 욕설 논란이 있었던 시기이기도 하다. 일본 총무성 정보통신정책

연구원의 2021년 조사에서도 인터넷상의 정보를 '모두 신뢰할 수 있다', '대부분 신뢰할 수 있다'라고 답한 사람은 28%에 불과했다. 책을 우주까지 쌓아도 모자랄 만큼 방대한 데이터는 보물단지가 아니라 위험한 허위사실과 엉터리 이야기로 심각하게 오염되어 있다. 물론 그 속에는 우리가 신뢰할 수 있는 정확한 사실, 중요한 정보도 많이 묻혀 있는 것도 사실이다.

계속 확대되는 정보 속에서 우리는 사실을 찾아내야 한다. 내일 날씨부터 국회가 다음에 결정하려는 법까지 정확한 사실을 알지 못하면 우리는 안전하다고 할 수 없다. 그리고 민주주의의 '운영자'로서 어떻게 해야 할지 좋은 의견도, 토론도 기대할 수 없다.

사실은 어디에 있는가.

정보를 탐색하고, 사실 여부를 검증하고, 균형감 있게 전달하는 역할은 언론이 오랫동안 담당해 왔다. 하지만 지금은 SNS로 인해 새로운 정보가 쏟아져 나오고 있다. 궁금한 걸 검색하면 바로 결과물로 얻을 수 있다. 대학에서 저널리즘 강의를 듣는 학생들조차도 이제는 신문 구독을 하는 경우가 극히 드물고, TV 시청도 점점 줄어들고 있다. 대신 SNS를 통해 많은 최신 정보를 얻고 있다. 그중 어떤 것이 뉴스이고, 뉴스와 최신 정보는 어떻게 다른 것일까? 보도 매체와 다른 정보원은 무엇이 어떻게 다른가? 애초부터 그것들을 구분해야 하는 것일까?

우리를 둘러싼 데이터 양이 제로가 21개가 붙을 정도로 증가하고 있는 동안, 압도적인 정보 제공의 주체로 자부해 왔던 신문과 TV 등 전문 보도 매체의 존재감은 상대적인 것으로 바뀌었다. 보도의 존재가 누구에게나 자명했던 시대는 끝났고, 저널리즘에 종사하는 사람들은 '뉴스가 무엇인지, 왜 필요한지'라는 물음에 다시 한 번 명쾌하게 답해야 한다.

필자 또한 그것에 대해 무언가 대답하고 싶었다. 필자는 1990년부터 30년 동안 기자로 일했다. 왜 이것을 보도하는가, 보도해야만 하는가. 기자와 시민과 정부나 수사 당국은 어떤 관계여야 하는가. 취재로 인해 피해를 입히고, 보도로 인해 사람을 다치게 하는 것보다 정부나 전문가에게 맡기면 되는 것 아닌가. 기자는 누구를 위해 존재하는가, 무엇을 위해 존재하는가. 기자라면 누구나 고민하는 것을 나도 고민하고 토론해 왔다. 일을 더 재미있고 의미 있게 하는 기자들의 토론장인 '취재보도 토론회'(2007년~)와 기자, 편집자, 디렉터들의 지식과 기술을 높이는 강좌와 워크숍 '보도실무자포럼'(2010년~)을 동료들과 함께 설립하고, 해외 기자들과 교류하고, 대학으로 직장을 옮긴 뒤에는 연구 교육에 힘쓰며 생각을 가다듬었다. 그리고 그중 일부라도 사회에 환원하고, 토론과 비판의 재료로 활용하고 싶었다.

이 책은 그런 필자의 바람으로 집필된 책이다. 특히 저널리즘의 가장 중심적 역할인 '시민이 민주주의의 '운영자'로서 필요한 정보를 얻는 것'이라는 관점을 처음부터 끝까지 하나의 축으로 유지했다.

일본은 '운영자'가 되어야 할 시민의 사회, 정치 참여가 다른 나라에 비해 적은 편이다. 예를 들어 광고-마케팅 기업인 맥켄월드그룹이 26개 국가와 지역의 Z세대라고 불리는 젊은이들을 대상으로 한 2021년 조사 결과, '시위 활동에 참여한 적이 있다'는 응답은 프랑스 25%, 독일 18%, 미국 15%, 캐나다와 영국 11%, 전체 평균이 19%인 반면 일본은 1%에 불과했다.

젊은이들만의 문제가 아니다. 일본인들이 사회나 정치에 대해 별로 이야기하지 않는 점은 여러 세대에 걸친 약점이다. 일본의 투표율은 경제협력개발기구(OECD) 회원국 중 하위권이고, 지방의회 의원도 부족하다. 이러다 보니 일본 시민은 운영자가 아닌 '고객'이 되고 만다. 그래서인지 일본 정치인들은 '국민 여러분'이라는 말을 자주 한다.

2023년 1월 4일, 기시다 후미오(岸田文雄) 총리는 신년 기자회견에서 "국민 여러분께 올해가 훌륭한 한 해가 될 수 있도록", "국민 여러분의 많은 협조를 부탁드린다"며 "국민 여러분"이라는 말을 반복했다. 정치인은 식당으로 치면 점장이나 직원이고, 시민은 고객이다. 서비스가 나쁘다는 시민의 목소리는 '고객의 요구'나 '불만'일까? 그렇지 않다. 우리 모두는 직원이기도 하고 운영자이기도 하다.

반면 미국 조 바이든 대통령은 '우리 국민'(We the people)이라고 한다. 2023년 1월 6일 '대통령 시민훈장' 수여식 연설에서 훈장을 '우리 국민'의 이름으로 수여한다는 정형화된 표창문을 제외하고도 이 '우리 국민'이라는 말을 일곱 번이나 반복했다. 하지만 그 미국의 민주주의가 무너질 지경에 이르렀고, 2020년 대통령 선거가 부정선거라는 루머와 함께 의회 습격 사건까지 벌어졌다. 아니, 전 세계적으로 민주주의는 흔들리고 있고, 러시아나 중국 등이 민주주의를 흔들고 있다.

1920년대에 미국에서 시민과 여론을 신뢰할 수 있는지, 그럴 수 있는지에 관한 '리프먼과 듀이 논쟁'이 있었는데, 100년이 지난 2020년대에 들어 이 주제는 점점 더 무거워지고 있다. 시민이 민주주의의 주인공이 될 수 있도록 지식과 힘을 제공해야 할 저널리즘 역시 전 세계적으로 고군분투하고 있다.

민주주의와 저널리즘은 함께 흥하고 함께 망한다고 한다. 그렇다면 저널리즘은 지금 이 어려운 상황에서 더욱 힘을 내야 한다. 새로운 디지털 미디어까지 가세해 그 폭을 넓혀감으로써 언론계 모두가 오늘도 고심하고 분투하고 있다. '그렇네', '역시'라는 식의 침을 꿀꺽 삼키는 콘텐츠가 아닌, 근거 있는 사실에 충실하며 조금이라도 진실에 다가가기 위해 고군분투하고 있다. 감정을 자극하는 말보다 토론을 심화시킬 수 있는 소재를 제공한다. 그렇게 보도는 시민에게 봉사하고, 시민은 민주주의의 최선의 운영자로 행동한다. 이 책이 뉴스를 바라보는 시각을 제시할 수 있다면 더할 나위 없이 기쁠 것 같다.

이 책을 집필하는 동안 인터뷰에 응해 주신 분 등 많은 분들의 도움을 받았다. 바쁘신 와중에도 때로는 미묘한 이야기, 때로는 유쾌하지 않은 이야기까지 들려주신 한 분 한 분께 진심으로 감사드린다. 또한 센슈대학(專修大学) 문학부 저널리즘학과 야마다 켄타(山田健太) 교수 등 훌륭한 저널리즘 연구 교육자들의 지도가 있었기에 이 책의 결실을 맺을 수 있었다. 이 자리를 빌려 다시 한 번 감사의 말씀을 드린다.

이 책의 내용을 형성하는 데 큰 역할을 한 것은 이 학과의 강의와 세미나를 통한 학생들과의 교류였다. 중요한 깨달음으로 이어진 다양한 질문과 의견을 제시해 준 학생들에게 항상 감사하고 있다. 특히 나의 세미나 학생들을 비롯해 저널리즘에 관심을 갖고 저널리스트를 목표로 하는 학생들로부터 엄청난 격려를 받았다. 그리고 저널리즘 실무자로서 여기까지 올 수 있도록 기회를 준 「교도통신」의 여러 선배, 동료, 후배들, 그리고 무엇보다도 필자의 「교도통신」 기자 시절에 취재에 응해 주고 도움을 준 많은 분들께도 깊은 감사를 드린다. 끝으로 처음 기획안부터 몇 년 동안 컨셉의 변화에도 인내심을 가지고 기다려 준 편집자 고기타 준코(小木田順子)에게 감사의 말을 드리지 않을 수 없다. 다시 한 번 진심으로 감사드린다.

2023년 2월

사와 야스오미·澤康臣

참고문헌

伊藤詩織『Black Box』文藝春秋、2017

ボブ・ウッドワード、カール・バーンスタイン、常盤新平訳『大統領の陰謀[新版]』ハヤカワ・ノンフィクション文庫、2018

大山友之『都子聞こえますか オウム坂本一家殺害事件・父親の手記』新潮社、2000

加藤直樹『トリック「朝鮮人虐殺」をなかったことにしたい人たち』ころから、2019

加藤直樹『九月、東京の路上で 1923年関東大震災ジェノサイドの残響』ころから、2014

北日本新聞社編集局『民意と歩む 議会再生』北日本新聞社、2017

久保聡「悲劇を伝える責務」『新聞研究』日本新聞協会 2022年10月号、2023

佐々木紀彦『5年後、メディアは稼げるか MONETIZE OR DIE?』東洋経済新報社、2011

沢木耕太郎『テロルの決算』文春文庫、2008

清水潔『桶川ストーカー殺人事件 遺言』新潮文庫、2004

鈴木伸元『新聞消滅大国アメリカ』幻冬舎新書、2010

総務省「情報通信白書(各年)」

総務省『情報通信メディアの利用時間と情報行動に関する調査 報告書』2021、2022

高田昌幸、小黒純(編著)『権力調査報道』旬報社、2011

高田昌幸、大西祐資、松島佳子(編著)『権力に迫る「調査報道」 原発事故、パナマ文書、日米安保をどう報じたか』旬報社、2016

高橋シズヱ、河原理子(編)『〈犯罪被害者〉が報道を変える』岩波書店、2005

チューリップテレビ取材班『富山市議はなぜ14人も辞めたのか 政務活動費の闇を追う』岩波書店、2017

中央防災会議 災害教訓の継承に関する専門調査会『災害教訓の継承に関する専門調査会報告書 1923関東大震災』【第2編】』2009

津堅信之『京アニ事件』平凡社新書、2020

辻田真佐憲『大本営発表 改竄・隠蔽・捏造の太平洋戦争』幻冬舎新書、2016

デジタル市場競争会議『デジタル広告市場の競争評価 最終報告』2021

デジタル市場競争会議『デジタル広告市場の競争評価 中間報告』2021

ミシェル・デミュルジェ、鳥取絹子『デジタル馬鹿』花伝社、2021

内閣府『犯罪被害者等に関する国民意識調査 報告書』2008

日本新聞労働組合『新聞・通信社の働き方 将来性に関するアンケ

ート』の結果について」2020

カル ニューポート,池田真紀子訳『デジタル・ミニマリスト スマホに依存しない生き方 』ハヤカワ・ノンフィクション文庫, 2021

ロバート・バーカイク、野中香子訳『シハーディ・ジョンノ生涯』文藝春秋、2016

橋元良明,大野志郎,天野美穂子,堀川裕介,篠田詩織（著）『緊急事態宣言で人々の行動・意識は変わったか』丸善出版、2020

リチャード ロイド パリー,濱野大道 訳,『黒い迷宮: ルーシー・ブラックマン事件15年目の真実 』早川書房、2015

アンデシュ・ハンセン,久山葉子訳『スマホ脳』新潮新書、2020

藤田博史,我孫子夫『ジャーナリズムの規範と倫理 信頼を確保するために』新聞通信調査会、2014

防衛省『イージス・アショアの配備について－各種調査の結果と防衛省の検討結果について』2019

前嶋和弘、山脇岳志、津野恵子(編著)『現代アメリカ政治とメディア』東洋経済新報社、2019

宮澤浩一、田口守一、髙橋則夫(編)『犯罪被害者の研究』成文堂、1996

Abernathy, Penelope Muse. *News Desert and Ghost Newspaper: Will Local News Survive?* University of North Carolina Press,

2020.

Arnold, Madison. "Seven ways to protect yourself against misinformation". *Arizona State University Knowledge Enterprise*, March 31st, 2020.

AVAAZ. Facebook: From Election to Insurrection: How Facebook Failed Voters and Nearly Set Democracy Aflame. 2021

Brown, Fred, et al., Media Ethics: *A Guide for Professional Conduct*. Society of Professional Journalists Foundation, 2020.

Coalition For Women In Journalism. "USA: Arrest Warrant Filed Against Photojournalist Julia Rendleman For Covid-19 Coverage", 2020

Craft, Stephanie, and Davis, Charles N. *Principles of American Journalism: An Introduction*. Routledge/Taylor & Francis Group, 2016.

Cribb, Robert, et al. *Digging Deeper: A Canadian Reporter's Research Guide*. Oxford University Press, 2011.

Gaines, William C. *Investigative Journalism: Proven Strategies for Reporting the Story*. SAGE Publications, 2008

Hamilton, John Maxwell and Jenner, Eric. "Redefining Foreign Correspondence." *Journalism* 5.3 (2004)

Kovach, Bill, and Rosenstiel Tom, *The Elements of Journalism*, Crown, 2021.

Mahone, Jessica, et al. "Who's Producing Local Journalism?

Assessing Journalistic Output Across Different Outlet Types". *DeWitt Wallace Center for Media & Democracy Report*. 2019.

Media Lawyers Association (UK). *Combatting Online Harassment and Abuse: A Legal Guide for Journalists in England and Wales.* 2021

Napoli, Philip, and Mahone, Jessica. "Local Newspapers Are Suffering, But They're Still (by far) the Most Significant Journalism Producers in Their Communities". *Nieman Lab* 9 (2019).

Morman, Bob. "What happened when Jerry Falwell Jr. took on journalism over COVID-19". *Columbia Journalism Review*, May 18th, 2020.

Nyhan, Brendan, and Reifler, Jason. "When corrections fail: The Persistence of Political Misperceptions". *Political Behavior* 32.2 (2010)

Paron, Katina, and Guelfi, Javier. *A NewsHound's Guide to Student Journalism*. Mcfarland Company. 2018

Parry, Richard Lloyd. *People Who Eat Darkness: The True Story of a Young Woman Who Vanished from the Streets of Tokyo-and the Evil That Swallowed Her Up*. Macmillan, 2012.

Ressa, Maria. "FULL TET: Maria Ressa's Speech at Nobel Peace Prize Awarding". *Rappler. December* 10th, 2021.

Small, Deborah A., Loewenstein, George and Slovic, paul.

"Sympathy and callousness: The impact of deliberative thought on donations to identifiable and statistical victims". *Organizational Behavior and Human Decision Processes* 102.2 (2007)

SPJ Virginia Pro Chapter. "SPJVA board condemns actions of Liberty University in seeking arrest warrants for journalists". 2020.

Stilts, Josh. "Battle for Citizenship Could Split Up Couple". *Brattleboro Reformer*. September 13th, 2011.

UNC School of Media and Journalism, Center for Innovation and Sustainability in Local Media. "Thwarting The Emergence of News Deserts". 2017.

UNESCO. *Online Violence against Women Journalists: A Global Snapshot of Incidence and Impact.* 2020.

Victims Services, NSW Department of Justice. *A Guide to the Media for Victims of Crime.* 2011.

Vosoughi, Soroush, Roy, Deb, and Aral, Sinan. "The spread of true and false news online". *Science* 359.6380 (2018).

Willnat, Lars, and Weaver, David H. "Social media and US Journalists: Uses and perceived effects on perceived norms and values". *Digital journalism* 6.7 (2018)

저자 약력

지은이_**사와 야스오미 · 澤康臣**

1966년 오카야마시 출생으로 도쿄대학 문학부 졸업 후 1990년부터 2020년까지 일본 최대 통신사인 교도통신 기자로 근무. 사회부·국제부, 뉴욕 특파원, 특별보도팀에서 활동했다.

조세피난처의 비밀을 파헤친 파나마 문서 보도 외에도 〈외국 국적의 아동 1만 명 이상 취학 여부 확인 안돼〉, 〈학대 피해 아동 임시 보호시설, 도쿄, 치바 등 수용 한계 정원의 150% 넘는 곳도〉, 〈패전 후 주요 헌법 재판 기록 대부분을 법원이 폐기〉 등을 단독 보도하는 등 활약했다. 2006년에서 2007년까지 영국 옥스퍼드대학 로이터 저널리즘 연구소 객원 연구원을 지냈고, 2020년 4월부터 센슈대학 문학부 저널리즘 학과 교수, 2024년 4월부터 와세다대학 교육·종합 과학학술원 교수를 역임했다. 저서로 『글로벌 저널리즘: 국제 스쿠프의 무대 뒤』, 『영국식 사건 보도: 왜 실명에 집착하는가』 등이 있다.

옮긴이_**이홍천**

1968년 경남 마산 출생으로 한양대 수학과 졸업 후 1994년부터 1999년까지 한국기자협회 편집국 기자로 근무했다. 2008년 일본 게이오대학 정책미디어학 박사 취득 후 2011년~2015년 게이오대학 총합정책학부 전임강사, 2015년~2021년 도쿄도시대학 교수로 재직했다. 유학 중 MBC 라디오 「세계는 지금」 도쿄통신원과 한국언론재단 일본통신원으로 활동했으며, 한국 매니페스토정책연구소 소장을 거쳐 2021년부터 동국대 WISE 캠퍼스 일어일문학과 교수로 재직 중이다. 저서로는 공저『페이크뉴스에 흔들리는 민주주의』(대학교육출판), 『Internet election campaigns in the United States, Japan, South Korea and Taiwan』(Palgrave Macmillan) 등이 있다.

동국대학교 저서출판 지원사업 선정도서

이 저서는 2023년도 동국대학교 연구비지원을 받아 수행된 연구결과물임.
This work was supported by the Dongguk University Research Fund of 2023.

사실은 어디에 있는가

2025년 6월 25일 초판 1쇄 인쇄
2025년 6월 30일 초판 1쇄 발행

지은이 사와 야스오미(澤康臣)
옮긴이 이홍천
발행인 박기련
발행처 동국대학교출판부

출판등록 제1973-000004호(1973.6.28)
주소 04626 서울시 중구 퇴계로36길2 신관1층 105호
전화 02-2264-4714
팩스 02-2268-7851
홈페이지 https://dgpress.dongguk.edu
이메일 abook@jeongjincorp.com
인쇄 네오프린텍(주)

ISBN 978-89-7801-796-1 (03070)
값 20,000원

이 책의 무단 전재나 복제 행위는 저작권법 제98조에 따라 처벌 받게 됩니다.